苍南 书话

中共苍南县委宣传部 —— 编

陈以周 —— 主编

文汇出版社

编辑委员会

主　任　邱智强

副主任　赖纯阳

委　员　朱　燕　陈以周

主　编　陈以周

半书房（2015 年）

半书房·城市文化客厅（2017 年）

黄传会书屋（2017年）

卫城文化客厅（2019年）

雁过藻溪文化客厅（2019年）

苍南书城（2020年）

半书房·在山腰（2020年）

半山半岛·半书房（2021年）

沿浦文化客厅（2021年）

炎亭渔乡文化客厅（2022年）

序

徐雁

古代东海边的横阳之地,在四十一年前的六月十八日,以位于玉苍山之阳而得名"苍南"。所谓"书话",就是用文字记录、写作出来的书故事。

自刻龟甲、书竹帛伊始,宝笈秘典,黑字白纸,书籍作为华夏先民生活、生产和生命活动的记录,写刻着政治、经济、文化、科技和教育的古今变迁。纵观数千年的中国文献史,书籍固然倍受历代读书人和藏书家的珍护,但也备受无数独裁者和愚民们的毁坏。也许正因为如此,旧书铺总是比了新书店,更令人心驰神往。开卷浏览《苍南书话》,其中的旧书情结,最先吸引了我的阅读注意力。

如陈以周的《望鹤路八十八号》,委婉地写出了县城灵溪镇上一家旧书店的兴衰,其中"谁说一家旧书店不能改变一个人的人生"的话,来自其多年淘书的阅历,更发自其平生钟书的肺腑。而本书中至少有三位作者，不约而同地以自己在中学生时代的生动经历，印证了他的心语。

苍南中学语文教师唐文秀，在《一九九〇年代的小城书店》里写道："新书既买不起，只能去旧书店消闲。常去的有两家……都很朴实，似乎都没有店名，大概只有门口木板上写了'旧书'二字"，"一直到现在，我都很感念这两家旧书店。"苍南职业中专美术教师苏兴华在《藏书琐忆》里说："对我影响最大的是旧书摊，我的藏书之旅其实是从旧书摊开始的"，"每出差到一个地方，首先最先想去的就是书店……当然我最喜欢的还是逛旧书店，每新发现一家旧书店总是激动无比。"苍南县机关公务员身份的吴小黄在《爱书二三事》里则说："我对淘书的最早记忆来自灵溪镇望鹤路上的一家旧书店……我每天中午下班都会路过，一头扎到旧书堆里逛半小时，买上几本，再回家吃午饭。"

至于周承拉因为在读高中时，在书店偶得一册《现代汉语语法研究》（朱德熙著，商务印书馆二〇一四年版），而报考了大学中文系的汉语言文学专业，迨本科毕业到中学做语文教师时，已拥有藏书二十多箱，可谓"周夫子回乡——净书"了。上述种种事例集束到一起，正应了"无巧不成书"的古话，但揆其实质，恰好是因为"书爱同此心"的缘故。

《苍南书话》，分为五辑。其别出心裁而独具匠心的是，以徐雁，笔名秋禾，江苏太仓人，现任南京大学教授、博士生导师，兼中国图书馆学会阅读推广委员会副主任，著有《秋禾书话》《南京的书香》《中国旧书业百年》等作品二十余部。

木板印刷的线装书的术语，予以分辑，遂得"天头""地脚""版心""书口"及"鱼尾"，于是开卷扑面的，即是一种彬彬的文气，更不必说，数十位文雅作者的文笔所写出的满篇书香了。

如从编集在"天头"辑中的叶永烈的《杨悌遗著寻访记》，可知一个被历史湮没许久的民国历史学者，也是关于其岳父杨悌的故事，而他又是如何追踪、发现，并整理出版其当年捐赠的著述手稿的。其中种种曲折，给人以"柳暗花明又一村"的观感。而在收录在"鱼尾"辑里的张宪文的《平阳历代藏书家》，可知当地的文脉书香，远在南宋初年即有端绪。

多年前，笔者曾应时任苍南县图书馆馆长王成槊君邀请，有过三度以"书香致远"为主题的讲座之行。得以转悠过碗窑古村，流连过霞关老街，先后参加过"半书房"书友分享会，并因此获赠《苍南历史文化》杂志，从而对当地的山水古迹、人情风俗和书文化氛围，都留下了颇为深刻的印象。

人寿百年，纸命千载。从理论上说，书命必然逾于人寿。而一代又一代读书人和藏书家的书文化接力，敬惜字纸，崇重文教，才是在社会行为上，让文脉不断而书香可续的本因。即以此言与本书读者共勉，并真心期待"书香苍南"的人文愿景，早日落地变现。

壬寅小暑后二日，于金陵雁斋山居。

目录

辑一 天头

《算学报》与黄庆澄	洪震寰	三
杨悌遗著寻访记	叶永烈	一二
新加坡上海书局创办人之一 ——陈岳书先生生平	陈蒙鹤	二一
我的父亲王叔旸	王立人	二八
书香依旧怀逝者	缪克构	三三
唐弢，永不停步的人	伍隼	四一
阅读饶宗颐：从天啸楼到梨俱室	陈民镇	五六
忆"泥土社"	张禹	七〇
线装书的现代需求	谢云	八一
一瞥董桥	萧耘春	八五
韦力与韦小宝	绿茶	八九
设计封面	陈革新	九六
沧海往事	陈庆汗	九九
书痴七宗罪	黄崇森	一〇四

辑二
地脚

粲花楼的前世今生	陈文苞	一一七
新培英图书馆始末	陈权	一二二
新曦书报社和金镇书报社	陈则之	一二五
从狂啸社到江南书社	吴明允 黄仲迪	一二八
与上海书局有关的点点滴滴	陈蒙志	一三二
一九九〇年代的小城书店	唐文秀	一四四
消失的租书屋	谢建中	一五〇
图书馆错过的女孩	张耀辉	一五六
"国子书店"诞生记	黄泽	一五九
一段回不去的时光	纪珊珊	一六七
望鹤路八十八号	陈以周	一七一
从"上书房"到"半书房"	陈闻	一七九

辑三
版心

林景熙集的版本流传及其他	陈增杰	一八九
元代章嘉著作考述	潘猛补	二〇〇
孤本《不系舟渔集》现身哈佛 ——陈高诗文集诸版本概览	蔡 榆	二一一
张綦毋与《船屯渔唱》	陈盛奖	二二三
吴国华及其《香雪庐吟稿》	陈瑞赞	二二九
读郑汝璋《吹剑集》	朱则杰	二三八
黄骥与《德皇雄图秘著》	郑金才	二四五
苍南老版本三题	方韶毅	二五〇
姜立夫与《大学丛书》	卓 永	二五九
苏渊雷的《易通》	肖伊绯	二六四
朱维之与《中国文艺思潮史略》	韦 泱	二七〇
《描在青空》	瞿光辉	二七四

王思翔的《台湾二月革命记》	洪振允	二七八
《鱼背上面汽车跑》	李传新	二八三
一意孤行的写家	孙良好	二八六
从《金属心》到《猛虎图》	韦 陇	二九〇
为什么是小青 ——《苍南碗窑古戏台藻井壁画》成书记	杨 树	二九七

辑四
书口

读书之乐乐何如	苏渊雷	三〇七
古书的阅读	许威汉	三一三
阅读	高 崎	三三〇
我的读书	叶宗武	三三五
一次偶遇后的转向 ——《走向未来丛书》带给我的读书方向	周功清	三三八
书的生命	林森森	三四六

藏书琐忆	苏兴华	三五二
四十年读书糊涂账	吕作用	三六一
读书这么好的事 ——写在世界阅读日	陈有为	三七〇
书之味	林　用	三七五
蠹鱼集	吴合众	三八一
童话书絮语：很久以前……	徐　斌	三九一
我的读书记历	章苏凤	四〇一
爱书二三事	吴小黄	四一三
买书记历	周承拉	四二一
西泠观书志	梁　航	四二九

辑五
鱼尾

《宋元学案》与平阳学统	陈肖粟	四三九
平阳历代藏书家	张宪文	四五四

民国温州著作：量多质精	洪振宁	四六四
陈孟哲：新加坡青年书局创办人	记者 阳阳	四七一
许涛：开一间小而美的慢书店	记者 吴佳颖	四七七
杨信良：结庐在"吾南"	记者 张潇	四八六
张怡帮：专心"啃"下一本本"硬书"	记者 陈薇拉	四九三
编后记		四九七

辑一

天头

《算学报》与黄庆澄

洪震寰

黄庆澄主撰的《算学报》的发行，被认为是我国近代教育史上的一件大事。但是，远在一九〇一年，梁启超撰《中国各报存佚表》，在"丛报"栏下列有"《算学报》（上海）"的名目，其下却注称"佚"。可见早在二十世纪初，黄编《算学报》已极罕见。解放以后出版的著作，也往往弄不清它的编撰者与创刊地点等等。一九六一年，北京图书馆出版《全国中文期刊联合目录（1833—1949）》，汇集全国五十所图书馆收藏的期刊，堪称详备，但此报也不见著录。至于黄庆澄的情况，知之尤少。李俨先生的《中算史论丛》第二册"近代中算著述记"，虽列有黄氏的算学著作，但也不及其他。笔者曾到黄氏家乡，访到他的孙子、孙女及其族人，进行调查，并参考地方志以及族谱、硃卷等资料整理成篇，以供研究之参考。

清末戊戌变法期间，办起了许多报刊。那时前后称为《算学报》的就有两种，并且都是月刊。一种是由广东番禺人朱宪章、朱成章兄弟和浙江桐乡人严杏林、严槐林兄弟共同编辑的，创办于一八九九年，只出了三期，刊登论文共三十八篇，后收入《学寿堂丛书》。另一种就是由浙江人黄庆澄独力编撰的，一八九七年古历六月创刊于温州(今温州市区)，后迁上海，次年五月停刊；刊登通俗浅近的算学知识。前者因存在时间短，影响似不甚大；后者延续了一年之久，造成了一定的影响。不仅从自然科学史角度看，它是当时"最重要的报刊"之一，有人认为它是"中国……科技刊物的肇始"；就是现在的历史学家也把它列为"与维新有关之重要……报刊"之一。甚至在当时，该刊就被舆论界所推重。例如一八九七年十月二十六日创刊的《国闻报》，在"缘起"中列举当时重要报刊，于"讲专门之业"项下，就只举了《农学报》与《算学报》两种，足见其声望之隆。

钱宝琮先生撰《浙江畴人著述记》，说黄编《算学报》"丁酉六月至戊戌四月，凡出十二册"。今向北京、上海、杭州、温州等地几所主要图书馆了解，以浙江图书馆收藏为多。这十二册的情况是这样的：第一、二两册为石印，第三册起改为木刻，并有俞樾序文。除了第九册外，其余各册的首页第一行上方均题"算学报"三字及出版年月。第一、二两册内容分别为四则与比例。第三册开始，在首页第一行下方标明本期内容专题。第三册为"开方提要"，第四册至第十册为"代数论"一至七，第十一、十二两册则为"几何第十卷释义"一及二。缺第九册。但浙江图书馆另藏有《代数钥》单行本共七册，印版和《算学报》同，只是首页第一行上方不题"算学报"，而是"代数论"三字，可能是利用《算学报》刻本重印。那么它的第六册正可以补《算学报》的第九期，如此可得完整的一份。钱先生撰写《浙江畴人著述记》时正在杭州，也许就是据此旧藏而言。李俨先生早年收藏有《算学报》，现存中国科学院自然科学史研究所。上海、温州两地所藏均非全帙，北京图书馆与北京大学图书馆据称无藏，故浙馆所藏一套弥足珍贵。

《算学报》每月出一册，每册三十至四十页，约一万多字，集中叙述一个专题，内容只相当于初等程度。例如第二期"论比例"，就包括"总论比例""正比例""转比例""连比例""合比例""加减比例"等等。所列的应用题也颇切于实用，行文通俗生动，尤其注重图解。正如其第一期上的《公启》所说："算学一道，以图教人与以说教人，其难易相去不啻天壤。本板所重者图，故图多说少，间或标为论说，亦必格外简明，免令阅者生厌。"每期最末都附有"黄庆澄曰"的一段文字，是他的发挥，颇具见地。

《算学报》的编撰工作比较严肃认真，发现错误就另作"勘误记"在下期刊出，并且准备在适当的时候把所有差错之处，统统汇集起来，编为《算学报订误》。又拟汇集读者的问题，加以答疑、讨论、发挥，纂为《算学报析疑》一书，但最后有否出书，不得而知。正由于这些特色，《算学报》一时间颇受欢迎。第一期发行之后，读者纷纷函购。尤其是《代数论》，原定前半部分作为《算学报》的第四至七期陆续发表，后半部分则准备放到第十三期以后刊载。但不少人函嘱速速连印，令阅者先睹为快，故决定一气付刻。又如《几何第十卷释义》，据说已三易稿，尚多未安，而各友索阅甚亟。可见他的撰述态度十分严肃。这些因素都使得《算学报》深受读者欢迎，其发行业务也日益繁荣。创刊时，报馆原设于今温州市区府前街，第二期开始就在上海新马路梅福里另设分馆，并在"时务报馆""格致书室""六先书局""醉六堂"等处设立经售点，足见其业务之兴隆。据一九〇一年日本横滨出版的《清议报》合编本，记当时和该报有交换关系的报刊中，就有《算学报》，可见它在当时已流传至国外。

至于《算学报》停刊的原因，《平阳县志·人物志·黄庆澄传》说，《算学报》"出版甫十二册，以戊戌政变罢"。细阅各期内容，和政治似无甚关系，在"公启""告白"等栏中虽略有涉及，也还无碍于时政。而且政变发生在古历八月下旬，《算学报》只出了四月号，五月就停刊。而黄著《中西普通书目表》的扉页上还有"光绪戊戌七月算学报馆自刻"等字样。看来，它不像是因政变而被禁。但上引县志作者刘绍宽是黄庆澄的近亲，对其事迹的了解应较确切。他作如是记，未知何据，只能暂时存疑。

黄庆澄，原名炳达，字钦教，号愚初（亦作源初，晚年自号"寿昌主人"），浙江平阳县慕贤东乡黄车堡（今属苍南县）人。生于一八六三年，卒于一九○四年，只活了四十一岁。他的家境贫寒，为人"跌宕有奇气"，处世为学常能"独抒所见，不肯人云亦云"（《黄庆澄砵卷》）。一八八六年应府试，以"滋事案"受革，过两年才得"开复"，但仍遭官方訾议。一八九四年，中甲午科顺天举人。少时，从同乡杨镜澄读书，并师事瑞安孙诒让、金晦等人。杨、孙、金都十分热心提倡科学技术，他们曾创办过"瑞平化学堂""瑞安算学书院""瑞安天算学社"等自然科学教育与研究机构，黄庆澄颇受其影响。后又结识具有维新思想的温州著名学者陈虬、陈介石、宋平子等人，学识思想由此益进。继而来到上海，他又交结张焕纶等进步人士，"谈经世之学，深相投契"（孙诒让致黄绍箕书）。一八八九年，由张焕纶聘为著名的上海梅溪书院的教习。当时，黄氏还研治西学，颇有心得，并有远游之志。曾由孙诒让挽请黄绍箕推荐赴欧洲考察而未果。一八九一年任安徽潜山县幕僚，曾上书安徽巡抚沈秉成，提出政见，为沈所赏识，介绍他赴日本考察。一八九三年古历五月初四启程，至七月初四返回上海，为时恰恰两个月。在日本游历了东京、西京、奈良、长崎、神户、大阪、横滨等七大城市，接触中日学者名流达七八十人之多；参观各种设施，考察民情，见识大进。回国后整理其日记，成《东游日记》一书，由孙诒让作序印行。一八九五年，向温处道宗源瀚"陈郡县兴革利弊，深见嘉纳"。因为宗不久去世，他的一系列建议也就无法实行。一八九七年黄庆澄创办《算学报》，从事算学普及教育工作。一九○一年，由孙诒让推荐，经温处道童兆蓉委派，担任温州蚕桑学堂堂长，致力于科技实业教育的工作。

　　黄庆澄的著作不少，《平阳县志》只说他"著书十余种，皆算书及训蒙浅易诸书"。就笔者从各方面调查所知，除了《算学报》以及由该报抽印的《代数钥》与《几何第十卷释义》外，尚有《代数指掌》《算学启蒙》《几何浅释》《学算初阶》《训蒙捷径》《中西普通书目表》《东游日记》《湖上答问》《哲学新书》《格致蒐奇》《中国四千年白话史》《女举人》等多种；此外还收集到黄撰对联若干。这些书大都不易见到。其中笔者已见的《训蒙捷径》是语文识字的初等读物，《中西普通书目表》是目录学著作，颇得后世目录学家的赞赏；《湖上答问》是黄氏和清廷杭州驻军头目贵林纵论时政的记录；《中国四千年白话史》是系统讲述中国通史的讲义,不但全用白话行文,而且刻本有断句,这在当时也是开风气之先;《东游日记》是记录日本政治、经济、文化、风俗山川的书,颇富史料价值。《算学启蒙》《几何浅释》《学算初阶》三书,据李俨《中算史论》知,笔者未见。《代数指掌》《哲学新书》见于《算学报》"告白";《格致蒐奇》见于《算学报》筹"序"。还见有《黄氏数学启蒙》《黄氏白话与地学》《天演楼谏艺》等书目,未知已刻印否。黄氏的两位侄辈族人都说曾见《女举人》一书,是以小说体描写他去北京应考途中的艰难遭遇。可见黄庆澄的学识十分广博。俞樾说他"擘精算学,于中西之法皆能贯而通之",并且"于天地阴阳之原,与凡医卜星命诸术家说,无不通晓",称他为"当代一振奇人也"。

黄庆澄关心国家大事,留心经世之学。《平阳县志》本传说他"负所学,锐有用世志"。一八九三年,他在日本游历期间,对比了中日两国情况,看出了中国闭塞守旧之弊,说"搢绅先生则喜谈经史而厌闻外事,其百姓则各务本业而不出里闾"。指出:"中国之士之识则太狭,中国之官之力则太单。"认为中国"一切大经大法无可更改亦无能更改,但望当轴者一取泰西格致之学、兵家之学、天文地理之学、理财之学及彼国一切政治之足以矫吾弊者,及早而毅然行之"(《东游日记》)。具有明显的洋务派观点。到了一八九五年,甲午战败,丧权辱国的《马关条约》签订,全国群情激愤。黄庆澄一方面看到了"国家多难""创巨痛深",指出列强侵略"直令中国不能立国而后已,世有贾长沙不知若何痛哭也",表现了极其悲愤的心情。但另一方面又要"言不骇俗",既反对"株守经义,牢不可破"的顽固守旧思想,但又说"向慕西法",肆意更张"贸贸然行之",将会"利未兴,弊先至"。他还呼吁要"激发天良,力顾大局",甚至说要"死力王事",表现了既要改革又是顾虑重重,甚至对腐朽不堪的满清王朝的封建统治仍存幻想。然而,他毕竟还意识到"今之世界,一通商世界,亦一机轮火器世界",认为中国的第一要事是开办如上海格致书院那样的新式学校,教授自然科学,翻译外国书籍,以求"人才辈出、贤者能、能者贤……一洗数十年虚骄昏愦之气"(《湖上答问》),提倡科学救国,教育救国。他创办《算学报》的目的也与此有关。他在创刊号的"公启"中揭明宗旨说:"窃惟时局艰迫,外患迭乘,海内之士始知言学,庆澄自惭驽劣,无裨于时,爰竭绵力,特创兹报,冀为格致之权舆。以辟黄人之智慧。"清楚地阐明了办报的政治目的。他还标举办报方针,说:"本报专择近日算学中最切要者,演为图说,俾学者由浅入深,循序而进,即穷乡僻壤,无师无书,亦可户置一编,按其图说,自守门径。"这种注意普及和便于自学的做法,在当时说来,确有开风气的意义。戊戌政变以后,黄庆澄返回温州,又编印洪震寰（一九三三—一九九五），浙江温州人，曾任温州大学副校长、教授，著有《中国古代物理学史话》《中国光学史》《中国古代物理学史略》。

《史学报》，后改出《瓯学报》。这是我国早期的刊物之一，可惜实物仅存《瓯学报》第四期一册。从这仅存的一册中，可以看出黄氏的思想又前进了一步。他在介绍"中国现在大概情势"中，对当时政事指斥尤甚，并冀唤起民气以求振兴，救国图存的急切心情，溢于字里行间。可惜他没有能够接触到民族革命的实践，便溘逝了。

由上面的叙述，我们可以说，《算学报》是我国人自办的最早的普及性算学杂志，具有一定的影响，黄庆澄是我国早期一位热心的、有成绩的算学普及工作者。

(选自《苍南文史资料》第三辑，苍南政协文史委一九八八年版；原载《中国科技史料》第七卷，一九八六年第五期)

杨悌遗著寻访记

叶永烈

孤山,坐落在杭州西湖中的一个小岛之上。山脚的楼外楼餐馆和平湖秋月,闻名遐迩,游人如鲫。山顶有一幢别墅,是原国民党上海警备司令杨虎花巨资请人精心设计、精心建造的。据说造好之后,蒋介石看到了,说了句"我在西湖的别墅都比不上",吓得杨虎不敢去住,空关多年。如今,这里安装了大铁门和电子报警设备,四周竖着铁栅栏,成为浙江图书馆古籍部珍藏历代刻本、善本、碑帖以及名人手稿、字画的所在。

一九九八年,我和妻子专程前往这一"禁区"。由于火车提速,只花了两个小时,我们就从上海赶到杭州。下车后,我们连宾馆都没去,直奔这里。面对佳景只投去匆匆一瞥,便埋头于一大堆线装的花笺手稿之中了。掀开每一卷褐黄色的封面之后,映入眼帘的便是端端正正的毛笔小楷。那字迹,一望而知出自"结一阁"主人、我的岳父杨悌先生笔下。

杨氏家人择善保手稿

杨家乃温州市平阳县张家堡（今属龙港市）名门，世代业儒。我曾去过杨家祖屋，竟有十八个院子、两百三十八间房子，如同《红楼梦》里的大观园一般。在杨家祖屋大门前，不仅尚有石狮，而且还有当年升挂大旗的旗杆石座。

岳父又名慕侗，字子恺，生于一八八〇年十二月六日，光绪三十二年（一九〇六）东渡日本，一九一〇年毕业于日本中央大学法科。同年归国后，得法政科举人。曾任浙江省高等检察厅首席检察官以及浙江临安县知县、上虞县知县、萧山地方法院院长等职。

他厌倦官场的迎来送往、逢场作戏，更厌恶尔虞我诈、勾心斗角。上世纪三十年代卸官后，杜门读书。家中藏书极丰。他研究史籍，埋头著述，写下上百种专著。内中《通鉴事纬》一书，花费心血最多。

岳父这批手稿，除极少数为他人所作的序跋曾发表之外，均未出版过。上个世纪四十年代末，他中风之后，自知余日不多，便把文稿誊清编集，分卷装订成册。一九五一年三月他去世之后,岳母伍鸣凤除了把部分文稿存放在温州家中之外,还把一批文稿装箱,从温州运往平阳舅父家存放。

随着"文革"的逼近,形势日益紧张。在"四清"运动中,岳母已经预感到这批文稿放在家中极不安全。据内兄回忆,他当时去平阳舅父家,舅父关上大门,然后让他爬上阁楼,拖下两只沉甸甸的紫红色木箱。内中除了岳父大批文稿、日记之外,还有孙中山先生写给岳父的亲笔信、岳父的举人黄榜等等。他把这些"家珍"带回海盐县。

一九六五年三月十二日,内兄把岳父部分文稿从海盐挂号寄往杭州浙江省文物管理委员会;一星期后——三月十九日,岳母从温州把岳父文稿二十五卷也挂号寄给浙江省文物管理委员会。

岳母和内兄当时的决定,今日看来是很有见地的。一年多之后,"文革"狂飙骤起,大革文化命,岳母家和内兄家都遭到彻底大抄家。孙中山写给岳父的信等,内兄以为比文稿更重要,没有寄出,留在身边,被"造反派"抄去,至今不知下落。就连他把文稿挂号寄出时的挂号存单、浙江省文物管理委员会收到后寄来的收据,也被抄走,无从寻觅。岳母连性命都保不住,在"文革"中经不住苦风凄雨,含冤而逝……

文化遗产重见天日

八十年代初,岳父的文稿不知去向,这历史学家也就成了空话。我以笔耕为业,深知写作的艰辛,字字皆心血。所以,对于岳父倾注了毕生精力的遗稿,当然格外珍视,何况他的著作颇有学术价值,也是国家的文化遗产。

经过向内兄及舅舅打听,得知这批文稿,保存在浙江省图书馆古籍部。一九八五年十月二十九日,我给浙江省图书馆古籍部写了一封信,说明了情况,请他们代为寻找。他们要求出示当年的收据,便于寻找。但是,落在"造反派"手中的东西,找起来谈何容易!正因为这样,给海盐县发去的信,也久久无回音。这样,寻找工作也就不得不停了下来。

从一九八九年起,内兄也曾托人在杭州寻找这批文稿,依然如同泥牛入海,无音无讯。

一九九七年十二月,温州苍南龙港隆重纪念当地文化先贤刘绍宽先生。刘先生是岳父的亲家。我应邀担任了纪念会的副会长,并与妻子一起回乡出席了纪念大会。刘绍宽先生的大量诗文、日记,因保存在温州图书馆,一一俱在。这勾起我再度寻找岳父文稿的念头。

也真巧，我回到上海不久，内兄自美国来沪。于是，花了一个晚上，我请他详细回忆当年从老家取文稿以及寄文稿的全过程，并请他回忆文稿书名，因为有了书名更容易查找。他只记得是研究《资治通鉴》的书，记不清楚具体书名了。倒是内子记起，岳母对她说过叫《通鉴事选》，根据其家乡方言，我推测书名应为《通鉴事纬》。一九九八年一月四日，我给浙江省图书馆古籍部写了一封长信，请求他们寻找杨悌文稿《通鉴事纬》。信寄出后，我真担心，这一回别跟十二年前一样"情况不明"……

意想不到，一星期之后的傍晚，当我外出回家，便收到一封来自杭州的信。急急拆开，蹦入眼帘的第一句话便是："很庆幸地告诉先生，先生岳父杨子恺的《通鉴事纬》现已被查到。"

我喜出望外，当即大声地喊妻子过来一起看信。信是浙江省图书馆古籍部徐永明先生写来的，文稿是他找到的。看罢徐先生的信，我马上拨通家乡好多亲友的电话，把这一喜讯马上告诉他们。电话打到哪家，哪家就"欢呼"起来！

此后几天，我与浙江省图书馆古籍部主任谷辉之以及徐永明先生保持频繁的电话联系。经过电话商讨，决定请浙江省图书馆古籍部把岳父的文稿全部复印一份。

几经周折手稿终出版

由于文稿甚多，复印了几天，这才印毕。

一月二十一日，我和内子赶往杭州，这才知道岳父的文稿，原本是用绳子捆成一捆，堆放在孤山脚下的书库里。那里的古书、文稿很多，堆放杂乱，所以部分文稿在那里遭到虫蛀。在一九八五年查找时，很难查到。后来，经过清理，在文稿内见到浙江省文物管理委员会所写的一张书目清单，断定这些文稿有学术价值。另外，清单上还标明一句作者介绍："杨悌（子恺），平阳人，日本早稻田大学出身。"凭这句话，也判定文稿有一定水平。这样，这堆文稿"升级"，送入山顶上的杨虎别墅——"青白山居"。

更幸运的是，我的信落在徐永明先生手中。他原本是北京师范大学古籍研究所研究生，一九九六年八月来到浙江省图书馆古籍部工作，才工作了一年多。徐永明工作认真负责，他分管善本书库。于是，他着手查找书库登记本上的目录。在文澜阁里，有上千箱古籍、手稿、字画、碑帖，浩若山下的西湖。登记本上的目录，是按入库先后登录的。徐永明分析，那些文稿可能在名人手稿库里。他逐页逐行查阅名人手稿登记本，终于在

"第一四九八号"见到"杨恺（子恺）文稿，三十七册"，这一行上还盖着"九二清点""九六清点"的红色方章，表明在一九九二年和一九九六年进行过两次清点。

　　徐永明按照"第一四九八号"这一编号，在文澜阁二楼的一只木箱里，果然找到那一大捆"杨恺文稿"。

　　文稿找到之后，复印也是重要一关。这些手稿是很薄的花笺纸，年久发黄发脆，而且多处被虫蛀，一碰就碎，复印很麻烦。幸运中又遇幸运。负责复印这些文稿的沈雅君，她花费几天工夫，仔仔细细复印。其中有两册手稿，由于是利用已经写过字的花笺的反面写成的，复印时不得不把手稿拆开来，一页一页摊平复印。全部手稿的复印件，总共达一千一百一十二页！

　　虽说是复印稿，我们也视若珍宝。我用电脑打印出从杭州运回的岳父全部手稿目录：除《通鉴事纬》之外，还有《汉事绀珠》《汉书撷词》《汉书刑法志补》《读汉书百官公卿裴疏记稿》《味镫存稿》《毛诗通训》《韩集后语》《补三国职官志》《三国文类》等。统计各卷字数，算出手稿总字数，竟有六十四万字之多！

　　在进行整理、装订后，我埋头于阅读书稿的内容。我特别看重《通鉴事纬》和《味镫存稿》两书。《通鉴事纬》是岳父研究《资治通鉴》的力作。

关于研究《资治通鉴》的专著，除了宋末元初胡三省所著《资治通鉴音注》和清初严衍所著《资治通鉴补正》之外，鲜见于世。岳父的这一长篇遗著正好填补了这一空白。他在年轻时就喜欢读《资治通鉴》，把阅读时的见解随手写在《资治通鉴》上。后来，在这些批注的基础上，着手写《通鉴事纬》一书。司马光写《资治通鉴》时，手下有刘攽、刘恕、范祖禹等人组成的"写作班子"，更何况司马光是"奉旨修史"，享有很好的工作条件。岳父却是孤军奋战，在艰难的条件下写作。

在散稿中一个小本子里，我见到岳父所写著作目录，得知他的著作甚丰。这次在浙江省图书馆古籍部找到的，只是他一小部分文稿。

从手稿中查证，岳父的著作总共有一百二十三部之多！当年，他倦于官场，退隐书房，青灯黄卷，谢客著书。在他看来，"官场一时红，文章千古在"。他的著作在当时没有机会出版，却几十年如一日坚持在书房笔耕不已，这种毅力是令人敬佩的。他在史学研究中，作出了自己的贡献。

可以用这样一句话，概括岳父的一生："平生著述无虚日。"

由于内兄的努力，终于把《通鉴事纬》全书校毕，一九九九年由安徽文艺出版社出版。然而，接下来的任务是艰巨的，我叶永烈(一九四〇—二〇二〇),浙江温州人,著名作家,著有《小灵通漫游未来》《红色的起点》《"四人帮"兴亡》等作品一百八十余部。

们要努力使尚未出版的遗书整理出版,使这批文化遗产变为社会财富得以传承。

(原载《温州日报》二〇一〇年十二月四日)

新加坡上海书局创办人之一
——陈岳书先生生平

陈蒙鹤

我的父亲陈岳书先生，一九〇〇年生于浙江苍南县大树下村（苍南县是个新县名，我们知道的是：爸爸的出生地是大树下，妈妈的出生地是金乡城，都属温州府），祖父是务农的，除了有自耕地外，还有田地供人耕种。祖母由于生姑母时难产过世。祖父后来续弦，爸爸又多了一个弟弟和一个妹妹。我相信爸爸小时候读书读得很不错，才有机会进金乡城里念书。据妈妈说，他在中学时认识小舅父，而外公因为看到他读书勤奋，人品不错，才把妈妈嫁给他。小舅父王叔旸先生和爸爸同是新加坡上海书局的创办人。

大概是爸爸和妈妈家里的人比较亲近吧，因此，我们兄弟姐妹从小都会说金乡话（妈妈把大树下话称为"蛮话"，可能是城里人对乡下话有成见）。又由于外公一家人住城里，交际比较广，爸爸和小舅父中学毕业后都到上海去找出路。

据爸爸自己说：一九二三年，上海的三友实业社派他到新加坡主持中华商店的业务时，他经常往来马来西亚、印尼各地，推销中国货。这时，中国本土刚刚接受了五四运动的洗礼。这是一个很大规模的新文化运动，提倡接受新思想，并主张普及教育，扫除文盲。站在这新文化运动前锋的是全国各地知识分子与青年学生。爸爸当时刚二十三岁，小舅父比他还年轻些。他们是刚进入社会的知识青年，要他们不受这新文化运动的冲击是不可能的。于是，这时期的新图书、新杂志，成为他们不可缺少的精神食粮。

但是，那时的东南亚一带，书店很少。虽说商务印书馆及中华书局已在新加坡成立分店，可他们只发行他们本版图书，而其他书店，用爸爸的话说："有的专卖线装古书，有的专卖旧小说，当时中国出版的新图书、新杂志，就没有机会运销海外。"

因此，爸爸、小舅父和一些志同道合的朋友开始筹备开书店。两年后，即一九二五年，上海书局成立，地点就在中华商店的楼上。由于两位创办人热情地听从时代的召唤，深切地体会到年青的一代对新知识、新思想的大量需求，上海书局的业务，便迅速得到发展。于是，吉隆坡分局一九二六年成立。爪哇泗水分局，也在一九二七年成立。一九二九年，新加坡上海书局的原址已不够用，只好搬到一个更大的地方。一九三三年，雅加达上海书局分局也开始营业了。书店的业务既然发展得那么快，爸爸和舅舅的忙碌，也可想而知了。虽然爸爸和舅舅搞书店的业务是不遗余力的，但他们也不肯放弃他们原来的任务：推销中国货。后来他们虽然离开中华商店，但是很快承顶了另一家侨兴国货有限公司。

我还记得我们一家人及舅舅一家人，就住在上海书局的货栈的楼上。书店的业务，随着中国局势的变化——日本侵略中国造成的中华民族抗战浪潮的高涨，华侨社会对教育的要求日益提高——也一天比一天忙碌。战前的上海书局同事，多数是单身的，住在店里，工作时间不但长久，而且紧张。但是，大家都受爸爸和舅舅的精神影响，工作得很起劲。工余还参加许多文娱活动，如合唱团、乒乓球队、篮球队等。据妈妈说：随着卢沟桥事变发生，中国人民抗日运动更加高涨，舅舅救国心切，曾建议卖掉一切资产，去买救国公债。这事后来没有做成。可是在我的印象中，爸爸和舅舅是买了不少救国公债的。当日本南侵时，我们忙着逃难，这些公债如何处置，还真伤脑筋呢！

太平洋战争期间，我们一家人和舅舅一家人分开躲起来。我们躲在山芭岛上，由于爸爸小时候曾经跟祖父种过田，他便带我们开荒，种番薯、木薯及瓜豆过日子。在这期间，由于爸爸和我们比较亲近，我们更能够体会到他念念不忘的是书店，是战事状况，以及舅舅及其他亲友们的安全。那一段日子真是难过啊！这段时间，上海书局店务重担落在表兄王子豪先生肩上。

一九四五年日本投降，战争结束，我们一家人和舅舅一家人都平安。只是舅舅曾被日本人捉去坐牢，受了不少的刑，体质很差，他们一家人决定搬回中国（其实是搞抗英活动被驱逐出新加坡，永不得返新）。爸爸则留在新加坡处理业务。由于战争的破坏，战后的复原工作很艰巨。还有战后的中国、东南亚政局都起了很大的变化：一九四九年在北京成立了中华人民共和国，国民党则迁去台湾；菲律宾、印尼的民族运动导致美国及荷兰先后放弃主权，允许他们独立，印支半岛的人民也成立解放部队，为争取独立与法国对抗，马来西亚包括新加坡在英政权的统治下进入紧急状态。在这些变动下，上海书局的营业方针也不得不跟着改变。最初，舅舅还有办法从中国来新加坡与爸爸讨论这些问题。后来，由于环境的变迁，舅舅不能来新加坡，他们及时成立了香港上海书局。舅舅长住香港，几十年来，上海书局的业务便由两位创办人靠通讯维持并开展。

因为环境关系和上海书局的业务性质，爸爸和舅舅定下的营业方针是：要同时经营图书、出版、文教及体育用品。图书最大的来源是香港，而香港上海书局在舅舅王叔旸和姑丈方志勇的主持下，一方面出版各类适合海外市场的儿童书、中小学参考书，另一方面也为我们代办中国内地和香港出版的各种图书、杂志。出版方面，由于当时的环境要求小学、中学课本迅速本地化，上海书局在二十世纪五十年代便致力出版以本地内容为主的"现代小学课本"，六十年代又出版了小学、中学华文第二语文的课本。又本着一向推销中国货的宗旨，爸爸不但坚持上海书局要多做中国出口的文教、体育用品（即使侨兴有限公司由于政治环境的关系"国货"两个字便从招牌中取消掉），也极力继续推广中国货的业务。五十年代初期，中国为了扩大对外贸易，便通过举办一年两度的广州商品交易会，通过香港的华润公司，介绍和推销各种中国产品。侨兴公司的代表，早在第二届交易会上，就去广州采办中国货了。

中华人民共和国成立初期，中国的商品在海外尚未能赢得人们的信任，大家对经营和购买中国货，都不敢轻易尝试。侨兴公司本着推广中国货的宗旨，凡是没有人肯尝试的中国货，公司都毫不犹豫地承担起推销的责任。就在这样的经营背景下，侨兴公司由五十年代至今，所经营过的中国产品，可说是五花八门，品种繁多。不论是粮油食品、酒类饮料、草药成药、大小五金、日用什品、针棉织品、土畜产品、工艺品等等都曾经办入推销。一直到这些产品的市场地位明朗化（成功地由其他商号接去经销，失败的被淘汰掉）为止。

在这近三十年的尝试和推销过程中，有些产品由于其质量、价格都很具有竞争力，很快就被市场和顾客接受。侨兴公司自然便在经营中获得好处。也有不少产品，由于质量或价格不合适，始终在市场上打不开，侨兴公司承受的损失也不少。不过，赚自然可喜，亏了也不埋怨，这便是两位老人家经营侨兴公司的一贯作风。

战后的二十多年来，爸爸一方面主持新加坡上海书局及侨兴公司的业务，一方面也不忘做许多社会工作。其实，这也是他和舅舅为人的宗旨之一。开书店，是为了介绍新文化、新知识；搞国货公司，是为了推销与介绍中国货，做社会工作，更是为了他们"取之社会，用之社会"的原则。

远在一九二三年，爸爸刚来新加坡，那时他自己的事业都还没有开始，他就联合多位温州同乡，组织"温州同乡会"。后来，"温州同乡会"正式注册为"温州会馆"。"温州会馆"办了"侨南小学"，这些工作他都是带头者，出钱出力，除此之外上海书局在他的主持下，积极发动组织"新加坡书业公会"，并成为理事之一。上海书局与侨兴公司同时也是"新加坡中国商品进出口商会"的发起会员。而侨兴公司一路来还是"新加坡中国商品进出口商会"的主要执委之一，几十年来，他为这些组织陈蒙鹤（一九二九—二〇〇二），女，浙江苍南人，新加坡华侨，曾任新加坡上海书局经理兼总编辑，著有《早期新加坡华文报章与华人社会（1881—1912）》。

的会务发展做出不少的贡献。

　　我们自小和爸爸在一起，一直感到他是一个很忙碌的人，而且他忙得有意义。即使在他去世的前一晚，我知道他还出席怡和轩的聚餐，与各界人士互相交换信息以表关怀。一九七一年二月七日，当他逝世的消息传出时，亲友们都大吃一惊，怎么好好的就离开我们呢？但是，我在伤痛之余，却又有一份欣慰，他能够在大家敬仰和珍惜的情况下逝世，正是他的福气。安息吧。亲爱的爸爸！

一九八八年七月九日

（选自《苍南文史资料》第四辑，苍南政协文史委一九八八年版）

我的父亲王叔旸

王立人

父亲生于一九〇三年。他的青少年时期正是中国极端动荡的年代。这种时代背景使许多知识分子产生了对民族、对国家强烈的使命感,父亲和他的姐夫陈岳书应该可以归入这一类人。父亲和他的姐夫除了经营上海书局和图书出版销售业务外,还经营侨兴公司等。父亲曾经说过:即使要侨兴补贴也要把上海书局经营到底。父亲和他的姐夫是把上海书局当成文化事业来做的。

一九六一年,我离家九年多第一次回家探亲时,父亲专门从香港回沪相会,我曾经询问过父亲,年轻时是什么原因让他选择了文化事业?他告诉我《新青年》杂志、五四运动使他们这代人不能不思考国家和民族的前途。

物以类聚,人以群分,共同的理想使上海书局与进步文化人建立了紧密的联系。这种联系使上海书局具备了开展进步出版事业的条件。二十世纪四十年代到六十年代，上海书局能在海外华文出版事业中占有举足轻重的位置，这应该是最重要的原因。

把民族文化事业置于个人、家族的利益之上，是父亲王叔旸和姑丈陈岳书的根本宗旨。在日常与关键时刻都可以见到他们怎样坚持自己的宗旨。

抗日战争爆发时，父亲从上海发电报给在新加坡的陈岳书（我的姑丈）建议变卖上海书局捐款救国。结果陈岳书同意将上海书局原资金两万元叻币捐献给有关方面。据说父亲当时还有意赴前线杀敌，后经大家劝说才举家迁移新加坡，主持上海书局的工作。

父亲以他的开明思想和民主作风团结了上海书局的骨干共同坚决拥护抗日战争。当时上海、香港出版的《抗战》《世界知识》《大众画报》《新生画报》等，上海书局经销的数量占了发行总量的四分之一至三分之一。

一九四〇年底，胡愈之为沟通香港——新加坡进步的文化交流，建议上海书局派人去香港，联合《华商报》和香港文化界，出版发行进步书刊，上海书局派温平先生以上海书局经理的名义到香港，在《华商报》成立出版部。通过上海书局的发行渠道，向新加坡、马来亚、北婆罗洲、印度尼西亚等地发行进步书籍。上海书局汇出一万元港币作为出版基金，首先出版了邹韬奋的《抗战以来》一书，接着计划出版翦伯赞的著作和恢复《抗战画报》等。不料，一九四一年底太平洋战争爆发，日寇南侵，计划被迫搁浅。日寇侵占香港时，有大批进步文化人士滞留在港，中共南方局周恩来命廖承志组织抢救转移，上海书局的出版基金正好做了经费。

太平洋战争爆发，父亲是新加坡文化界战时工作团的总务主任。新加坡沦陷，父亲与一批抗日人士流亡至印度尼西亚的石叻班让，不幸与郭后觉一起被日寇逮捕，郭先生不幸死于狱中，父亲也被折磨至失去意识才被释放。

抗日胜利后，为了纪念郭后觉先生，上海书局帮助创办了后觉公学，由郭夫人吴瑞英担任校长。我有幸在公学上过半年学，应该是后觉公学的第一批学生，到回国时才离开。

一九四八年，上海书局根据胡愈之、夏衍的建议组织了教科书的出版。当时在香港与上海同时进行编辑工作，有些工作甚至请人到家里做，那时我已十一二岁，大人们在将写在糯米纸上的课文贴在插图上时，有时也叫我们帮忙找字。除了出版教科书，仅香港上海书局（不包括其子公司）在一九四八至一九八二年期间就出版了各类图书两千多种。

这个宗旨还表现在支持进步出版事业上。香港上海书局的经理方志勇先生在去世之前一直是香港国庆筹委会的主任。香港上海书局参与建立了香港最大的图书发行公司；香港最大的私人图书门市，上海书局不但有投资，而且骨干成员也都出身自香港上海书局。至于出身于香港上海书局，而自立门户，搞文化出版、图书销售，或到其他文化出版图书销售业就职的人就更多了，以致香港上海书局被同业尊为香港出版界的少林寺。与那些视同行为敌国的人比较，不难看出他们和姑父、父亲之间思想境界的巨大差别。

共同的理念使姑父与父亲终身合作，亲密无间，不分彼此。晚年对身后事的安排也显然是从文化事业发展的需要出发的。

以"文化"为名的很多，但是真正为保存与发扬传统的中华文化中的优良部分，为中华民族能够赶上世界进步潮流而自觉奋斗的人并不多，有些人只是看重上海书局所能带来的名和利，以为夺得了上海书局的名和利，就是继承了上海书局的事业。这类人是难以正确地判明是非的。新加坡与香港上海书局在父亲与姑丈陈岳书的时代是一家公司，权和利之争使一家公司分成了两家。本来合则两利，分则两伤，是一般智力水准的人都明白的道理，但是利令智昏，有人甚至把分拆上海书局当成了功劳。有道是："物有本末，事有终始。"这种颠倒本末、先后的做法，使香港上海书局产生了本质变化。宗旨的变化自然王立人，浙江苍南人，新加坡华侨。

要造成公司人员构成的变化，也一定会造成所能把握的机会的变化。这给香港上海书局造成了巨大的困扰，但是有些人却把困局的成因归结为：现在已经没有以前上海书局得以发展的机会了。其实机会是时刻都存在的，只是对于不同的人和集体（包括公司），所能把握的机会是不同的。

二〇〇五年元月，香港上海书局的旧同事聚会。到会的有近五十人。面对这些与父亲、姑丈共同奋斗的前辈，令我汗颜。极少有公司的老职工在离开公司几十年后，还会对其念念不忘。只有为共同的理想一起奋斗的人，才会在这人欲横溢的社会中，保留着珍贵的情谊。我这么说多半又有人视之为笑话，但是追求社会进步是绝大多数人的愿望，社会始终是会不断发展进步的。发展的过程会有起落，人总免不了生老病死，但是追求社会进步的人始终会前仆后继，而图书出版与销售始终是促使社会进步的一个重要环节。这是不以少数人的意志为转移的必然性。

正如鲁迅先生说的："石在，火种是不会绝的。"

（选自《百年金小留芳集》，二〇〇五年版）

书香依旧怀逝者

缪克构

南京西路花园公寓,也许是近些年来我最感安静之处。

辛笛先生住在那里。我每次去看辛笛先生,去看王圣思老师,迈进公寓大门心境便澄明起来,仿佛外界的喧嚣和浮躁不再跟随。而每次从那里出来,繁华街市似乎也洗去了雾气和奢靡,散发着理性而清澈的光辉,这种光辉会在一段时间里相伴我的左右。

这也许正是书香的力量、诗歌的力量,一位温厚长者散发的智慧的力量。

最先接触到辛笛先生的名字,是在大学的文学史教材中,他与穆旦等另外八位诗人排在一起,即"九叶派"诗人,作为中国新诗发展史上极为重要的一个流派,其影响随着时间的推移而愈显深远。后来发现,他其实离我们很近,系里的王圣思教授,是他的小女儿;而早些年,他曾是夏雨诗社的顾问,在师大人群拥挤的大礼堂里朗诵过自己的诗句:"季节到底不同了……"我深深地喜欢着他的那些精美的抒情短章。

也是有缘,大学毕业后,因为与恩师王圣思老师交往的增多,我常常得以进入辛笛先生充满浓郁书香的寓所,无论是事先约定还是突然造访,一定可以听见辛笛先生沙哑的嗓音或王圣思老师母亲般的回答:"你来吧!"

六七年间,我一次次走进他的寓所。穿过走廊,进入厅中,总可以看见他坐在餐桌前,前面放着新近出版的报刊及友人来信、放大镜和一支精细的水笔;他的身后,一排书架散发着浓郁书香,温馨、安静、闲适的气氛令人迷醉。他总是起身,跟你握手,请你坐下;走时,他又起身、握手、相送……这是他的习惯,即使他日渐老迈,身子骨也越来越不如以前了。

在那里,我得以尽情地向他讨教诗学问题。他总是认真地听完你的讲话,然后发表自己的看法。有一次谈起近年来新诗所处的困境,辛笛先生拿起手中的放大镜照了照《文汇读书周报》上刊登的《现代诗:你让我好糊涂》一文说:"新诗在今天令很多人气闷甚至气馁,我同意这篇文章的观点,这对我们写诗的人来说是一种鞭挞。但若放开眼界,从历史的长河来观察,今日所处的困境也有其客观原因的。试想新诗完全是五四新文化运动的产物之一,沿至今日,区区不过是八十余年的历史,拿它与已拥有数千年来的古典诗歌成就相比,其辉煌与单薄岂可同日而语?单从八十年历程来看,新诗坛也是人才辈出,成绩斐然可观。"他的观点是,中国新诗的发展至少需要一百年。这一观点后来引起了诗坛强烈的反响。

有一次谈到新、旧诗的问题,辛笛老人说:"对于新诗与旧诗,我的看法是,新诗易写难工、旧诗难写易工,但这个时代是属于新诗的,因为语言、思想、感情都是自由的。青年一代是富于激情的,有的人认为写新诗最容易,提起笔来就是一首,但千万不可忘记:诗歌毕竟限于字数、节奏、韵律,不能不经过千锤百炼。感动自己,然后才能感动读者。"他的这一观点,早已得到了普遍的认可。

诗歌以外的生活,也常常是我们交流的话题。辛笛先生爱看新闻,对新近发生的事件,常常表示欣慰或叹息,对外面的世界他是熟悉和关心的,丝毫也不隐瞒他的看法。我也常听他讲到生活对创作的重要性,焦虑生活匮乏给自己创作带来的影响。其实,尽管越来越年长了,但辛笛先生依然笔耕不辍,他的旧体诗创作日臻化境,而创作的新诗保持原有的情真、意融的风格,且日渐沉郁,令人不忍释手。

我要出一本诗集了,对十二年来发表的作品作了精选。辛笛先生听后十分高兴,并应允为我的《独自开放》写一篇序言。

他认真翻阅了我的书稿,在序言中鼓励有加:"克构有诗人的敏感和观察力……都市中人们熟视无睹的事物在克构那里不仅寻找到诗意,如《馈赠》《去年春天》等,而且更有了描述,揭示了哲理。""克构的诗篇幅都不长,这也是我所欣赏的。"在序中,他还谈到了对新诗诗体的看法:"我自三十年代读大学时就形成自己的诗观,认为长诗不如短诗,叙事诗不如抒情诗,诗人把诗写得那么长,实在是浪费才华。当然,年长一些,对别人在长诗和叙事诗方面的探索也能理解。只是我至今仍觉得短诗对语言的提炼、意象的浓缩、结构的营造都提出了更高的要求,而且可以挤压掉新诗中水分过多的弊病。"他还对年轻一代诗人寄予了厚望:"希望更多地阅读中外优秀的古典诗歌和现代诗歌,用自己的生命体验去融化这些传统,精心炼字炼句,注意谋篇布局,写出更多更好的诗歌来。"

　　让我不曾预料的是,辛笛先生读完我的诗稿,欲提笔写序之时,他相伴六十余年的爱人徐文绮突然辞世。先生表面上看来仍还平静,但内心受到了极大的触动,他在几天的沉默中深情地写下《悼亡》一诗:"钻石姻缘梦里过,如胶似漆更如歌。梁空月落人安在,忘水伤心叹奈何。"但他仍然记挂着他要写的那篇序言。事后王圣思老师跟我讲:"父亲多次念叨着'给克构的那篇序言还没写好呢!'"我的内心在不安中更增添了别样的滋味。

辛笛先生很快就完成了序言，不仅对拙作作了精到的分析，而且论及了对新诗诗体的看法，对年轻一代诗人提出了希望。序言思维开阔，收合自如，堪称美文。

相伴一生的爱人去世以后，辛笛先生变得不爱言语，更久地陷入了沉默，仿佛从此少了牵挂。在子女们为父母在福寿园做寿墓时，他开始为身后之事作了诗思：

墓碑上刻有我和老伴
和我们子女的名字
我们俩并不寂寞
在晨风中我们唱起与子偕老之歌
——《永远和时间同在》

这首诗常引起我无限遐思。在辛笛先生的旧体诗集《听水吟集》中，有一帧照片，是五十年代初辛笛先生大妇与四个了女在中山公园的合影。这张照片拍得真是极好，画面中辛笛夫妇面带自然的微笑，四个子女天真烂漫，或畅笑，或泯笑，可爱至极。如此一家子真是令人十分羡慕啊。其实我每次去，都会感动于他家中的那种温馨氛围，略显阴暗的走廊、老家具、旧版书、简洁的客厅，常让我深感温暖。重人情、重友情、重亲情，使这个家庭充满了厚实、温润和甜蜜。辛笛先生的一生虽然受到过冲击，有过动荡，但在家庭生活这一点上，堪称幸福美满。

二〇〇三年年底，辛笛先生病了，住进了中山医院。十一月一日，中国当代文学研究会和上海作协刚为先生开完"辛笛新诗创作七十年研讨会"，与会专家对他的创作给予了很高的评价，辛笛先生还亲临现场作了发言。不曾料会突然患病，竟从此一病不起。

我得知消息已是数天以后。这是王圣思老师的一贯做法，坚毅、果敢、隐忍，遇事喜爱独自承担。她曾身染重疾，但她坚强地与命运抗争，有条不紊地兼顾健康、家庭以及教学和研究，数年后安度劫难，令人宽慰和激动。

我两次去医院看望辛笛先生，他都在平静地睡着，很安详。醒来后他看见我，点点头。王圣思老师从学校上完课后，也赶到医院，有一次带来了先生喜欢吃的老半斋菜饭。护工喂他吃，王老师在旁边给他示范着细嚼和下咽的动作，口式合着手势，真是令人感动。先生吃了不少。王老师对他说，你要好好养病，病好了我们就回家过年。老人几次吵着要回家，这会儿像个安静而听话的孩子。护工笑着说，要大口喂他，他才能多吃，有时也吐出来。下午吃红枣炖白木耳，一颗枣核含在嘴中许久，突然射出，滚到了窗台，还很有力气呐！护工哪里知道，她照顾的老人是个诗人,至死都保持着一份童真,就像七十岁时撒开双手骑自行车,八十岁时还踢着小石子、踩着窨井盖听那咣当作响的声音!

辛笛先生离开的那一天,是二〇〇四年一月八日,肺部大面积感染,然后是呼吸衰竭。他已经九十二岁了,阻挡不住生命自然的规律。让人在悲痛之余感到心安的是,他走得平静,没有什么痛苦,正如他在诗中所写:

走了,在我似乎并不可怕
卧在花丛里
静静地听着小夜曲睡去
——《听着小夜曲离去》

《小夜曲》也在先生的追悼会上取代了哀乐。辛笛先生躺在鲜花丛中,真是十分平静和安详。

此后,每次到花园公寓,我就只能看望王圣思老师夫妇了。走廊粉刷了墙面,比原先明亮了,书架作了整理,摆设依旧,书香依旧。辛笛先生似乎还坐在那里,静心地听你讲述,然后用沙哑的嗓音谈自己的看法。还是起身、握手、道别……我长久沉入这样的浮想中,并没有真正感到他已离开我们多久、多远。

缪克构,浙江龙港人,现任文汇报社副总编辑,著有《盐的家族》《黄鱼的叫喊》《少年海》等作品十余部。

  这样的感觉,大概不仅限于辛笛先生的亲人,不仅限于像我这样受到过他激励的人,还应该包括许许多多受到他的诗歌影响和喜爱他的诗歌的读者吧!

二〇〇四年十月十三日

(选自《黄鱼的叫喊》,上海书店出版社二〇一六年版)

唐弢，永不停步的人

伍隼

唐弢同志逝世已经四个多月了，但是他的音容笑貌是如此清晰地在我的眼前时时浮现。望着壁上他写给我的"文章得失等闲事，且折梅花贻远人"的条幅，我很难相信他已不在人间。元旦前几天，絜云同志远道寄来了唐弢同志的近著《鲁迅论集》和《西方影响与民族风格》，她告诉我，唐弢同志病情略见好转，前一时期已恢复到能在沙发上坐上两三小时，看看电视，吃点水果、肉汤。今年三月三日是唐弢同志虚龄八旬华诞，又是他从事文学创作六十年。中国社会科学院文学研究所准备集会祝贺，并且组织熟人撰写回忆文章。她希望我也能写一点。我正为唐弢同志的健康情况有所好转而暗暗高兴，一面复信向他们夫妇恭贺新禧，一面回忆唐弢同志和我的交往，准备撰文祝嘏。谁会想到，旬日之内风云突变，我答应絜云同志写的文章不是贺词而竟是一篇悼念之作呢!

造物无情。我完全怔住了。

我失去了一位尊敬的兄长。中国失去了一位重要的学者和作家。这损失是无法弥补的。

唐弢同志早有文名。他从一九三三年(二十岁)为《申报·自由谈》撰稿之日起,就开始了自己的创作生涯。他为中国的革命文艺事业战斗了一生。唐弢同志是我国杂文界的卓然大家。他的"鲁迅风"的杂文,嬉笑怒骂,笔墨淋漓,曾经大大刺痛了国民党反动当局的神经,以致一些叭儿狗认定唐弢就是鲁迅的化名,对之呜呜不已。

他是海内外公认的鲁迅研究专家。他不仅和许广平、郑振铎等同志一起致力于《鲁迅全集》(一九三八年版)的编辑出版工作,独自一人在短短的两个月内认真地校完六百万字的皇皇巨著,而且又独自一人广搜典籍,辑集佚文,先后出版了《鲁迅全集补遗》和《鲁迅全集补遗续编》,为鲁迅研究铺垫了基石。他的近五十万言的有关鲁迅研究的文章和专论,从战斗人格,美学思想,小说、杂文的思想特征和艺术特征等各个角度分析鲁迅。许多文章立论精辟,文采飞扬,将鲁迅研究提到一个新的高度。

唐弢同志又是学识渊博的现代文学史专家。他一直认为,"要研究鲁迅,不能不研究现代文学,正如要研究现代文学,也不能不研究鲁迅一样"(唐弢《鲁迅论集·序》)。他从鲁迅逝世之日起就致力于现代文学资料的搜集工作,节衣缩食,求书访书,数十年如一日。在上海沦为"孤岛"之际,许多人毁书、烧书,文化面临浩劫;唐弢同志为了抢救诗书,常常一个人钻在徐家汇一家废纸收购站的堆栈里,早晚啃两个烧饼充饥,沙里淘金,从大量的废旧书刊中搜拣珍贵的典籍。寸积铢累,渐渐成为我国著名的藏书家。这些宏富的皮藏,日后成为他进行现代文学史研究的极其有利的条件之一。读唐弢同志《四十年代中期的上海文学》(一九八一年在香港中文大学举办的中国现代文学研讨会上提交的论文) 和《西方影响和民族风格》(一九八二年七月在英国剑桥欧洲汉学会议上提交的论文),我们会惊叹于他对于现代文学史资料的娴熟程度和研究工作中的真知灼见。严谨的治学态度(首先是坚持看原著,坚持运用第一手资料),加上文学史家不同寻常的才具和识见,这是他的论文所以具有雄辩力量的关键所在。

唐弢同志主编的《中国现代文学史》(三卷) 搜罗宏富,资料翔实,是目前全国文科高等院校通用的教材;但他更多看到的是这部书的不足之处。他在一九八二年十月间发表的题为《中国现代文学史的编写问题》的讲话,高瞻远瞩,以辩证唯物主义和历史唯物主义的观点,全面、系统地探讨了编写中国现代文学史的规律。对于文学与政治，风格与流派，哪些作家可以入史，哪些作家不能入史，以及如何正确评价徐志摩、张爱玲、沈从文等人在文学史上的地位等问题，都作了科学的、实事求是的回答。这篇讲话是唐弢同志一生在现代文学史方面编写实践的经验总结。全文深入浅出，具有无可争辩的逻辑力量，处处闪耀着马克思主义的光芒。

唐弢同志在文学事业上的成就远远不止这些。他的散文自成一家。旧诗有黄仲则之风，功力深厚。他的《晦庵书话》，史论结合，文笔隽永，具有独特的艺术魅力。有些篇章即使仅仅作为散文看，也是个中精品。可惜天丧斯文，如今我们已经再也没有可能继续读到他的脍炙人口的华章了。

我最初认识唐弢同志是一九四六年他在上海主编《文汇报·笔会》的时候。那时我读过他的《推背集》《投影集》等许多犀利的杂文，对他心仪已久。一九四五年他与柯灵合编《周报》，在国民党反动派磨刀霍霍的情况下，高举"反饥饿、反内战"的旗帜，挞伐丑类，义正词严，虽收到鹰犬们送上门来的子弹和恐吓信而决不屈服。这种以"死"去换取"不死"的无畏精神，更是令人神往。我当时正偶弄笔墨。我尝试将自己的一部分杂感投寄《笔会》，一方面固然是由于当时言路渐窄，文网日严，除了《笔会》，很难找到一家敢于披载这类杂感的报纸；另一方面也是由于我爱读唐弢同志的杂文，信任他，认为向他投稿，可以从中得到教益。唐弢同志是热情的，我的文章很快刊出来了，他来了信，对我奖勉有加，还约我多写杂文，一周固定写两篇最好。这对我是很大的策励。就这样，经过信稿往返，我们渐渐地熟悉、见面了。

他给我的印象是诚恳，亲切。他一面赠书给我，谈大局，偶尔也谈到他的艰难的处境；一面总是鼓励我多写。我的一些与打内战的"英雄"们短兵相接的杂感，就是在他的关注下写作、发表的。一九八六年，《文汇报》庆祝《笔会》创刊四十周年的时候，唐弢同志在《"息壤"忆旧》这篇文章里，提到了我与《笔会》的这段文字因缘。故人情深，令人感慨不已。唐弢同志在他主编《笔会》的时候，多登伤时骂世的杂感，刊载雪峰同志写的政治性很强的寓言和二十几篇《鲁迅回忆录》，这些事实，都足以说明在《周报》被禁之后，他是如何坚守阵地，自觉地负起时代的历史的重担，尽一切可能与反动势力进行艰苦的、曲折的斗争。当年郭沫若同志写过这么几句话"杀死了一位李公朴和闻一多，我们要挺生出千万个李公朴和闻一多；查禁了一种《周报》，我们要刊布出千万种《周报》"。事实正是这样。"秦毁书籍，治不二世"，真理之火岂是刀枪棍棒所能扑灭的呢！

十年浩劫之后，我调出版系统工作，去京之便，曾到永安南里探望睽违已久的唐弢同志。他历经大难,健康受损,两度心肌梗死,抢救得庆更生,步履已经不如以往轻捷了;但丰采依旧,精神是矍铄的。我为家乡的出版社向他约稿,他愉快地答应了,这就是后来寄给我的《生命册上》和《创作漫谈》(增订本)。从晤面和以后通信的情况看,唐弢同志很忙,很累,但他以超人的精力一刻不停地工作着。他一面孜孜不倦地进行鲁迅研究,写论文,出席国内外的学术会议,一面应邀在桂林、大连、烟台等地的高等院校讲学,给年轻人看稿,写长长的复信,很难有空下来的时候。说来令人难以置信,他的编辑文集的工作,常常是利用会议间隙和行旅途中点点滴滴的时间完成的。他一九八二年四月二十六日给我的信上说:

我从香港回来,总结汇报之后,即着手修改《中国现代文学史》。初时看得容易,一动手,才知问题甚多。要将七十万字压缩到三十万字,煞费脑筋。至四月初,才初步改完,交去打印。马上又奉命于七月上旬参加欧洲汉学会议,先交两篇论文(一篇专论,一篇情况介绍),目下正苦斗中。如能早些将专论写出,准备情况介绍就容易些。我在此期间顺便将《生命册上》修改编定。不改,我对自己缺乏信任,不大放心。我当竭力尽早完成它。

访问英伦归来之后，唐弢同志想到《生命册上》可以分为三辑，一是回忆早年生活；二是忆旧怀人（多为悼文）；三是游记、访问。第三部分决定将旅英见闻补入，与已有的访苏、访日的散文并为一辑。这补进来的文章就是《剑桥沉思录》《在马克思墓地》和《莎士比亚的故乡》。为了赶写这些文章，他又见缝插针，将纸笔带到全国政协会上，想利用夜晚休息的时间执笔。他就是这样紧张地读书、写作，几乎不知道什么叫作休息。从一九八二年初应约编集之日起，到一九八三年十月二十五日最后完稿为止，唐弢同志先后来信十次以上。他为书稿的愆期一再向编辑部致歉。交稿后认真地、一丝不苟地审读校样，反复征求编辑部的意见，对我们提出的个别修改意见表现出不寻常的谦虚。他对青年画家设计的封面赞不绝口，写来长信，要我转达他由衷的谢忱。他这种对待工作认真负责的态度和奖掖后进的拳拳之心，给我自己也给编辑部同人留下了深刻的印象。

唐弢同志长久以来有一个心愿：要为鲁迅先生写传。他是海内外公认的鲁迅研究专家，曾经有幸在鲁迅生前亲聆教益，对鲁迅的道德、文章知之甚深，他无疑是国内撰写鲁迅传记的最理想的人选之一。一九八三年二月间，唐弢同志出席桂林会议，归来后写信告诉我，他的《鲁迅传》已列为国家重点项目之一，会上并且签订了按期交稿的议定书。其实这件事在当时不过是以合同形式固定下来，早在"文革"以前，他就多方搜集资料，为给鲁迅立传进行准备了。他知道"文革"前出版的各期《浙江文史资料选辑》载绍兴资料甚多，对写《鲁迅传》有参考价值，一九八〇年二月曾来信要我设法补足。后来他应邀来杭讲学，我们一起在"楼外楼"便饭，席间我偶然谈及这里编辑了一册《西湖旧踪》，以大量图片记录西湖旧貌，正可以与今日之西湖作一对照，看出湖山的变异，出版后当送他一册，留作纪念。书未寄出，就收到他从北京寓所发出的信，提出画册最好是买，贵些也要，因为这对他"写鲁迅在杭州的一段生活，会有一些触景生情的作用"。读信后我才悟到他急于要见到画册的原因，也惊叹于他写传前在资料工作方面所作的十分周详的准备。这与他进行现代文学史研究时坚持看原著、运用第一手资料的严谨态度正是一脉相通的。

　　《鲁迅传》是一项巨大的工程。当时国内出版的鲁迅传记不下十种，要独辟蹊径，写出特色，即使像唐弢同志这样的大手笔，也绝不是轻而易举之事。为了构筑这一工程，用他自己的话来说，真是"刻苦经营，尽瘁终生"。那些年，唐弢同志总是忙，给雪峰、巴人、孙用、郁达夫、夏丏尊等人写悼念文章，参与全国性的杂文、散文评奖活动，带研究生，接待来访……很难抽出完整的写作时间。他一九八四年六月给我的信上说："我想开始写传记,但杂务还是很多……时不我予,老已至矣,奈何奈何!"后来又来信说:"我真想谢绝一切,埋头作传,然而谈何容易!"心情显得有点焦灼。

一年以后,他终于在北京近郊找到一块地方,"躲起来,写鲁迅传记,过着鲁滨孙式的生活"。他以七十高龄的有病之身,每天从早晨起来就坐在桌前,锲而不舍,全力写传,表现了惊人的毅力。但是事情不凑巧,一次他自己动手烧开水,一面趁空看些材料,连日困顿,不料竟睡着了。醒来时水已烧干,忙乱中烫坏五指,右手不能动弹。过了好久,情况才略略好些。一次他在信中谈起《鲁迅传》在写法上很想借鉴一些外国的长处。当时我正好在主持编辑出版一套《外国作家传记丛书》,便把《海明威传》《拜伦传》《屠格涅夫传》和《麦凯自传》等陆续寄给他。我知道唐弢同志博览群书,读过莫洛亚(Andre Maurois)和罗曼·罗兰(Romain Rolland)等名家在传记文学方面的经典之作;给他寄去我们出版的传记,无非供他随意翻翻,作为写作之余的一种精神调剂而已。但唐弢同志是认真的。他在百忙中读了这些传记,认为《海明威传》虽然失之于浅,但在谋篇布局上却帮助他"解放了思想"。对我推荐的那本《麦凯自传》,他也夸赞写得好,认为"将'左'派错综复杂的斗争,写得跃然纸上,很不容易"。他并且由此联想到一本书总要有个重点,他自己写《鲁迅传》可能中心太多。就这样，他边写作，边修改，呕心沥血，孜孜不倦。由于劳瘁过度，一九八六年六月间他突然病倒了，连续三天发生脑血栓现象，左脑剧痛，左面麻木，浑身大汗，不能讲话，加以血糖过高，两脚浮肿，不得不中止传记的写作，住进友谊医院。然而病情稍好，他又在书桌边坐下来，营构他的传记工程。日夕挥毫，不稍懈怠。

一九八八年五月，日本东京大学文学部暨国际文化会馆邀请唐弢同志出访。唐弢同志当时年事已高，健康情况又不好，接到邀请函后，他犹豫再三；但考虑到日本之行可以亲身走访鲁迅当年旧游之地，寻觅鲁迅在日的行踪，仍然决定首途。唐弢同志这次出访很成功。他回国后给我写信，说自己此行"心境愉快，健康反而有所改善"，喜悦之情，溢于言表。旅日期间，他不仅拜会了国际文化会馆董事长、三十年代在上海曾与鲁迅多次见面的杉本重治等四位老人，而且到过藤野先生故乡，弄清了鲁迅在《呐喊·自序》里所说的"西方医学"是指"兰学"（即荷兰解剖学）。此外还从日本国会图书馆和东京大学明治文库查到一些尼采和勃兰兑斯的材料。丹麦评论家勃兰兑斯写过《尼采》。他说："《查拉图斯特拉如是说》的确是一本好书。它以朗诵诗的形式表达了尼采的全部基本思想。"勃兰兑斯是从诗或文学的角度肯定尼采的语言和文体的。这一点也影响了鲁迅。这些材料对于探索一代伟人鲁迅的思想演进轨迹，无疑具有重要的参考价值。

唐弢同志的《鲁迅传》写作进度不快，忙，病，自然都是原因，但更重要的原因我以为在于他对传记要求的极度严格——他要求自己锐意经营的传记是一部在学术上和艺术上都是高质量的、无愧于鲁迅这个伟大名字的传世之作。记得他回忆过郁达夫生前和他的一次谈话，慨叹我国从《史记》以来的传记文学的好传统没有得到继承和发扬。在唐弢同志看来，好的传记作家应该"以敏锐的触觉伸入伟大的心灵，'从一个人看一个新世界'，像巴比塞（Henri Barbusse）的《斯大林传》那样……"，他还提到，"为伟人立传，应该将长期以来沁入人物心底的民族习气和生活情愫开掘出来，使人物更加丰腴，更有情趣"（唐弢《陈漱渝著〈许广平的一生〉序》）。他正是这样要求自己的。他在给我的信上说："有一个想法始终未变：通过鲁迅来写中国近代社会的发展面貌。时代精神、风习、地方色彩……多一些。也许这些也能形成一个特色吧。"这里当然也包含有"从一个人看一个新世界"的意思。

唐弢同志对鲁迅的思想和气质探索得很深，他总是将问题放到一定的历史范围内进行具体分析。以尼采对鲁迅的影响为例。一九〇二年鲁迅东渡之际，日本学术界正好掀起"尼采热"

的旋风,当时尼采的"上帝死了!""重新估价一切!"的呼喊震撼人心。在这种情况下,年轻的鲁迅把尼采看作十九世纪文明的批判人,借"超人"学说阐明自己的主张,认为重要的是"立人","人立而后凡事举",事情绝非偶然。唐弢同志又进一步研究了鲁迅的个人气质,认为他的身上存在可以接受尼采某些思想的禀赋。鲁迅称颂嵇康,六次校订《嵇康集》。"嵇康的高傲,多少有点近于尼采的自大",他的"反礼教,崇自由,'非汤武而薄周孔',也和尼采的孤往绝诣,非薄平庸,攻击基督,强调个性主义,反对传统的伦理相暗合"(唐弢《鲁迅思想与鲁迅精神》),因此鲁迅一度对尼采有好感,也是情理中事。唐弢同志认为,说鲁迅对尼采的看法前后没有变化,固然不符合事实,说鲁迅思想发展之后,从此一干二净,再没有尼采的任何影响,也是皮相之谈。他从鲁迅的充满理性描写的现实主义小说里看出了一些被"合理地吸入"的非理性的心理绘状,也从鲁迅的战斗的杂感里看到了尼采式的诗情。唐弢同志引用鲁迅自己所设的比喻,说明鲁迅接受的是尼采精神里的合理因素,"恰如吃用牛羊,弃去蹄毛,留其精粹,以滋养及发达新的生体,决不因此就会'类乎'牛羊的"(鲁迅《论"旧形式的采用"》)。这些看法,特别是认为鲁迅思想发展之后也还留有尼采精神合理因素的看法,发人所未发,是鲁迅研究中的一种独到之见。

可以想象，以唐弢同志学养之深，对鲁迅伟大的灵魂的剖析之细，如果天假以年，让他从容地把《鲁迅传》写完，它完全可能成为众多鲁迅传记中的一棵大树，我国传记文学史上的一朵新葩。如今唐弢同志赍志以殁，《鲁迅传》仅仅留下十多万字的断简残编（唐弢同志给我的信中提起，传记定名为《鲁迅——一个天才的颂歌》）；他原来还计划在写传之后编写一部名为《旗手鲁迅》的电影，这一点也成为永远无法实现的遗愿了。

这是一个多么巨大的损失！

多年以前，当我还在主持出版社工作的时候，曾经计划为唐弢同志出版一本传记，记录他战斗的一生。当我就这件事与他磋商并请他推荐传记作者的时候，他再三谦让。他认为，在浙江，重要的是写雪峰、巴人、夏衍等成就较大的作家，说自己"一生庸庸碌碌，即使生花妙笔，也未必能化腐朽为神奇也"。到蓝棣之同志答应写传之后，唐弢同志仍然认为自己的一生"不值得写"，"棣之有兴趣于此，我只怕影响他的精力、时间，至若浪费出版社财力，更无论矣"。我私下一直有这么一个心愿，想趁唐弢同志健在的时候写出他的传记来，这样不仅可以使传记的材料更加准确、翔实，而且写传的人可以多和传主接触，熟悉他的音容笑貌，了解他的道德文章，从而传神地刻画出人的灵魂。为此，我和棣之同志通过信，还就传记的写法谈了一些个人的意见。

一九八九年十月革命节前夕我应邀出访莫斯科、列宁格勒等地，在北京启程前曾抽暇探望唐弢同志。见面时他议论风生，谈了北京文艺界的一些情况。我问起《鲁迅传》的进度，也问起棣之同志写作传记的情况。临别时唐弢同志送我出来，我怕他感受风寒，坚决劝阻。我总以为今后还有继续向他请益的机会，谁知道这竟是最后一面！不久后他脑病突发，昏迷不醒，失去语言和思维的能力，棣之同志虽与他同在一地，但已经没有可能就写传的问题向他求教了。没有能够在唐弢同志生前设法将他的传记赶出来，哪怕是仅仅画一张草图，这对于我来说，将成为永远不能释然于怀的终生之憾。

司马迁说："天道无亲，常与善人。"但是为什么造物主对于历史上的志士仁人总是这样薄情，这样悭吝，不肯让他在生命册上谱写更多更美的音符，却让黄钟大吕戛然绝响呢？

面对唐弢同志给我留下来的大量书简和遗文，我不禁泫然出涕了。

鲁迅先生逝世之后，唐弢同志曾经写过一篇深情的悼念文章，其中有这么一段话："死亡对于战士，是空漠；对于活着的同伴，却是一种激励……后死者的肩上，重起来了。"现在唐弢同志和我们永别了，我们也可以接过这段话，鞭策自己。唐弢伍隼,原名夏钦瀚,一九二六年出生,浙江苍南人,曾任浙江文艺出版社党委书记兼总编辑,著有《鲐背集》,点校有《红楼梦》。

同志,你没有死,你的名字将永远镌刻在中国文学史上,活在我和千千万万读者的心里。你安息吧!

一九九二年五月

(选自《鲐背集》,浙江文艺出版社二〇一六年版)

阅读饶宗颐：从天啸楼到梨俱室

陈民镇

一代通儒饶宗颐先生（一九一七—二〇一八）以淹博著称，其《饶宗颐二十世纪学术文集》分为"史溯""甲骨""简帛学""经术、礼乐""宗教学""史学""中外关系史""敦煌学""潮学""目录学""文学""诗词学""艺术""文录、诗词"十四卷，笔者曾将其治学领域归纳为"史前文字学""甲骨学""简牍学""帛书学""金石学""敦煌学""语言学""目录学""经学""方术""史学""历史地理学""地域文化""中外交流史""文学史""龙学""选学""楚辞学""赋学""词学""道教史""佛教史""绘画史""书法史""音乐史"二十五个门类。此外，饶先生还通诗、文、书、画、古琴，不但是中国古典学术、文学、艺术的研究者，也是积极的践行者。我们不禁要问：一代通儒是怎样炼成的呢？这还得从天啸楼说起。

天啸楼里的读书种子

天啸楼是一座二层小洋楼,坐落于潮州市下东平路的莼园之内。莼园原是饶家的私宅,由饶先生的父亲饶锷主持修建,在上世纪五十年代被泰国华侨黄景云购下,目前仍居住着黄家后人。天啸楼于一九二九年十一月落成,作为饶家的藏书楼,天啸楼曾有数万卷藏书,号称当时粤东第一藏书楼。饶先生的童年时光,便是在天啸楼中度过的。目前莼园之中尚存饶先生十四岁时手书的"画中游"牌匾和"山不在高,洞宜深,石宜怪;园须脱俗,树欲古,竹欲疏"对联。

饶家当时是潮州首富,经营数家钱庄,周转海外侨汇和国内军饷等银项。就此而言,饶先生是不折不扣的"富二代"。同时,饶先生还是个"学二代"。饶锷经商的同时,亦专注于治学与诗文,著有《天啸楼集》《慈禧宫词》《西湖山志》《王右军年谱》《法显〈佛国记〉疏证》《淮南子斠证》等。而饶先生的大伯父、二伯父也是文人,收藏有不少画作、碑帖。饶先生自幼浸淫于典籍、书画与金石,耳濡目染,心中早已埋下了学术和艺术的种子。他曾回顾道:

>我的学问有五个基础来自家学：一是家里训练我写诗、填词，写骈文、散文；二是写字画画；三是目录学，即训练利用目录增进学识；四是儒、释、道；五是乾嘉学派的治学方法。

这五个基础，奠定了饶先生学问的坚实根基与广大格局。饶先生的诗文、书画创作源自于童子功，内化于他的气质之中。目录学基础和朴学方法，确立了饶先生治学的基本取径。至于幼时博览儒、释、道文献，拓展了其知识框架。饶先生是家中长子，饶锷对其有极大的期许。之所以取名"宗颐"，便是寄寓宗法北宋著名理学家、《爱莲说》的作者周敦颐。后来饶先生钟意画荷，不无慕周敦颐遗风之意。

饶先生只上过一年初中。他认为在学校里收获不大，便要求辍学回家。在我们看来，当时饶先生的选择可以说是相当任性的。从另一个角度看，他的父亲也相当开明。饶先生后来执教于香港大学、香港中文大学、新加坡大学、耶鲁大学、法国高等实践研究院等著名学府，在今天来说是不可想象的。要知道饶先生不但没有博士学位，甚至都没有念完初中。他的学识，很大程度上是由家学赋予的。

现在的学界并不乏"学二代"，但过去家学的土壤实际上已经不复存在。饶先生曾指出：

"家学渊源"意味着家里有许多藏书，有世代相传的学问，这其实是一个人的学问系统，如果可以在长辈已有的学问系统上加以扩张和提升，国学功底会更扎实。

在这方面，饶先生无疑有着得天独厚的条件。饶先生认为现在的学生写一本书没有问题，但很多却没有办法写古诗。他强调中国传统文化正蕴藏于古代文体之中，不掌握它们，终究有隔。他极重视古典文学的修养，认为"一切之学必以文学植基，否则难以致弘深而通要眇"。

饶先生自幼聪慧，思想早熟。他并不像同龄的孩童一样耽于玩耍，而是徜徉书海，与古人对话而乐此不疲。躲进小楼成一统，天啸楼的数万卷藏书成为他朝夕相处的伙伴。他认为自己是孤独的，而正是这种享受孤独的个性，给予他更广阔的天地。

天啸楼虽比不上天一阁这样的著名藏书楼（饶先生生前任天一阁博物馆名誉馆长），但其藏书宏富，门类齐全，足以傲视粤东。饶先生自小涵泳其间，对中国古代的主要典籍已了然于胸。六七岁的饶先生曾沉溺于神魔小说和武侠小说，甚至自己动笔撰写小说《后封神榜》。他后来回忆，这些小说给予了他无穷的想象力，他身上一直有享受历史的真、神话的假两种冲动。当时正在习画的饶先生，还反复临摹《水浒传》《七侠五义》《封神演义》等小说的绣像人物。十岁时，饶先生已能背诵《史记》的一些篇章，广涉传统典籍，并兼及各类杂书，当时他依照蒋维乔《因是子静坐法》打坐的习惯也一直保留下来。饶先生自小为父亲抄录著作，在此过程中逐渐掌握了治学的门径。受父亲影响，饶先生阅读了许多清儒著述，其中最为重要的是顾炎武和孙诒让的著作。饶先生十四岁便完成《顾亭林学案》，他服膺顾炎武读万卷书、行万里路的态度，并身体力行，读书治学之余，足迹遍及寰宇。而孙诒让的《温州经籍志》《契文举例》《周礼正义》等著作，则深刻影响了饶先生后来目录学、地域文化、礼学和甲骨学的研究，他将孙诒让视作自己学问的一个最早也是最久的指路人。

走出天啸楼

一九三二年元旦，饶锷任创社社长的壬社成立，后来它发展成为粤东最大的诗社。诗社的成员，常常在莼园中雅集，吟诗作对，切磋学问。包括"岭南词宗"詹安泰在内的文坛名士，每每出入其间。年幼的饶先生在潜移默化中，诗心也静静绽放。

也正是在这一年，两岁失恃的饶先生又失去了父亲。当时才十六岁的饶先生似乎一夜之间长大，作为长子的他必须要担起延续家族荣光的重任。在父亲辞世之后一个月，饶先生创作了《优昙花诗》：

序曰：优昙花，锡兰产，余家植两株，月夜花放，及晨而萎，家人伤之。因取荣悴焉定之理，为以释其意焉。

异域有奇卉，托兹园池旁。
夜来孤月明，吐蕊白如霜。
香气生寒水，素影含虚光。
如何一夕凋，殂谢亦可伤。
岂伊冰玉质，无意狎群芳。
遂尔离尘垢，冥然返大苍。
大苍安可穷，天道邈无极。
衰荣理则常，幻化终难测。
千载未足修，转瞬距为逼。
达人解其会，葆此恒安息。
浊醪且自陶，聊以永兹夕。

莼园的荷花池畔长有两株昙花，昙花虽美，但其光华过于短暂。失怙的饶先生感悟伤怀，一抒荣衰无常之理。后来饶锷的生前同窗好友、中山大学中文系主任古直读到了这首诗，赞不绝口,写下了"陆机二十作文赋,更兄弟闭门读书十年,遂名满中朝,君其勉之矣"的勉励之词。古直后来将这首诗发表在中山大学中文系《文学杂志》第十一期上,同期刊有著名学者、诗人温廷敬的《广优昙花诗》。温廷敬以高山松柏相期许,"高山有松柏,屹然凌彼苍",希望饶先生切莫消沉,应确立凌云之志,"饶子年方少,前途远大,吾愿其有以进之也"。

父亲逝世之后,饶先生面临着一个两难的抉择:是要继承父亲的产业,还是延续父亲的学术呢?饶先生选择了后者。不然,潮商很有可能多了一位精英,而学术界将失去一位奇才。不慕荣利的饶先生无心打理钱庄,家财也便渐渐散尽了。

父亲给饶先生留下的,是未竟的《潮州艺文志》。历时三载,饶先生将父亲的遗稿续写完成。该书踵武孙诒让《温州经籍志》,填补潮州经籍目录专书之空白。该书分经、史、子、集四大类,收录书目一千余种。该书的发表,使饶先生在学界崭露头角,受到不少前辈的关注。《潮州艺文志》是饶先生学问的起点,这不但是因为它是饶先生第一部真正意义上的著作,更为重要的是,通过目录学的基本训练,饶先生得以出入于经、史、子、集之间,完成了基本知识框架的搭建。目录学是书海津梁,是"辨章学术,考镜源流"的利器,需要研究者对文献的版本源流、学术史地位有清晰的把握,对知识面和阅读量有很高的要求。《潮州艺文志》虽限于地方经籍目录，却可由此贯通中国传统学问的基本内容。饶先生极其注重目录学的基础，目录学是他学术生涯的第一步，也是他后来从事每项学术研究的第一步。

正是饶先生在编纂《潮州艺文志》方面的成绩，当时十九岁的饶先生受邀出任中山大学广东通志馆的艺文纂修。广东通志馆藏有一千多种志书，位居全国第二，饶先生都全部通读，为其地方史地研究奠定了基础。二十岁之前，他还完整阅读了香港新垦书局出版的一系列外国哲学、文学名著，对王国维、胡适等人的著述以及五四新文学耳熟能详，甚至还尝试翻译雪莱等西方诗人的诗篇。此后，饶先生在楚辞学、历史地理学等领域创获颇多，逐渐从粤东南岭走向全国学坛。作为最年轻的禹贡学会会员，饶先生受到顾颉刚的重视，并被委以编纂《古史辨》第八册的重任。期间他还在香港协助王云五编《中山大辞典》，协助叶恭绰编《全清词钞》，藉此博览群书，奠定了坚实的学术基础。走出大啸楼的饶先生，踏上了更大的舞台。

梨俱书香

一九四九年，饶先生正式移居香港。由于种种原因，家传的数万卷珍贵藏书并没有被带走。至于网上有人诬陷饶先生将粤东汉奸陈梅湖所谓的十二万余册藏书窃至香港，更是子虚乌有，不值一驳。

　　移居香港之后，饶先生的学术研究进入黄金时期。此时的饶先生，不但走出天啸楼，走出广东，还真正走向了世界的舞台。他在甲骨学、敦煌学、简帛学、史学、古典文学、宗教学、艺术史等众多领域创获颇丰，还游历法国、美国、日本、东南亚、印度等地，与海外汉学家建立了深厚的情谊，同时也将研究视野拓展至其他文明。饶先生曾在印度研习古印度圣经《梨俱吠陀》，并翻译其中多首诗篇。后来他将自己的书斋命名为"梨俱室"，便有这一层的渊源。

　　二〇〇三年，香港大学饶宗颐学术馆成立。学术馆的宗旨，既注重学术研究、推动与海内外学界的交流，还兼有藏书楼与艺术展览馆的功用。饶先生将自己来香港后积累的近四万册古籍、现代书刊、古琴谱等文献捐赠给学术馆，化私为公，嘉惠学林。目前饶先生的藏书正在编目之中，郑炜明等先生已经编纂出版《香港大学饶宗颐学术馆藏品图录Ⅱ馆藏古籍珍善本》一书，择其要者两百种予以介绍。虽未睹饶先生藏书全貌，但已能藉此窥其一斑。从这些书籍看，既无天啸楼旧藏，也无所谓的陈梅湖藏书。

　　所公布的珍善本中，有一些饶先生著作的珍贵印本和手稿。

如《敦煌白画》一书是饶先生的重要敦煌学著作,首度搜讨敦煌所见白描、画稿、粉本。学术馆藏有完成于一九七二年的初稿本,该书于一九七六年在巴黎定稿,一九七八年在巴黎出版,初稿本为该书的写作始末提供了重要材料。再如饶先生率先介绍法国所藏甲骨,学术馆便藏有他亲笔誊写的试印本《巴黎所见甲骨录稿》。至于饶先生的课堂讲义《两汉文学讲义》,更是从未刊布。

有些藏书是饶先生学术交往的见证。如饶先生早年协助叶恭绰编纂《全清词钞》,叶氏赠与饶先生藏书数十种,多有叶氏题记。如一九九六年法国汉学泰斗戴密微(Paul Demiéville)曾赠与饶先生越南汉文抄本《往津日记》,前所未见,是中法越南战争史的重要史料,越南史专家陈荆和已将该书整理出版。再如荷兰著名汉学家高罗佩(Robert Hans Van Gulik)曾赠与饶先生《伯牙心法》一书,系明万历三十七年(一六〇九)刊本,极为珍贵。海内外学人的题赠专著,更是多达两千册。这些藏本既有重要的文献价值,也反映了前辈对饶先生的提携以及饶先生与海内外学者的密切往来。

饶先生认为自己不是藏书家,而是用书家。他对研究中所涉及的书极为熟稔,据说他徒手翻检《四库全书》,比用光盘还快。他并不刻意搜求珍稀版本,藏书主要是饶先生在学术研究中所实际利用的文献，涉及众多学科门类和语言文字，是饶先生广博治学兴趣的写照。有的文献如《天壤阁摹本》，系由饶先生手抄而成。不少藏书，有饶先生的亲笔题记。饶先生藏书不但广博，而且专精。如饶先生在选学有重要成绩，他所藏的《文选》版本，便有明唐藩翻刻元张伯颜本《文选》、明嘉靖本《六臣注文选》等十二种，其中还不乏黄节校订稿本《文选笔记》这样的海内孤本。饶先生虽涉猎广泛，但他往往就某一问题作持续的探究，绝不浅尝辄止，他在选学领域的研究便是著例。

饶先生一生爱书、藏书、读书、著书，为学术事业奉献了毕生的精力。他化私为公，以学术为天下之公器。梨俱室的无尽宝藏，希望有一天能为更多的人所知、所利用。

什么是中国传统文化最重要的书

二〇〇一年十一月二日，饶先生在北京大学百年纪念论坛作了题为《预期的文艺复兴工作》的演讲，高屋建瓴，提出了"新经学"的设想：

若干年来，由于出土简册的丰富，我亦曾多次提到未来的二十一世纪应该是重新整理古籍的时代，现在已正式进入二〇〇一年,我充满信心地预期二十一世纪将是我们国家踏上一个"文艺复兴"的时代……我们现在生活在充满进步、生机蓬勃的盛世,我们可以考虑重新塑造我们的新经学。

饶先生之所以倡导"新经学",主要有以下几个出发点:

其一,饶先生强调"世界上没有一个国家没有他们的 Bible",中华民族更应该责无旁贷,传承我们自己的经典;

其二,饶先生指出,"经书是我们的文化精华的宝库,是国民思维模式、知识涵蕴的基础;亦是先哲道德关怀与睿智的核心精义,不废江河的论著。重新认识经书的价值,在当前是有重要意义的",经书是中国传统文化的核心内容;

其三,出土文献作为地下出土的"原版书",为重新认识经典(尤其是遭秦火等书厄破坏的经典)、确立"新经学"提供了宝贵的契机,当时郭店简、上博简等战国竹书已经逐步问世,而近年来清华简更是直接触及中国传统文化的核心内容;

其四,"新经学"可服务于中华民族的伟大复兴、精神文明的建设。

总之,经书是中国传统文化最重要的书,具有重要的现实意义。

什么是中国的经书呢?先秦时期,我们民族的元典便已确立，即《诗》《书》《礼》《易》《乐》《春秋》"六经"。乐经不存，故又称"五经"。后来，又发展为"十三经"。经书是不断发展的，同时也有其恒久不变的内容。

饶先生对经书的重视由来已久，一九七九年饶先生在法国高等实践研究院宗教部讲学期间，发现法国世界文化经典翻译大型项目中的中国典籍只有《红楼梦》《三国演义》时，流下了动情的泪："我们完了！没有人知道我们的文化源头是'五经'！"尊饶先生为老师、"欧洲三大汉学家"之一的施舟人（Kristofer Schipper）看在眼里，多年之后，他为"五经翻译工程"而奔走疾呼，欲图将五经翻译为英语、法语、德语、西班牙语、俄语、阿拉伯语、希伯来语、印地语和马来语九种语言，便是受到了老师饶先生当年的触发。

饶先生并不止于传统经学，而是力图在新的时代背景下倡导"新经学"，他认为《尔雅》之类的训诂书不必列为经书；与《尚书》有同等时代与历史价值的文献，如一些长篇而重要的青铜铭文、《逸周书》的部分篇章，可视作《尚书》之羽翼；记言之书如《国语》等，多保存古贤的微言大义，亦可入经；思想性重要的出土文献，如马王堆帛书《经法》《五行》等，需要考虑；儒道相济，《老子》《庄子》等已被视作"经"的道家经典，也需要纳入经书。在此基础上，饶先生还提出结合出土文献，编撰陈民镇，一九八八年出生，浙江苍南人，现为北京语言大学中华文化研究院副研究员、博士生导师，主要从事出土文献、先秦史、中国古代文体学等领域研究，著有《有"文体"之前：中国文体的生成与早期发展》《饶学概论——饶宗颐学术思想研究》等。

一部新的《经典释文》。

旧的经学体系，主要属于儒家系统。儒家很大程度上继承了三代"大传统"，但由于定于一尊，中国传统文化的其他核心内容被遮蔽了。饶先生的"新经学"是一个更为立体的系统，立足于出土文献所揭示的中华元典的早期格局与面貌。饶先生注意结合出土文献研治《诗》《书》《礼》《易》《春秋》等经典，并深知出土文献的宝贵价值。其远见卓识与人文关怀，至今仍富启迪意义。

（原载《中华读书报》二〇一八年七月十八日）

忆『泥土社』

张禹

解放初期,上海有不少私营出版社,其中有一家规模甚小的文学出版社叫做"泥土社"。它成立于一九五〇年春,到一九五五年夏天因卷入胡风案而停业,一共只存在了五年时间。倘就出版事业的成绩而论,泥土社在同行中实在微不足道;但它的不幸命运却是非常惊人的——不仅直接或间接参与其事的人都在劫难逃,并且延祸至若干素不相识的作者和读者。这个罕见的公案理所当然地引起广泛的注意,事过三十年,还常有人向我问起泥土社的事情。我现在就记忆所及,把当时所知的情况写下来,供关心此事的同志参考,难免有遗漏和差错之处,希望得到读者和知情人的匡正。

一

泥土社的发起人和组织者是尹庚。

他是三十年代上海天马书店的编辑，翻译过日本作家中野重治的小说，写过一些小说、散文和哑剧。一九四六年时我和他在台湾办过一份《新知识》杂志（创刊号一印成就被国民党政府没收了）；次年"二二八事变"后，我们先后逃出台湾，他就在浦东一处中学教书。据我所知，他在解放前后就和几个朋友打算搞一套《光与热丛书》，但是一直到一九四九年秋由上海转到浙江温州工作时为止，这套丛书还只有一份计划出版的书目。不过，他一直没有放弃这个念头。

一九五〇年春，尹庚回到上海，邀约了朋友许史华、胡今虚和我，在武进路我的住处讨论决定成立泥土社，当场推定的人选如下：

社长（发行人）——应悱村
主编——尹庚
经理——许史华

但实际上应悱村只是挂名的社长，除了在社里印行过一本散文集之外，并未参加过其他工作。尹庚本人不久就离开了上海，把具体工作全部委托我代理，事实上也脱离了"主编"的岗位。我是机关干部，每天都得上班，只有业余时间可以看点稿件。唯有许史华,既是经理,又是泥土社唯一的专职人员,举凡一切的大小,内外事务全归他一手包办,几年中都靠他独力支撑(后来雇用了一名工人)。至于胡今虚,原来就在外省,参加过这次商谈后没再见面。

开办的时候许史华不知从哪里筹集了一小笔资金,估计不到一千万元(当时一万元等于后来人民币一元)。好在尹庚约好的《光与热丛书》的几部稿子都是小册子,便开始一本一本地付印。最初印行的几本书是:胡今虚编的《论鲁迅》,胡今虚的论文集《鲁迅和青年及其他》,尹庚的少年读物《鲁迅的故事》,我的长篇报告《台湾二月革命记》(署名王思翔),唐湜、莫洛、应俳村的诗和散文集,朱惠译的苏联小说《米邱林的故事》等。因为当时新书的销路大、印刷成本低,大家都不拿工资,连稿费(版税)也拿得很少或不拿,社里就较快地积累起了一些资金来,业务也就发展了。大概是到这年年底或次年初,便付印并出版了大部头的俄国名著——车尔尼雪夫斯基的《做什么?》中文本(译者费明君由日文转译)。这可以说明它的力量已有了增长,在上海滩初步站住了脚。

但是,对于一家出版社来说,最重要的事莫过于组织书稿,保证源源不断地获得高质量的、能吸引读者的书稿。显然,尹庚拟定的那一套丛书的计划是不够的,并且因各种原因,他原先联系好的一些作者也没能交出稿来（除掉以上出版的几本外，后来只有许杰先生交来一部《鲁迅小说讲话》）。记得在开始一段时间内，我们曾向许广平先生写过信，拜访过冯雪峰、叶以群、叶籁士、唐弢等许多同志，他们都给了我们热情鼓励，许广平先生还亲自为胡今虚的小册子写了后记，但是组稿的计划却未能实现。尹庚走后，我就不再主动出门组稿了。这一方面是客观条件的限制，因为我跟上海文坛上的知名作家并无深交，又没有时间去奔走；另一方面也出于个人的主观认识，我以为，在当时的情况下，小小的泥土社只能用自己的出版物逐渐打开出路、争取社会的了解和支持，而如果我们显示出哪怕一点点实绩来，就自然会吸引一些作家的合作意愿，会得到我们所希望得到的比较优秀的为社会欢迎的书稿，它的生存和发展就有了保证。以后几年泥土社的发展，大体上就是在这样的"无为"的状态中取得的。

二

泥土社初创时，尹庚带着我去拜访过胡风先生。尹庚和胡风是三十年代的老相识，但据我的印象，这次见面时胡风的态度相当冷淡（后来有一次我单独去看胡风，他向我询问尹庚在抗战以后的情况,这才使我意识到前次冷淡的原因,也许是他当时对尹庚有些怀疑),所以匆匆晤谈,并未为泥土社约到书稿。我以前未见过胡风先生,只在他主编的《希望》杂志投过稿,互通了一两次信。一九四八年初我写了《台湾二月革命记》的初稿寄给上海朋友,在上海没找到出路,辗转到胡风手里,被他带到香港,也终于未能出版(这件事也是后来他对我说的,因为我在初稿上写的书名、笔名和上海出版的书上都不同,他是看了书以后才想起几年前的那份稿来)。大概出于对青年的爱护吧,胡风先生在后来一段时间内不但给了我个人,也给了泥土社以热情的支持。

《人寰二记》是泥土社出版的第一本胡风的书。这是他记叙解放前夕离开上海南行、北上这一段生活的小册子。许史华把手稿交给我,有些犹豫,因为他估计这本书不会畅销,但我们还是决定出版它,希望由此建立起比较密切的合作关系。不久,许史华又直接从胡风那里取得他的旧译《美国鬼子在日本》(署名谷非),这本书正好配合了当时"反对美国扶植日本军国主义"运动的需要。以后,胡风推荐了路翎的话剧本,又把他家藏的《七月诗丛》纸型交给泥土社重印发行。

《七月诗丛》凝聚着胡风十多年的心血,也是他对中国新文学运动的一项重大贡献。这一批优秀诗人的作品,在抗日战争时期赢得了广大读者的喜爱，也得到了文学界的重视和好评；可是解放后却受到了冷遇，只有极少数的读者也许偶然能在旧书摊上看到它们。胡风先生显然十分重视这套诗丛的重新出版。对书的版式和封面都作了详尽的指示。我们尊重他的意见，很快地就印齐了这批四十八开本的精致的诗集，并经由全国新华书店广泛发行。事过三十年后，我在各地遇到不少素不相识的人，还常听说当年因爱读《七月诗丛》而错被株连的事；我除了向他们表示歉意之外，心想，这何尝不是一种积极的评价呢？

稍迟些时候，胡风开始把他的文学评论集一本一本地交给泥土社出版。这几本评论集都是解放前出版过的，根据旧纸型重印，未作修改。记得最早重印的是他的第一本集子《文艺笔谈》，以后大体上按写作年代的顺序，用了约两年时间才印完，除《逆流的日子》和《文学与生活》（前者有作家书屋的版本流行）外，共六本。一九五四年许史华照胡风的意思把这六本书装了少量的精装本以赠朋友，黑布面金字，十分漂亮。可惜我所得到的一套早已失去，不知海内还有此珍本否。

三

随着时间的推移，泥土社的业务发展得很快。我不知道许史华怎样和一些翻译工作者建立起关系来的，只知道他不时地搞来了苏联小说译稿。这在当时是能够赚钱的热门货，特别是著名小说，是一些译者和出版社竞争的对象。对于这一类稿件，我无法校阅，也不了解原作在它本国所得的评价，只叮嘱许史华去了解一下译者是否认真可靠，必要时找一位精通外语的人校对一次，便由他付印了。据后来听到的反映，读者和同行们对泥土社出版的翻译小说的质量是满意的。记得孙梁同志替泥土社译了几部苏联小说，他的译笔流畅优美，一位原译者在为中译本写的序言中高度评价了他的工作。其他译者，也同样是严肃认真的。

我们还得到几位老翻译家的支持。大概在一九五三至一九五四年吧，李青崖先生把他译的莫泊桑六部长篇小说（以前在不同的出版社陆续印行过），交由泥土社汇成一套《莫泊桑小说集》重新出版。这在当时上海的私营出版社中，应该算是比较大的工程了。贾植芳同志在泥土社出版了《契诃夫手记》和一本俄国作家批评家的评论选辑（书名记不清了），虽然是从英、日文转译的，因具有较高的学术价值，很受读者和文学界的欢迎。

不过对这一方面的出版业务，我几乎没有做什么具体工作。我在几年中所做的编辑工作，主要在几本有关鲁迅的书和文学评论书籍上。在上文提到过的尹庚编写的小册子《鲁迅的故事》，是我所见到的第一本向少年介绍鲁迅的通俗读物。我仔细阅读了原稿,和尹庚当面讨论了几次,并在原稿中讲到鲁迅与中国共产党的关系这一节补写了几段文字。这本书有版画家赵延年同志的好多幅插图,印刷得较精致,销路很好,曾再版了好几次。(一九八三年内蒙古人民出版社出版的《鲁迅故事新编》是尹庚本人和李廷舫同志根据《鲁迅的故事》剪辑整理,并由李廷舫补写了一部分,重印成书,比原作有所改进,可惜赵延年的精彩插图只留下一幅了。)

许杰的《鲁迅小说讲话》是早就约好了的,内容是作者根据解放前在大学讲授鲁迅小说的讲稿写成的,大多单篇发表过。许先生是知名作家、教授,抗日时期以来不时给我许多帮助和教益。我认真读了他的书稿,以为他太偏重于讲小说形式,有些论点(如说经过土改后,阿Q真的"死"了)难以服人;但我又以为它仍是本有价值的书,作者的态度是严肃的,他的立论又自成体系,可成一家之言,这是应该受到尊重的,出版家和编辑无权把个人的见解强加于作者。所以,我照原稿付印出版,只征得他的同意将原拟书名《鲁迅小说研究》改动了二字。书出版后,外间颇有反应,但好久没有看到评论文章了,许先生希望我写一点,我便以"赵明"的笔名写了一篇批评寄给他过目,不久我的批评和他的答复一起发表在上海《大公报》的《读书与出版》专栏上；以后，《鲁迅小说讲话》再版，他又把两篇文章收为附录。一九八一年陕西人民出版社的《鲁迅小说讲话》新版本中已删去这些附录，只在《新版序》第六节里隐约提到"有个熟人朋友""作了口头的批评"，并予以反驳。这也许是别有所指，也许还体现了作者的宽厚，不愿再使我因那篇幼稚的批评而愧疚吧？但我还不能忘记这件事，尽管我那篇批评有许多缺点，引得许先生在答复中也颇有反唇相讥的口气，但丝毫不影响我们间的长期友谊。这种友好而直率尖锐的争论，正是解放初期学术界的好风气；可惜不久便被破坏无遗，直到今天还难以恢复，因而愈益引起我们对旧事的怀念。

还有两本研究鲁迅作品的著作：一本是耿庸的《〈阿Q正传〉研究》，这本小册子是作者的一部力作，在正面阐述自己的见解的同时，批判了若干流行的论点，有些批评是针对冯雪峰同志的很有权威性的论著，他曾把原稿寄到冯雪峰同志那里征求意见，雪峰在回信中只说欢迎展开讨论，没有提出具体意见。耿庸把书稿和信都给我看了，我也觉得就这个题目开展讨论很有意思，就支持了这本书的出版。

另一本是卫俊秀的《〈野草〉探索》。卫俊秀同志和我素不相识，他从西北某地把稿子寄到泥土社来。我看了原稿，虽对他的观点和方法不甚满意，还是认为作者用力颇勤，可以出版。但许史华嫌原稿字数太少，怕印出书来太薄了不起眼，又知道我刚写好一篇论《野草》的长篇论文，就劝我把论文作为《代序》一并成书出版。我把这个设想写信告诉了卫俊秀同志，得到了他的同意，就付印了。（不久前看到一本专门研究《野草》的著作中有一处提到卫俊秀的这本《〈野草〉探索》，并涉及拙作的那篇《代序》。因为作者并不了解两个部分何以合在一起的内情，所以似有视为一体的误会。）

在许多自发的来稿中，我们还出版了吴奔星的《茅盾小说讲话》。诚如作者一九五三年底所写的《后记》中所说，对"茅盾作品的分析研究，截至目前为止，还是一个空白"，所以在收到他的书稿后，便以较快的速度在次年春出版了。这是解放后出版的第一本专门研究茅盾小说的著作。倘以三十多年后今天的眼光来看，自然会找得到它的不足之处；但在当时却是起了开创性的作用，因而理所当然地受到了广泛的注意和欢迎。

在一九八一年由四川人民出版社重新出版的《茅盾小说讲话》一书的《再版后记》中，年届古稀的吴奔星同志写道"我虽与胡风素昧平生，但却因'泥土社'曾经出版了我的书而受到牵连"，以后"又遇到反右斗争扩大化……从此，待罪江湖二十多年"。像吴奔星同志所遭遇的无妄之灾，当然不会限于个别的作者，只不过"灾"情有轻有重，具体情形不尽相同罢了。并且也张禹(一九二二—二〇一一),原名王思翔,浙江龙港人,曾任《清明》杂志编辑,著有《台湾二月革命记》《文艺的任务及其他》《从心随笔》等。

不限于在泥土社出版过著译的或参与过一定工作的人;上文提到过的几个因读《七月诗丛》而受株连的读者就足以见一斑了。

伟大的党在拨乱反正的过程中已经给所谓"胡风反革命集团案"平了反。所有受到牵连的同志,包括因泥土社而受到牵连的同志,当然也早已得到了公正的结论。尽管有些同志,如泥土社经理许史华和著译者阿垅、朱惠、费明君等没有活到落实政策的时候,他们的遗属也会和我们这些幸存者一起感到欣慰的。

只是关于泥土社本身,就我所知,在有关文件和一些文章中,大多语焉不详,且不免或多或少地存在以逻辑推理代替事实真相之弊。这有待于进一步落实,还它个本来面目。至于人们怎样评价它,那是另一个问题了,毋须本人饶舌。

(选自《从心随笔》,作家出版社二〇〇三年版;原载《出版史料》一九九一年第三期)

线装书的现代需求

谢云

　　线装书，顾名思义，它似乎仅是书籍的一种装帧形式，但只要回顾一下我国书籍印刷出版的历史，便可知道，它是汉文化古籍的别名。它不仅在古代满足了文化发展的需要，就是在现代，它仍然还有其不可替代的意义和作用。

　　众所周知，我国是造纸术和印刷术的发源地。世界上最早用白纸黑字印成的书出现在中国，这就是雕版印刷而成的书。其最初出现一说创始于隋，一说盛唐时期，尚有争议。清末在敦煌发现了三件唐时刻印的历书、佛经实物。除了历书和佛经，这时期还刻印过其他书籍。五代刻书，内容范围已相当广，官刻、私刻都已初具规模，对后世影响至巨。

　　我国雕版印书，由（隋？）唐五代发其端，至北南宋而鼎盛。官刻、私刻之外，还出现坊刻书。宋时官刻、私刻书一般都很审慎精工,善本精品甚多,宋时书坊书铺甚多,对文化的普及贡献巨大。明张应文《清秘藏》云:"藏者贵宋刻,大部书与肥瘦有则,佳者绝有欧柳书法,纸质莹洁,墨色青纯,为可爱耳。"清孙从添《藏书记要》云:"南北宋刻本,纸质罗纹不同,字划刻手古劲而雅,墨气香淡,纸色苍润,展卷便有惊人之处。所谓墨香纸润,秀雅古劲,宋刻之妙尽之矣。"由此可见,宋人精刻书的完善,已为历代学者所共识。

宋代官刻、私刻、坊刻,刻书内容范围广泛,经、史、子、集,四部皆备,形成了我国书籍出版的完整格局,为后代刻书事业奠定了基本,其善精品亦为后世树立了楷模。元、明、清三代继此格局,规模更大,出书的种类、数量又大大的发展了。

在书籍的装帧方面,唐代用的是卷轴装和旋风装(取卷子折叠成册,两折一张裱纸,粘于册之首尾,翻阅时宛转如旋风,故名旋风装),宋人多用蝴蝶装(一版印好为一叶,将书叶有字的面向里对折,版心向里,以糊粘其脑,叶叶重叠起来,再用裱纸包装即成。此装目的在保护版心,即书脑,若有鼠啮,版心不易受损,因其翻阅时像蝴蝶,故名蝴蝶装)。宋以后渐改用线装,出书数量日增,线装比蝶装工艺上方便得多,翻阅也更方便,一书多本的线装书,还用纸板青布糊裱制成的"函"收装起来,配以象牙别子,形式古朴幽雅,并使书得到很好的保护。

因此，古籍装帧定型为线装，"线装书"也就成了古籍的别名。

自北宋仁宗庆历年间（一〇四一——〇四八）毕昇发明活字印刷后，始用泥制字，至元代改用木制，明以后改用铜字、铅字与雕版印刷并行于世。

解放后，雕版线装书没有得到出版界的重视，有零落的出版，但没有构成继承发展之势，没有宏观与整体的构局。从整体而言，雕版印刷的线装书濒于消失了。

为了从书籍内容到形式完整地保存古籍，更好地开发利用古籍的文化学术功能，继承和保留雕版印刷和线装书制作，特别是诗词、书法、国画等作品，以线装形式出版，有其独特的阅读和审美效果。我国古籍中的孤本、善本书浩如烟海，书林拾华，有选择地以线装形式复制出版，已倍受读者和收藏家们的青睐。出版当代学者著作，采用雕版和线装书形式，把雕版印制这个独特创造在民族文化长河里留驻下来，"空潭泻春，古镜照神"，又多么值得称赏。随着我国改革开放的进程，随着国内外文化交流的加速和扩展，汉文化在世界范围的影响日益深远，对我国古籍的高层次的研究也成为国内外学人的一大热门。在此情势下，特别在汉文化圈，我们不时听到对线装书的呼唤。因此，我们申请创办中国线装书局，以便有规划地出版发行线装书，让祖先匠心独运的光辉创造在当代出版业发扬光大。现谢云（一九二九—二〇二一），字盛培，号裳翁，浙江龙港人，著名书法家，曾创办线装书局，著有《笔潮斋诗稿》《灯前余墨》《谢云新诗》及书画作品集多部。

在得到了国家新闻出版署的批准建立，更感任重而道远。

　　遵照国家新闻出版署批准出版内容的三条：(一) 中国古典文化要籍。(二) 当代有较高学术价值的著作。(三) 收集修复、仿制古籍雕版。因此，我们预计和相信，中国线装书局的成立，定能受到海内外高层知识界的喜爱。

(选自《灯前余墨》，中国文联出版公司二〇〇〇年版；原载《人民日报》一九九三年九月二十一日)

一瞥董桥

萧耘春

看著述丰富而多样的散文家作品，犹如进入一座琳琅满目、墨香扑鼻的藏书楼，你只能拣那熟悉而喜爱部分打一眼，或许偏要挑选最生疏的。

"抬头一看，窗外天色有点迷蒙，像咸通九年刻本《金刚经》的墨色。"这是董桥一篇散文的开头。这是版本学家的口吻，你毋需疑心他还要说到在杭州雷峰塔塔砖中发现的吴越国王钱俶刻印的《陀罗尼经》，他只是打个比喻，作为引子。

"在伦敦跟你见面更等于是在旧书铺里捡回自己当年忍痛卖出去的一部绝版书。"这是藏书家口吻，也仅是一个比喻。

从这两个奇特而贴切的比喻，就可以约略知道他的情趣了。

他说自己案头摆着一件清同治年间的五彩茶叶瓷罐，四方形，四面各绘上不同形状的浮凸花瓶，瓶中各插一枝水红牡丹，配上秋葵绿色地，淡黄花边，虽不是什么名贵古董，到底是中国瓷器，看了甚为欢喜。是的，能喜欢就够了。如果他得到一件明清青花瓷，不一定能鉴别出是明的，还是清的，只要喜欢也就够了。因为他喜欢的不一定是经济价值，主要是文化价值。

他很注意印章的石质，他说："田黄虽贵，气质深不可测；昌化鸡血则美艳胜似红豆，惹人相思。"如是外行人，没有生花妙笔，能写得如此传神么？但他对篆刻承认不是太内行，只因一方刻有"杏花春雨江南"，一方刻有"我是个村郎，只会守篷窗，茅屋，梅花帐"，爱上文中意境，便把刻工很平常的两方石章买下了。买画也如此，他不计作者声名大小，他买到一幅："夜月苍凉，草径入园，孤松参天，庭院岑寂，一老僧轻轻敲门；远处竹丛越去越淡，终于隐入云烟之中。图作枯墨素描，幽影里浮现轻赭之色，一派文人气。"好一派文人气，是指画呢？画的作者呢？还是他自己。

他爱藏书、爱画、爱书法、爱篆刻、爱砚、爱墨、爱瓷器等等。他只说文化，不说学术，因为他是散文家。

"玩物丧志"这话很古老。五四时期，有少数人，也敢写一些富有情趣的东西，曾几何时，便如人间的广陵散，绝响了。改革开放以后，也只有少数作家，偶然写一些。人们或许认为这太文人气,太名士气。世事沧桑,看北成南,人们对这类作品的评价也就不一致了。董桥身居海外,或在印尼,或在英国。还曾居台湾和香港,他没有经历过"一听到文化,我就想拔枪!"(汉斯·约斯特)那个怪异时期。看他所引书的作者,有袁宏道、屠隆、张岱等等,都是晚明的大名士,写小品文的高手。他无所顾忌,他谈的是品味,是文化。他说:"现代人身在城中,心在城中,殊难培养层次太高深的文化品味;但是,培养求知的兴趣,多少可以摆脱心中的围城。"人们可以用他称赞朋友的话,转赠他自己:这是文化的倒影,更是历史多情的呢喃。

他为在浙江出版的《董桥散文》写了一篇《秋园杂卉小识》代序。在附识中说:"去岁收得溥心畲小品数事,闲中谛观,于文章书画之道,若有所悟,因作小识以自匡励。"悟到什么呢?虽善说者不能下一语,唯会心者知之。此文笔墨十分空灵,"虽如烟雨中之多少楼台,迷迷蒙蒙,细看则依稀辨认得出是南朝四百八十寺。"他在四川出版的《董桥义录》中,也有一篇《砚边笺注》代序,他说砚,说到清代雕砚名家顾二娘的一句话,好像是戛然而止,突然"行到水穷处,坐看云起时",他说:"文章也是字字琢成,若干涩无光,那是字的堆砌,不成篇章,写来做什么?最要紧是琢字成章,是方是圆都不露镌琢之痕,都显见镌琢之妙,既可榴开百子,也能太璞自全;最后若然浮出那么一萧耘春（一九三一—二〇二二），浙江苍南人，曾任苍南县文联主席，著有《男人簪花》《苏东坡的帽子》《俯拾集》及书法作品集多部。

丝古艳，想必更妙。"金针度人，说出自己为文的诀窍。这犹如一位女郎，也使用眼睑膏，也涂口红，只是施得很淡，很自然，加上那特有的风韵，便令人觉得是天生丽质，仪态万方。

他不头痛，不需要柳树皮，也不提炼水杨酸，只偷偷将一粒阿司匹灵放进那插鲜花的瓶里。

（选自《俯拾集》，中国文史出版社二〇一三年版）

韦力与韦小宝

绿茶

很多人好奇韦力一年出十来本书,他是怎么做到的?这个疑问我也问过他,他谦虚地说这是很多年的积累,刚好在这一年出来了。但连续几年,每年都出十来本,这就说不过去了,不管是不是赶上了,总量摆着呢?

在读过包括"觅系列""书楼系列""琼系列""书店系列"等十几二十本韦力的书后发现,韦力每一次寻访的路径在不同书里会形成有形的关联,比如一段寻访之旅,既寻访"觅系列"中的古人遗迹,也顺便走访了几个书楼或书院,同时过访了途经城市的旧书店以及这个城市里的藏书家或文化人的书房等等,这样对照着看,一年出那么多书的"秘密"就显出端倪来了。

和韦力熟的人都知道,他是很自律的人,更是很讲效率的人,一切为了他的"古书",其他方面尽量能省则省。早些年,他是很低调的人,很少接受媒体采访，更不愿意接受拍照。不是在访古，就在访古的路上。

历经很多年资料梳理，储备了海量的寻访文献，为自己的人文寻踪做精细的规划和路线分析，力争用最少的时间，最小的成本，寻访到最多的古迹。就这么寻啊访啊，很多年，积累了海量的寻访日记。

在经历二〇一三年腿受伤的生死考验后，韦力的寻访之旅有所收敛，但依然没有停下脚步。生命无常的体验让韦力越发珍惜时间，进入"井喷式写作"，希望用最快的速度把历年的寻踪之旅一一成书。

他心中有一张蜘蛛网式的寻访地图，涉及规划中的十几个寻访系列，"觅系列"就是十二套体量的规划，包括有经学、理学、文学、诗歌、宗教、历史、艺术等十二条主线中的人物和遗迹。还有书楼系列、藏书家墓系列、官书局系列、书院系列等等，每到一个地方，连带着把不同系列中的不同人物全套进来，一网打尽。随着寻访网络的扩散，又扩展出很多副产品，如旧书店系列、书房系列等。

随着书越出越多，韦力的曝光度也越来越高，进而被不同编辑"拉下水"，频频在媒体和书店出台，原来那种滴水不漏的矜持，漏得滴水不剩。这些年，韦力变得越来越忙，各种活动和会议邀请不断，于是他把这些活动安排和寻访有效结合，借由活动和开会之机,同步开展寻访之旅,一举多得。

二〇一六年,是韦力著作出版的分水岭,那一年出版了四本书,分别是《觅宗记》《鲁迅藏书志》(古籍之部)《书魂寻踪:寻访藏书家之墓》《古书之爱》。尤其是《觅宗记》,开启了大部头"传统文化遗迹寻踪"系列,并且,这本书的销量和影响力都很大。在此之前,韦力大概一年一本的频率,在此之后,韦力就保持了一年九本以上的速度了。二〇一六年之后,"韦力出没"成为常态。

韦力最新作品《会海鸿泥录》,就是一本"会书",收录了他自二〇一五年至二〇一九年参加的关于书的会议记录,从中更清晰看到他借由开会之机开展的系列寻访之旅。读这本书,特别突显韦力"贼不走空"的本性。

书中,有几次会议我也参与其中,就拿青岛之行来说吧。

青岛出版集团邀请韦力去青岛做我策划的《书楼觅踪》活动,时间是二〇一七年九月二十二日,这个时间是韦力敲定的,因为这个时间段他安排了一系列前后脚的会议和寻访。

此前两天九月二十日,先去沧州参加"公私藏书与经典阅读(沧州)论坛",并做了"明代版本琐谈兼谈藏书与读书"的讲座,二十一日上午在沧州书城做新书分享会,下午赶去青岛。在青岛两日,除了参加青岛书城《书楼觅踪》新书活动,同时,采访了薛原的"我们书房"和马一的"我们书店",其间还在青岛出版集团大楼里,参加了"《青岛市全民阅读蓝皮书》专家研讨会"。

以上两个会的实况,都记录在《会海鸿泥录》中。另外,薛原的"我们书房"将会收录于《上书房行走》中,马一的"我们书店"收录在《书坊寻踪:私家古旧书店之旅》中。短短这几日,就妥妥的四篇文章。

离开青岛,我们又去了济南,当晚,到山东大学杜泽逊教授那里的"校经处"和师生们交流。第二天,我在济南逛书店,他则在济南古籍书店采访并会书友,济南古籍书店一文收录于《书店寻踪:国营古旧书店之旅》中。在济南我待了一天先回了京,他接着在济南周边展开寻访之旅。

再举个例子。

二〇一七年十月二十七日,韦力要到萧山图书馆参加"来新夏先生逝世三周年纪念会",提前一天二十六日到萧山,请萧山古籍印刷厂张国富董事长安排人带他先寻访两处萧山区内的藏书楼。然后,晚上到酒店报到。

在来新夏先生逝世三周年纪念会现场,跟来先生夫人焦静宜老师约了将来去天津拍来先生书房"邃谷"。上午参加完来先生纪念会,下午就约了浙江图书馆徐晓军馆长去富阳参观一家手工造纸作坊。晚上再赶到诸暨参加十月二十八日举行的"第十五届全国民间读书年会"。

富阳造纸作坊有没有单独撰文不知道,反正来先生纪念会和读书年会两篇会议实录已经撰文,收录于《会海鸿泥录》。读书年会期间,又约了绍兴的方俞明先生,带他寻访几座诸暨藏书楼遗址。萧山和诸暨的几个藏书楼寻访文,则收录于《书楼探踪·浙江卷》中。

十一月四日至五日,又到宁波参加浙江书展的活动和天一阁讲座。之后,又跑到我老家温州,走访乐清郑金才的"桃园书院"和方韶毅书房"半亩方塘",桃园书院一文收录于《书坊寻踪:私家古旧书店之旅》中,半亩方塘书房将来想必会收录到《上书房行走》第二部中。

这就是"韦力效率",青岛、济南两地,五六篇甚至七八篇文章就出炉了,论字数半本书就有了。浙江这一路下来,又是半本书。按这个节奏,一年十本书,也就好理解了。

这本《会海鸿泥录》,共收录了五年来韦力参加的三十二场书会,其中,二十场为古籍及相关会议。作为国内最知名的私人藏书家,韦力在古籍圈的影响力自然不可忽视,所以,古籍相关的重要会议,"韦力出没"更是自然。

都说古籍是寂寞的事业,只有少数人从事这项高大上的学问,但看韦力的会议实录,感觉古籍圈好不热闹,各图书馆、高校、研究机构都有古籍研究院、所,还有大量从事古籍鉴定、研究的教授、研究员等,民间更有数量庞大的古籍藏家,各种类型的古籍展、古纸展、古籍艺术展、活字展、稿抄校本展等等此起彼伏。比起来,我每年参加的好书评选或新书活动反而显得很冷清呢。

每次读韦力的书,总觉得他像某个人,但就是想不起来像谁。读完《会海鸿泥录》,突然想起来一个人——韦小宝。他俩像,不单单因为他们都是韦家人。

韦小宝是不是很跨界。不会武功,却是《鹿鼎记》中的头牌;不是太监,却混入宫中和康熙玩,并伙同小皇帝擒鳌拜;不是和尚,却被派去五台山,陪顺治爷玩;不玩古籍,却鬼使神差拿到全套八部《四十二章经》;没有复明理想,却成为天地会陈近南徒弟,坐上青木堂香主位置;金庸大侠笔下的韦小宝几乎无所不能,身边更是美女如云,最后携七位夫人归隐过神仙日子。

韦力是不是也很跨界。一会儿在古籍圈和不同藏家、目录学家、馆长们开会;一会儿跑去金陵和陈子善、薛冰、王稼句等一众书友贺寿、雅集;一会儿在西施故里诸暨,探访远古美人,和书友吃喝聊书;还跑去浙江开化县,深山仙境,醉根山房,探寻历经几百年的开化古纸;一会儿又去孔子故里,祭孔、晒书;闲来还跟着文艺下乡团,去凤凰古城、辰溪转悠;而他绿茶，原名方绪晓，浙江龙港人，现居北京，资深书评人，著有《绿茶书情》《在书中小站片刻》《如果没有书店:中国书迷打卡计划》等。

身边总也是女史相伴，悠哉悠哉！

小文撰毕发给韦力兄，韦力回道："我家猫就叫韦小宝哦！"

(原载《新京报·书评周刊》二〇二一年二月八日)

设计封面

陈革新

书不离手，如痴如醉，且并非职业，这种人，现在不多了。他虽然从玩味昔日的纯文学到如今的一堆杂书，但毕竟还不失雅的本色。

对于书，他有着特有的体味：书是姑娘，大开本的薄书，算苗条的，小开本的厚书，属丰满的，他都喜欢。书籍的封面，过去端详像脸蛋，现在越看越像时装。在他的记忆里，以前书的封面，朴素、单调，甚至呆板的居多，如故乡的闰土一般，但质朴不失厚重，是灵魂的窗口。现代闲书的封面设计讲究花俏和富丽堂皇，多了贵妇人气派，多了描眉、口红、粉底霜之类的装潢，如戴着借来的钻石项链跳舞的玛蒂尔德小姐一样，浮华中隐约露出点轻佻来。

爱屋及乌，爱书连同爱上书的装帧艺术，所以，他的一屋子书都赤裸裸地站在或躺在开放型书架上，书架卸下玻璃窗，让书脊一目了然。所以，偶然有好友借了他的书，因爱惜用旧报纸包上书，他就无端气愤起来，如看到临街的漂亮窗户上挂满了尿布那样恶心。嗜书到了对封面的讲究与偏爱，是他误入歧途。

有一天他的一个朋友要编一本"廉政手册"这样的小册子，打电话来要他帮助策划设计封面，他意外高兴了半天，便答应了。他这个非专业人才立即进入"创意"状态。

朋友要求他设计三张封面供他选择，他想，单位的文件汇编之类"内部资料"，封面一般是印一排书名，套上一两种颜色，正正规规，无须多动脑伤神。可他不，他要在这850毫米×1168毫米1/32的平面上体现出廉政的主题来。

他首先想到用圆形与方形这两种抽象图案构成画面，创意是"不成规矩无以成方圆"，打样从电脑一输出，就被自己否定了。他的手指又指挥鼠标搜索图库，一片水竹林使他产生灵感，他裁了竹叶局部画面，经过虚实处理，制作了封面。他自己得意了，竹子在郑板桥毛笔三撇两划之后，就成了高风亮节的象征，这是经过"普及"的艺术，大家都懂。这封面既艺术又符合廉政主题，他觉得这下准成。

送交朋友之后，不料朋友说，领导要求三种方案，你怎么就送来一种呢？说好要挑选的，假如不经挑选，不就成了你说了算陈革新，浙江苍南人，著有《竹林梅雨》《最了解你的不是我》《近视乡土》等。

啦！他想想也对，可他这时已顿失灵感，再也构思不出好封面了。封面这东西看看简单，真得设计起来，却也不是方便的事。

朋友搬来一堆杂志，说，荷花怎么样呢？出污泥而不染。一片青山怎么样呢？悬崖表示刚正不阿，满眼的青翠是一尘不染……他思路一下子又打开了。作为一个诗人，联想丰富才混得上一口饭吃，其实这不值得骄傲，一个普通的工作人员，也常常有横溢的诗情画意，只不过他们不写诗罢了。他又设计了两幅"廉政"封面送给朋友。

青山的那张，说是像旅游手册不用，荷花那张说是更像诗集封面不用，结果还是采用竹子的那张封面。

至此，他突然想起一句非常熟悉的广告语：牙好，胃口就好，吃嘛嘛香。以这样的逻辑推理演绎，他说：封面好，书的内容就好，内容好，读的人就多，书要使读的人多，封面要设计好……他幽默一笑，怎么搬出"第二十二条军规"来了？

（选自《留白》，团结出版社二〇一七年版；原载《华北散文》一九九六年六月）

沧海往事

陈庆汗

《苍海》创刊于一九八二年。那时，苍南刚从平阳县析出，苍南文化馆还在平阳县城的五显殿街平阳文化馆三楼办公。就在这里，苍南文化馆首任馆长黄一举广发英雄帖，高调，没错是高调在霞关召开苍南首次文学创作会议，一不小心，《苍海》创刊了。

八十年代初期，文化事业还没走出"文革"的阴影，苍南新县的文化可谓"一穷二白"。萧耘春先生还在编辑《平阳报》，杨奔先生是《汉语大辞典》编辑之一，庄南坡先生任温州文联《瓯海》(后改名《春草》《文学青年》)编辑。苏渊雷先生在华师大历史系做教授。黄传会虽小有成就但苍南人却并不知晓。

沧海桑田的寓意无需唠叨。苍与沧相通，又是苍南的县名，并且玉苍山当时还不像南雁那样可以做刊名的名胜，于是苍海作为刊名顺理成章。

《苍海》作为苍南唯一铅印的纯文学刊物，任务相当明确：发表苍南人写或写苍南的文学作品。计划为季刊，实际每年只出两期，甚至一期。一九八六年的第三期是二三合刊，五十六页扩为六十四页而已。那时，经常开作品加工会，令新作者很是向往，甚至作为业余作者层次的一个标杆。加工会一般会邀请著名作家或编辑来指导，如果方便，苍南文学前辈不请也自来。萧先生曾自嘲"稀里糊涂当了文学啦啦队长"，大抵从这里开始。

黄一举从来没有标明为《苍海》主编。不管《苍海》好与不好，他就是主编。

承担《苍海》编辑任务的是文化馆文学创作组。人员并不多，按入职先后分别是：潘钦松、贾立明、陈庆汗。黄一琳曾是文化馆创作组成员，可惜未见《苍海》创刊，英年早逝。才子贾立明从新华书店调入文化馆编诗歌，官运亨通挡不住，所编诗歌未出版，就走上仕途，很让文学界惋惜。

其实，文学创作组还有一个更重要的任务：编印《苍南演唱》。这是一份油印的刊物。出刊的频率远高于《苍海》，常规的出刊时间有：春节、五一、国庆等。每逢换届的党代会、两会，和其他重大中心工作必出增刊。它是文化站编排文艺宣传节目的"脚本"。内容有：戏剧小品、小戏、相声、新故事、表演唱、温州鼓词、渔鼓、快板、歌词等等。内容丰富多彩，但原创甚少。原创主要作者有：潘钦松、鲍克让、简少微、吴明月等。

请允许我代表黄一举先生和《苍海》编辑部向下列编外编辑致谢！

郑旭华，平阳人，浙江省戏剧家协会会员，《苍海》编辑部设平阳时（一九八二至一九八三年）的编外编辑。

汪如朗，籍贯不明，杭州文联《西湖》文学月刊退休编辑，一九八五至一九八六年协助《苍海》编辑工作。

创刊初期陈革新、叶宗武先生，是最为活跃的编外编辑，曾去福安印刷厂充当校对。

约一九八六至一九八七年，当时在电影公司任职的姜玉铭先生算是游离于编内和编外之间的编辑。

张鹏翼先生题写刊名。

萧云集曾做过一期美术编辑和插图。

八十年代的印刷技术让小编极为纠心！首先，要统计手写稿了的字数，画版式；第二步，付印；第三步最为麻烦，在（福安、宁德）印刷厂校对十天半月，过着与世隔绝的生活！对熟悉的文字至少细读三遍——不，是看一句手稿，对一句铅样——的滋味可想而知。到了第四步邮局投递，已索然无味。

一九八八年，苍南筹备并成立文联。《苍海》完成使命并停刊。其"文学刊物"的职能转到文联主办的《南窗》（后改为《苍南文学》)。《南窗》的主编还是黄一举。据黄先生口述,《南窗》的原始刊名是《南角》,源于苍南海角,前一字选自苍南,后一字选自海角。但是,在闽南语人口众多的苍南,"南角"口味有点重。

一九九九年,苍南文化局为繁荣文艺创作和文化学术研究,出版《沧海》。时任文化局长金朝鸣亲自挂帅,沈珠槐、王守长任副主编,责任编辑陈庆汗。

《沧海》与《苍海》似乎没有多大区别,其实不然。

除了请沈鹏(采用)、欧阳中石题写刊名外,在内容上做了比较全面的规划。

为了回避《南窗》(《苍南文学》)的文学职能,虽也发小说、诗歌、散文,但是次要(或陪衬)的文字。

首先,戏剧、曲艺,成为重点稿件。如王守长的《残月中秋》、陈庆汗的《金婚》以及杨思好的小戏。

其次,提倡、鼓励文化学术研究。如苍南籍文化学博士李康化的《苍南文化产业初探》。

第三,开辟了苍南美术、书法、摄影除展览外的第二传播通道。每期均有8P彩页刊登苍南优秀的美术、书法、摄影作品。

第四,兼顾的文物(文史、文化人物)、原创歌曲等均在封二、封三、封底刊出。

陈庆汗,浙江苍南人,曾任《苍海》《沧海》编辑。

　　总之,虽没有正规的文字记录,但《沧海》的编辑出版,是有规划的。而且,这样的布局,符合地方文化局和文联的职能分割,也是地方文化局、文联所能接受,并予以默认的。

书痴七宗罪

黄崇森

以常识判断,书痴对书痴大约会惺惺相惜,彼此看见如千里之外遇见故人。现实情况并非完全如此,也有成为仇人的例子。我就亲眼看到:书痴甲谈到别人的藏书,一副怨妇的表情;书痴乙对书痴丙得到几本好书,一直耿耿于怀。

凡此种种,我深表同情,又觉得好笑,心里若有所失——没想到成为书痴也是一件无趣的事。我认为这些人太傻,忘了其实自己也是傻子,只不过,傻的花样和程度稍有不同而已。

书痴在非书痴的群体中,通常不太招人待见。要当书痴,第一道难关为父母,太多的书让老人担心浪费金钱;但父母这一关难度不大,他们最终会迁就子女。第二道难关为老婆,多数女的,对丈夫无节制的买书会深恶痛绝,这是人之常情;最终的妥协,各有版本。我老婆之所以没有把我那些会无限繁殖的书扔掉，可能是因为我时不时告诉她，这本书，那本书，都很贵，很值钱。这让她产生了疑虑，难以痛下决心。当然，她也知道好多书便宜，不值几块钱，但她跟我生活了二十多年，还是始终弄不清楚，书房里哪本书是贵的，哪本书是便宜的。于是，我的计谋稍稍得逞。据说，人称"辛神"的学者辛德勇与老婆都属书痴，早年两人去北京旅行结婚，结果把买家具的钱，换成一箱箱书，花个精光。这毕竟是个案，不足为训。

其实书痴比较难过的是第三关：群众关。群众大多不爱看书，更不爱买书；书痴也为群众的一员，要经常待在群众中，这就难办了。一，你不能说买书或书的事，没人愿意听你的；二，如果有人攻击买书多没用，你最好与他配合一起攻击自己，自污或自嘲均可，千万不要为自己的行为辩解，因为非书痴永远没法理解书痴。但你如果说买书能赚钱，他们就会像松了一口气似的理解了——书痴的书通常是不卖的，这种说法也行不通。

最好不要把非书痴(降低一个档次说，最好不要把非读书人)带到自己的书房，让他看到书堆如山的样子，第一句话从来没有例外过，那就是："这些书你都看过吗？"历史上的书痴，想出好多颇为绝妙的回答，传之后来的书痴。但我觉得回答一两次挺好玩，说多了特没劲，再说费那么多口舌，跟一个一辈子可能都不爱读书的人掰扯，感觉自己是吃饱了撑着。而钱痴就不用受这份罪,很少有人会对他的万贯家财表示质疑,更不会当面质问他,赚那么多钱干嘛?这些钱你花得完吗?所以说,还是赚钱好。钱是公众理解度和接受度最高的物品之一。

最有意思的是,某一种人平时在公众面前,挺会装读书人的样子,但到了书痴的书房,还会忍不住问出上面的那句话。我始终认为,这种人最危险,类似于"混进革命队伍中的反动分子"。

不过,我也始终认为书痴是有罪的,按佛教的说法,贪嗔痴无一不犯,更没法做到断舍离。如果为书痴列出七宗罪,第一便是任性(前面我的文章曾提到)。把并非生活必需品当成必需品,同时背离买书的本意,买书买到最后,经常舍本求末,以貌取书,光注重书籍本身的艺术性,或历史文物性,而把文献资料性(即内容),放在次要的位置。整个儿跟公众反着来,这是对公众的公然挑衅。

二是贪婪。书痴对书的欲望永远无法满足,真正叫欲壑难填。针对书痴的欲望,"邪恶"的出版社编印出各色各类的丛书,只要书痴喜欢上了这类丛书中的某几种,就完了。刚开始他会告诫自己,把自己想读的几种买了就可以,不必求全求齐;当买了数种之后,总会发现又有几种也不错,再买,如此一而再,再而三,最后越买越多,这时内心又会响起一个声音,对自己说,既然买得差不多齐了,把剩下的几种也拿下吧。这声音完全可以理解成魔鬼的私语。国内有几种重要的丛书,出版的前后时间非常漫长,如商务印书馆的《汉译世界学术名著丛书》,社科院外国文学研究所、人民文学出版社与上海译文出版社共同选题出版的"网格本"(俗称,正式名称前后两阶段各不相同),上海古籍出版社的《中国古典文学丛书》,从五六十年代开始,一直出版到现在。同一本书在不同阶段、同一个出版社就有不同的版本。要把这复杂的丛书出版史弄清楚,就够头痛了,书痴还是要把不同时期的版本收齐。这是一场漫长的战役,牵涉到现金、版本学知识、时间巨大的消耗、无休止的热情和耐心。

　　书痴如果迷上某位作家或学者,那也完了。当代的作家与学者,还稍稍好办,著作比较好找,版本通常不复杂;若从民国一直生活到一九四九年后,还是位大作家和大学者,那就麻烦了。如鲁迅,如郭沫若,如周作人、沈从文等人,要配齐他们不同时期的出版物,几乎是不可能完成的任务,即便你有闲有钱。书痴大多手无缚鸡之力,但找书的勇气从不匮乏,就在现在,我写下这些文字的此刻,不知有多少书痴,正奔赴在书山的羊肠小道和深山老林中。

　　三是嫉妒。嫉妒为人之常情,但多数人嫉妒的是他人的金钱、美女、权势以及声望等等世俗的"硬通货",对于一本破书往往无感；书痴往往反其道而行之，对金钱、美女、权势和声望，一部分超级书痴会表现得近乎白痴，这可能就是让多数人感到特别恼火的地方。不过，书痴常常也走火入魔，会因为别人比自己的书多，版本更好，或者一本罕见的自己没有的书而耿耿于怀。在书友中，常会碰到这样的人，谈起书来，如果谁的书比他更多，更好，就好像谁欠了他八百吊钱似的，生生把一件有趣的事弄得怨气冲天。

要在旧书收藏上弄点名堂，首先，入行要早（大约所有收藏都是如此吧）。早总比晚好，在每一个历史阶段，旧书收藏的早期，书价一般相对便宜，好书也比较好；所以书痴最典型的感叹便为自己没有赶上好时光，在旧书收藏的黄金时代，要么自己还在娘胎里，要么还是门外汉。其次，要多金。旧书收藏的江湖，多金就是武功高强者；穷读书人爱上旧书，着实恼人，眼看着多金者在旧书市场上一骑绝尘，自己只好收拾点零碎，聊以自慰。再者，要有眼力。旧书收藏的高手，能在一堆的便宜货中挑出宝贝，著名的藏书家黄裳早年在上海滩，干的就是这活，数十年过去，当年的便宜货，现在已被旧书收藏界视若珙璧。

能成为藏书家，多多少少与这三者相关，后来的后生小子何必钻牛角尖，一味与前辈死磕。

四是变成偷书贼。绝大多数书痴品行端正，对孔乙己式的行径深恶痛绝，但偷书还是会经常发生，原因多种多样，形式多种多样，产生的后果也多种多样。最具有讽刺意味的是，有些偷书的行为恰恰是对书籍或对文化的守护和拯救。"文革"中，大批的书籍被红卫兵非法收缴，胡乱堆在某个地方。某个学者或藏书者被非法关押，家中的书籍也会被查封。有些小书迷，好书者，偷偷溜进去，把一小部分书拿走了。我这里小心地用了"拿"这个字，因为面对这种史无前例的，对人类文明的大摧毁，针锋相对的行为，不应该说"偷"。

这样的情节，在不少读书人回忆"文革"的文章中读到，他们也津津乐道。这可以理解，时过境迁，当时的劣行却成了可以叫卖的故事。我在老先生萧耘春那里听到一个故事，说"文革"时温州一位老干部被打倒，派他去印刷厂看场子。场子里旧书成堆，积累到一定程度便要集中打成纸浆，制造纸张，印刷各类最高指示和红头文件。老干部出身读书世家，无聊之际，便去抽出一两册读读，读完不敢私留，还会放回去。某天他翻书堆时，发现一册旧笔记本，很老旧的样子，仔细一看，吓了一跳，原来是鲁迅早年读书的笔记（可能是在日本仙台医专的笔记）。心想，这要打成纸浆，太可惜了，于是壮着胆子私藏起来。疯狂的时期结束，老干部对朋友谈起此事，不久居然传到省里的有关部门。部门急急派人下来找他，准备花一笔钱把这册笔记收购了。老干部说,这笔记本来不是我的,你们不用买了,我交还给国家。这偷书算偷到了极致,可以树碑立传了。

最可恶的偷书,当然是监守自盗。多年前曾看到报道,说巴金先生献给国图的书籍,有一部分流失到旧书市场上。那时我还年轻,喜欢使酒骂座。这事被我在好多场合大骂。现在想想,当然是我傻,因为这样的事可能层出不穷,我们知道的仅为冰山一角。我自己现在买来的不少好书,盖着"注销"两字的图书馆书籍,不也还有嘛。

书痴常会发生一些趣事,好像趣事或逸事是书痴的副产品。话说一九九六年二月份,黄永年、辛德勇师徒两人与周振鹤、傅杰诸位先生,从上海一起到苏州古籍书店访书。一看到书店,黄永年冲着自己的爱徒说:"辛德勇,等一下进去了,你跟在我后面看。"辛平时对老师恭敬有加,这回断然拒绝:"那不行,您往左边看,我往右边看。"乖孩子似的"辛神",也有这么"吃相凶恶"的时候,不知他的粉丝们会不会大跌眼镜。

其实这个段子,说的是书痴七宗罪中的第五罪:认书不认人。

我有一位朋友大 D,认识前某年于孔夫子旧书网共拍一民国罕见诗集,原本他收藏乡邦文献,我收藏民国诗集,两不相干,但偏偏此书既是温州乡邦文献,又是民国珍稀诗集。两人便厮杀在一起,随着价钱的节节升高,预定的心理防线不断被冲垮。我急呼桃园书院的郑桃主，让他与大D疏通，希望他高抬贵手。大D倒也很讲交情，立马停战，事后向郑桃主嘀咕了一句：为什么受伤的总是我？三四年后，孔网出现一册更珍稀的民国诗集《梅花》，同样也是温州乡邦文献。那天大D刚好没上网，顺利拿下。买到后，我秘而不宣。一次东君帮我搬书，随手拍了照片发朋友圈，被大D发现，从此——东君在一篇文章中这样描述："就因为这本《梅花》，大D每见黄二，必会怼上几句。而黄二却像是做了亏心事似的，不断向他赔笑脸。"

还有更邪门的，明末清初的两位大儒吕留良（传说人物剑侠吕四娘的爷爷）和黄宗羲，原本是极要好的知交，慢慢演变为相互攻讦，最后彻底决裂。后人对他们这段戏剧性的友谊史，相当纳闷，产生了种种说法解释这一疑案。其中一种说法，在书痴看来，特别靠谱——那就是他们两人因争购"澹生堂"藏书而引发矛盾。"澹生堂"为明代著名的藏书楼，由天启、崇祯年间担任江西布政使司右参政的祁承㸁，兴建于浙江绍兴，二十年间藏书达十万卷。明末战乱，祁的子孙在一六四五年前后，把书转移到云门山化鹿寺，藏书开始散失。黄宗羲在《天一阁藏书记》中说："祁氏旷园之书，初庋家中，不甚发现。乱后迁至化鹿寺，往往散见肆。"对于澹生堂藏书，他认为："夷度先生所积，真稀世之宝。"因此，他一获知藏书散失，就入寺购书，"丙午(一六六六)余与书贾入山翻阅三昼夜,余载十捆而出,经学近百种,稗官百十册。"根据黄宗羲学生全祖望的说法,吕黄两人曾一起合股派人到澹生堂购书。买回来后,"经纪人"在吕的授意下,把黄事先指定要的两部书拿走了。黄火爆脾气(早年曾用铁锥击杀仇人),当然大怒,从此与吕交恶。

但一位叫沈冰壶的人,另有说法,他认为是吕留良托黄宗羲买澹生堂藏书,黄留下奇珍秘籍,把剩下的给吕,引发晚村先生大怒。孰是孰非,后人很难断定,但有一点可以肯定,两位原来亲如家人,却因几本珍籍,最终闹成不可收拾之局。中国古往今来之大书痴,此二位大约可以进入前三了。

七宗罪之六,乃奇货可居,秘不示人。好书要流通,应该让更多的人读到,传世之孤本,罕见书,更应如此。但对于书痴来说,一册珍本,就是他的心头肉,怎么可以轻易示人。坊间所传的笑谈"书与老婆概不外借",一点没有夸张。而这是违反著书者本意的,说大罪过,也不过分。据说,国外一多金的藏书家,购新书时一律买三册,一册收藏,一册自读,一册外借,决不混淆。这样豪横有几个人能做到,并且孤本或罕见书不可能一次购三册。于是历史上的不少好书,就真的成了秘藏,世人难得一睹真容,也许一部分便消失在时间的长河中,化为虚无与乌有了。

黄崇森，浙江苍南人，著有《头顶大海的少年》《水族馆》等。

七宗罪的最后一宗为损害健康。书痴无上的快乐，无非终日坐在自己的书城中，东翻翻，西看看。我有一位老师，大书痴，就明白地对我说过，什么稀奇古怪、壮观惊艳的自然景观，其实他一概没有兴趣，有时候去走走，不过随众而已。我年轻时，比较贪玩，三年前得大病，病后玩不动，没法玩，慢慢对游山玩水失去兴趣，而永远没法消除乐趣的，便是小时候养成的买书读书的习惯。俞平伯先生曾把与友人通信，称为"暮年上娱"，现在电子信息时代来临，通信之乐没有了。所以在我看来，现在的暮年上娱唯有读书。老坐着读书，的确损害身体，尤其我这种身体；只是你让我整日东逛逛西荡荡，装成一个无所事事的富贵闲人，逛两天，心就慌了，一种空虚感就上来了。

书痴七宗罪，罪罪逃不过。

(原载《野草》二〇二〇年第六期，原题为《门外书谈》，此文为其中一篇)

辑二

地脚

粲花楼的前世今生

陈文苞

金乡镇东门郊外郑家楼村，自古以来就以"建楼高敞，迥异常居"而闻名。乡人称该地为"南楼"，由于是郑氏家族聚居地，故又称"郑家楼"，俗称"楼下"。乾隆三十一年（一七六六）郑家楼村郑昌作、昌儒兄弟以"雄于赀"而著称。他们耗巨资在村里修建了一座气势恢宏的"郑氏庄园"。庄园坐北朝南，占地约三十亩，共六十五间房。整个庄园由六合院组合串连，四周有石墙围界，北临河，砌置三个水门埠头。前厅天井均铺设花岗岩长石板，各屋之厅堂、屏风、斗拱、挑檐、瓦当、脊饰别致，做工异常讲究。尤其是厅堂之上的蜈蚣式车龙骨盘顶，结构精巧，巧夺天工，在浙南古建筑中也不多见。

郑氏家族到了郑六泉、郑绮石这一代，依然以富称雄乡里。六泉与绮石兄弟俩富而好学。郑绮石系国学生，文武兼资,"捐授卫千总职"。他生性恬淡,管理庄园的大小事务都由郑六泉负责。六泉富有经营管理之才,他"不诡随,不忤俗",把郑氏庄园管理得井井有条,兄弟两家和睦相处。

郑氏兄弟虽然富甲一方,却"衣无重绮,食无兼肉"。不过他们重视教育,不惜重金延聘名师教导郑兆璜(郑六泉之子,又名郑观浩,号古渔)和郑观岳(郑绮石之子,号古樵),以期他们日后科举扬名,光宗耀祖。他们还在庄园东边修筑一楼,作为兆璜和观岳兄弟藏书、读书、会友的场所。郑兆璜将该楼题署为"粲花楼"。

郑兆璜曾就读于平阳龙湖书院,在书院读书期间结识谢青扬、鲍台等良师益友,其中对他影响最大的当属鲍台。鲍台与郑六泉是莫逆之交,鲍台在《澹心斋记》中写道,他与六泉"学同里,窃附同心"。鲍台晚年隐居夏口灵峰后,以讲学授徒为生。兆璜和观岳兄弟俩自小就拜鲍台为师,故此鲍台"得时相过从于粲花楼,一岁率再三至"。而郑兆璜后来对鲍台也是"礼敬之隆,款待之厚,殆无以加"。郑兆璜还出资刊刻鲍台的《一粟轩诗文集》(六卷),使之流传久远,可见师生情谊非同一般。

郑氏庄园内的粲花楼可谓美轮美奂,诗人多有歌咏,鲍台对其描述得最为传神:"(粲花)门临罨画之溪,地有园林之胜,烟霞匪深,林壑特美。远则雁峰南耸,鳌水东流,近则濯龙名沼,栖鹤有台。烟柳垂阴，低笼钓艇……"在江南埠能与之相媲美的，或许只有夏口吴少伊的"少有园"了。

郑兆璜将楼取名"粲花"，可谓贴切。五代的王仁裕在《开元天宝遗事·粲花之论》说："每与人谈论，皆成句读，如春葩丽藻，粲于齿牙之下，时人号曰：'李白粲花之论。'"郑兆璜的粲花楼中，宾客盈门。谈笑有鸿儒，诗酒伴年华。鲍台、杨诗、吴少伊、祝襄卿、谢青扬等师友、知己经常相聚于此，他们结伴放舟楼前的斜溪。或在粲花楼内，"倚玉槛，敞兰窗"，"衔杯酒，谈洪荒之事"，赏江南美景，作粲花辞章。诸君"文酒之欢，吟咏之适，辄低徊叹慕久之，以为盛时之不易逢也"。

从《粲花楼吟稿》来看，除本地名士外，温州鹿城颜东川，瑞安孙衣言、锵鸣兄弟，黄体芳，永嘉陈燧等与郑兆璜都有过诗词酬唱。陈燧（字子玉，号芸巢，曾官山西隰州直隶知州）曾到平阳游玩，专门拜访郑兆璜。就在粲花楼内，两人虽然素昧平生，但一见如故。白天谈诗论道，晚上还秉烛交谈，互相引为知己。陈燧曾写道："甫握手，如是十年交，夜分促膝继之以油，清论娓娓皆出肺腑，并无浮词伪意，倾耳之余，盖已信为益友矣。"而郑兆璜也怀念一面之交的朋友，他曾写道："相思镇日倚窗纱，回首苍茫望眼赊。愧我未酬三尺剑，劳君先寄一枝花。交情已逐烟云散，离恨偏随岁月加。放棹鳌江曾记否，牵衣话别夕阳斜。"

郑兆璜的诗歌大半已经散佚，但生前曾亲抄一册诗集，名为《粲花楼吟稿》。对于郑兆璜的诗，陈燧评价为"清若松风，圆如荷露，无龌龊之词，无虚矫之气。"鲍台也很推重学生郑兆璜，并寄予极大的期望。在《粲花楼吟稿》序言中，他写道："今君际罗绮之芳年，有才似锦，处娜嬛之福地，得句如仙。倘加以岁月之功，兼以切磋之益，吾知耀锦袍于采石，奏艳曲于沉香，古人之流风遗韵，不得专美于前矣，着鞭一跃，跂予望之。"

郑兆璜科举功名无望，纵观其一生，多在诗酒中沉浮，以交友为人生乐事。在他去世后，粲花楼不复名流进出、诗词唱和的热闹场景。兆璜的外孙夏绍俅后来在郑家找到《粲花楼吟稿》一册，已经破旧不堪。为让外公的诗作传世，夏绍俅特请陈舜凯誊写副本，挑选一百二十首诗交付排印。他还请曾留学日本的张家堡人杨悌写序，杨悌的祖父杨配籛是郑兆璜的好友，而杨悌本人又是郑家的女婿，因此欣然为此书作序。

郑兆璜、观岳兄弟去世后，郑氏庄园不复往昔风光，在时光的淘洗下，慢慢地变得陈旧。而粲花楼因年久失修，加之虫蛀蚁镂，早已破败不堪。曾经发生在粲花楼中诸多精彩的故事，也在郑氏子孙的记忆中淡忘。

二〇〇六年八月，一场百年不遇的"桑美"超强台风登陆金陈文苞，浙江苍南人，现居龙港，著有《温州试验》《鳌水苍山》《锦绣江南垟》等。

乡镇，郑氏庄园遭受重创。院落房屋瓦片严重残缺，边墙大部分坍塌，栋梁悬空塌陷。粲花楼西边的大屋厅堂已是岌岌可危。原来白墙黛瓦、瓦檐挑角、饰鸟砌兽、古色古香的庄园，如今面目全非！

在一个烟雨蒙蒙的日子，我来到粲花楼前，眼前尽是残垣断壁，门前荒草埋径，条石断裂。水牛在厅中咀嚼着草料。屋顶破洞中漏下的雨线模糊了我的视线。难以想象，曾经辉煌一时的郑氏庄园距今不到三百年，竟是如此结局。寻找与粲花楼有关的故事是艰难的，在郑氏庄园前，我试图寻找郑兆璜兄弟生活过的蛛丝马迹。然而问之当地村民，大多摇头，一片茫然。询之《郑氏族谱》，已在"文革"破四旧运动中烧毁。而新修的《郑氏族谱》中，对郑观岳和郑兆璜兄弟的记载是一片空白，连他们的生卒都无从得知。所幸在温州图书馆找到《粲花楼吟稿》，透过发黄的书页，当我读着一首首清新流丽的诗歌，想象粲花楼当时那书声琅琅、诗词酬和的场景，一缕感动不禁油然而生。

(原载《温州日报》二〇一二年四月二十八日)

新培英图书馆始末

陈权

一、**时间**。图书馆成立的确切时间不详,可是记得当时图书馆中堂有横匾一方,落款署有"民国六年吴庆坻题"字样。据此,推定成立时间当在民国六年(一九一七)以前。

二、**馆舍**。是由曾任平阳县江南乡学务委员陈雨亭公倡议"建馆储书",本人首先出资两百元,相继有苏子真、林松田诸人分别捐助,最后由陈筱垞先生凑足一千元,在平阳县立第二高等小学校(即现在宜山区中心小学)操场西首,建筑砖木结构西式平房五间,并全新购置落地书柜若干架,以西首两间作藏书室,东首两间本准备作阅览室,后来因为经费没有着落,无法配备专职人员,平阳县府只任陈筱垞先生为义务职馆长,负责管理,因而阅览室始终未正式开放。所余房屋两间,先后被平阳县立第四小学、平阳县立简易师范学校所借用。

三、人事。平阳县政府任命陈筱垞先生为馆长后,连续十多年没有更动。一九三二年淞沪战争结束后,里人陈筠轩先生倦游归来,原馆长陈筱垞先生即乘机请求辞职,并以陈筠轩先生在科举时代是县学廪生,后又毕业于浙江省立优级师范学校(浙江高等学校前身)理科,中学、西学均有一定程度,曾先后出任上海南洋路矿专门学校、北京师范学校、厦门集美中学、浙江省立第十中学及浙江省立第十师范等学校教职多年,而江南各小学教员,大部分是十中、十师毕业生,如能商请陈筠轩先生出任馆长,则今后图书馆书籍的曝晒与整理,就不乏人手了,量材任用,是一位最合适的馆长人选。乃以十分诚恳的态度向县政府推荐。平阳县政府即改任陈筠轩先生为馆长,也是义务职,仅每年发给晒书津贴稻谷七十五斤(折价),直到一九四九年解放,才将全部图书及馆舍等,一并移交宜山小学保管。

四、图书。古籍部分,是前清平阳县学训导吴承志的私人藏书。吴年老无子,亡故后遗孀流落平阳,度日维艰。当地人陈筱垞倡议,并征得江南教育界多数人同意,从"小文成"学田中拨出租田若干亩,交由吴的遗孀收租,作为颐养天年之费,吴氏亦情愿将丈夫的遗书全部赠与江南学界,以为酬答。吴是一介寒儒,遗书中除一部十七史外,其他经部、子部、集部图书不多,不过有很多地方志,可见吴承志生前除熟读文章外,还陈权，又名陈通权，浙江苍南人，曾任上海第一特区地方法院书记官。

研究全国山川地形这一门学问。就藏书版本来看，宋版、明版书都没有看见，就是殿版局刻、纸张好一点的，也很少见。

新书部分，量很少，因图书馆没有经费来源，无以购置新书，只是陈筠轩先生在馆长任内，历年领来的晒书津贴，自己并不花用，每年零星添购几本，唯有一部《万有文库》，算是大型的了。新闻报纸，只有一份《中央日报》，也是中央日报社社长马星野赠送的，这是因为马社长当年在浙江省立十中读书时，陈馆长是他的任教老师。

五、闭馆。一九四九年春江南解放，馆长陈筠轩先生一面遵命暂管，一面请求移交，最后接宜山区政府通知，将江南培英图书馆全部图书及馆舍等移交宜山小学接管。不久，温州图书馆梅冷生馆长亲到宜山小学，将全部图书搬运而去，空遗馆舍五间，后来这五间房屋不知怎地被拆一空，只剩一块地基。

附记：江南培英图书馆，从始创到结束，我先大父与先君两代人，均曾参与其事，不过先大父建馆时，我尚龆年；先君接长馆务时，我又在客地作幕，详情细节不够明了，只就记忆所及，略陈梗概，以供参考。

(选自《苍南文史资料》第五辑，苍南政协文史委一九八九年版)

新曦书报社和金镇书报社

陈则之

在建立金乡运动场的同时,我们又筹备成立新曦书报社。顾名思义,新曦两字是由"旭"字脱胎出来。开始筹备的时间,也是在一九二二年寒假,我们同样向金乡学产管理人交涉,取得一部分买书报的经费。在这两次交涉中,陈式纯等同志都是积极分子。通过几次说理和辩论,陈陶庵先生被迫接受我们的建议,为新曦书报社连续订了多年的《东方杂志》《小说月报》,另外发给我们几十块银圆,买了全套的《东方文库》、商务印书馆出版的《新文学丛书》和《共学社丛书》。

同时添置了一个玻璃书橱,借用了一个旧式开门的书橱,作为藏书之用。

我们这些在学的青年中学生,规定每人订阅一份杂志,阅后赠送给书报社。在新文化运动高潮中,出版物如雨后春笋,《新青年》杂志是当时最脍炙人口的。《独秀文存》《胡适文存》是风靡一时的著作,茅盾、鲁迅、郭沫若、郑振铎、叶圣陶的作品也很受欢迎。至于新翻译的国外名著,如托尔斯泰、屠格涅夫、陀思妥耶夫斯基、易卜生、安徒生、契诃夫和莫泊桑等人的作品,也逐渐由不习惯读而成为青年们喜爱的读物。那时候,殷锐志先生家中的新书很多,林琴南翻译的《茶花女》《黑奴吁天录》等作品差不多应有尽有,冰心的《寄小读者》也开始在金乡和读者见面。

一九二六年,新曦书报社改为金镇书报社,社址亦由宋亦祈家迁到李氏宗祠(狮山下,现在金乡中学附近)。一九二七年,我一度离开金乡,翌年回家乡在金乡区立小学任教,金镇书报社又迁至东门新校舍(现在的金乡中学),还是由我负责管理。这时候的新书有美国辛克莱的《石炭王》和《屠场》,歌德的《少年维特之烦恼》,以及郭沫若的中国古代甲骨文研究等。看书的人逐渐增多,大量出借,后来出现久借不还情况,图书颇有损失。当时旧书橱里差不多装满《东方杂志》《小说月报》以及其他杂志,新书橱里的新书,也容纳不下。一九二九年,我离开金乡时,没有很好地交托给接管人,以至藏书大量散失。外地教师多把书带走。到解放前夕,除了一个空玻璃书橱和几本破陈则之（一九〇八—一九九二），名式法，浙江苍南人，曾任《浙瓯日报》总编、金乡小学校长，著有《金乡史话》《新闻记者工作十二年》。

书以外，连放置杂志的旧书橱也不见踪影，全部的《佩文韵府》连同其他书籍也被人出卖了。

（节选自《苍南文史资料》第一辑，苍南政协文史委一九八五年版，原题为《忆五四运动在金乡》）

从狂啸社到江南书社

吴明允 黄仲迪

一九二九年冬,吴明允才十五岁,是宜山小学六年级学生,因领头闹学潮被学校开除在家。当时,内则军阀割据,连年混战,外则日本帝国主义虎视眈眈,谋我日亟。内忧外患交相煎迫,生民涂炭,国家危如累卵。有识青年莫不忧心忡忡。在朋辈中,陈彰文忧国忧民之情最为热切。他十七岁考入厦门集美水产学校,读了一年,由于家庭经济困难,只得辍学回乡。他又曾考取土地陈报处丈量员,月工资银元三十元,按那时的工资待遇,算很不错,别人眼热极了,但他却认为只饱得个人肚皮,无补时艰,就毅然辞去,一心讲求救国济世之道。为了不受家庭事务牵缠,便到幽静的瑞岩寺借寓,搜集各种进步书籍杂志来阅读研究,对陈独秀主编的《新青年》杂志更加欣赏。

他学问较博,能言善辩,具有远

见卓识，对事物有独到的见解，而且喜欢结纳朋友，因而大家都愿意和他接近。当时李伟（凤江乡人，一九四二年在山西浮山任代县长，牺牲）、王敏（当时任小学教师，后任伪职，一九五六年死于劳改场）、林子槐（云岩乡云头垟人）、吴明允（凤江乡人）等人，常到瑞岩寺会聚，在一起谈论国事，抨击时弊，揭露土豪劣绅的无耻丑行。为了加强反腐恶斗争的力量，我们决定成立狂啸社，以陈彰文和吴明允为正副社长。

当时我们认识还很低，提不出什么正确的政治纲领，只是发宣言，贴标语，所指斥的也不过是江南一个区内的土豪劣绅。这些宣言标语竟贴到县政府及警察局门前，和各个土豪劣绅的大门上。那些从未被人贬斥过的头面人物，一旦被数落得一文不值，虽未威信扫地，却也减了光彩，内心惶惶不安，处世做人也检点起来。这是狂啸社的一丁点收获。

一九三〇年春，陈彰文和林子槐到外地去找革命队伍，李伟和吴明允到温州去读书，只留下黄仲迪和王敏两人也为生活奔忙，因而狂啸社成立不到半年，就无形停顿了。

又经一年多，黄仲迪、王敏、陈楠等在当地任小学教员，还不时碰面，每当谈起形势的发展，都深感自己知识的不够，无以洞察时局的变化，大家很想增进知识，可是单靠自学，一方面容易自由散漫，同时也缺乏书籍，最好要有一个组织，以便互黄仲迪（一九一一——一九九四），名学训，又名锦校，字仲迪，浙江苍南人，著有《聊心集》《珠球斋诗稿》等。

相切磋与统筹诸事。于是在一九三三年就发起组织书社，筹集书刊，使大家有新书可读。这一倡议，得到了许多人的赞同与支持，经过商议，定名为"江南书社"。图书来源，由入社人将自己所有的书籍搬到指定地点集中起来，彼此交换阅读。并由陈楠起草，印发了宣言，附有章程，征求爱好看书的知识青年入社。同时蒐集各种新出版的刊物、小说、诗歌、论文、科技及其他书籍。宣言发出后，好多青年自动参加，其中有黄成荣、陈寿安、黄开明、林金安、林邦铨、孙亦初、王思良、王思涛、汤藩等二十余人（其他姓名记不起了）。成立时，公推王敏为社长，陈楠管组织宣传，黄仲迪担任图书管理和办理社务。社址附设在宜山小学内（因黄仲迪在该校任教），结果共蒐集了六百多本各种图书，大都是鲁迅、郭沫若、成仿吾、章衣萍、张资平、胡适之、冰心、丁玲等当代名人的著作，还制作了一个书柜，刻上"江南书社"四个绿色大字，将蒐集到的图书进行分类，装成满满一柜。按章程规定，社员每年还缴纳书刊费若干，用于订购各种刊物，当时订有《东方杂志》《生活》《文学》《文摘》等。社员借书，订有细则，如期送还；社外人士借阅，也同等对待。

本书社成立之后，得到社会上许多人士的赞助，如黄菽民、李芳、李英樵、陈味腊等，都有书籍赠送本社。但也有个别思想顽固的人，另有看法，以为这班青年人是"危险"分子。我们吴明允（一九一四—二〇一三），浙江龙港人，早年赴延安投身革命，后工作于《浙南日报》，担任宜山区小校长。

这个书社，虽没有经过当地政府批准备案，是自发性组织，却也没有外来的干预，阅读活动很正常。

随着岁月的转移，人事也产生了变动，王敏他就，陈楠出国，便由黄仲迪来担任社长兼管理图书。一九三六年，黄仲迪离开宜山小学，书社就交给黄成荣接管。一九三八年，全国燃起抗日烽火后，黄成荣赴延安抗大学习，该社图书转交陈寿安管理，因人事变动离散，管理渐趋松弛，图书损失很大，后来残存部分，一起送交当时的宜山民教馆，空存一个书柜，至解放时交给宜山文化馆（至今犹存）。历时十六年的江南书社，就这样结束。

（选自《苍南文史资料》第五辑，苍南政协文史委一九八九年版）

与上海书局有关的点点滴滴

陈蒙志

为什么取名上海书局?

一个人们经常提起的问题是"上海书局"是不是最初在上海创办的?若不是,那它创立在新加坡,为什么取名为"上海书局"?这也曾经是我觉得好奇的问题,也曾就此问过父亲。他并没有给我一个非常完整的答案,只是约略笼统地把创立的经过说了一些,以下就是他所说的。

先父陈岳书年轻的时候,是上海三友实业社的职员。这是一家由三位爱国人士,抱着以"提倡中国货,对抗洋货和日货,通过办实业救国"为宗旨的营业机构。三友实业社不但自身办厂生产制造中国货,也积极推销他人生产的中国货。为扩大中国货销售的范围,先父便受命带着中国货的样品,南下到暹罗(今泰国),经马来半岛、新加坡,最后到印度尼西亚的棉兰等地,接收订单,推销介绍中国货。

当年每次出差是由上海先乘船到暹罗,然后经陆路南下新、马各地,才由槟城渡过马六甲海峡到棉兰,再由原路回上海(听老一辈说,这条路线叫作下荷兰,因为当年印尼是荷兰的殖民地,另外有一条到菲律宾推销的路线则称为下吕宋)。每趟来回总得花上三几个月。当年海外的商务印书馆和中华书局只卖本版图书,不卖外版书籍,其他南洋一带的华文书店,不仅很少,规模也很小,而且贩卖的书籍也以文言文的线装书为主。为解除旅途中的寂寞,先父就随身带许多上海出版的,如《新青年》、张恨水的新派白话体小说等新文化书籍和杂志,沿途阅读。这些以白话文书写新颖的书籍、杂志,很受南洋一带华人的欢迎,也有很多人委托他代为在上海购买。一九二四年三友实业社在新加坡设立"中华商店",我父亲被委任为经理,往来新、马各埠时,很多朋友都提到想购阅新文化杂志和书籍的困难问题。我的舅舅王叔旸是一位读书人,也在三友实业社工作,见到托购的数量愈来愈多,认为在新加坡办一间贩卖新文化和杂志等读物的华文书店,应该是很有意义也有市场的。因此先父和舅舅就在一九二五年十二月一日,在新加坡水仙门中华商店的楼上,创办了"上海书局"。取名"上海书局",不但是因为书籍的主要来源是上海,而且,上海是当年海内外知名的中国新文化运动的中心,对读者有很大的号召力。因此,这间创立在新加坡的华文书店,不以星洲或其他地方为名,却取名"上海书局"。

印象中上海也有一间地道的"上海书店",不知创办于哪一年,据说历史较我局短,也不知如今是否还存在。另外,不久前台北成立了一间专卖大陆图书的书店,也取名"上海书店",看来也是因为上海的号召力更大吧!这些我所知道以"上海"作为店名的书店,论资排辈都只能算是新加坡上海书局的小弟弟了!

胡愈之、《南侨日报》和书局的出版业务

早期的上海书局,只是由中国内地和香港办购图书与杂志到新、马贩卖,涉足出版业务是受到胡愈之先生的影响。胡愈之和王纪元二位先生,应《南洋商报》之聘,出任编辑主任及编辑,于一九四〇年十一月抵达新加坡。上海书局和胡老们的接触和交往,相信就始于那个年代。据姐夫温平的回忆,早在一九四一年他就在胡老的安排下,代表上海书局用书局汇去的一万港元,和香港的《华商报》合办了华商报出版部,出版了邹韬奋的《抗战以来》,可惜不久日军侵华,占领了香港,这个出版部不得不停止运作,剩下的资金全数移作疏散香港进步文化人的逃难费用。

一九四二年日军占领了新加坡，胡愈之先生和夫人沈兹九女士，也连同一班文化人逃到印尼苏门答腊的"石叻班让"避难。经过三年八个月的潜伏，直到一九四五年十月日军投降后，才从苏门答腊返回新加坡。胡愈之先生所著《我的回忆》中披露，当他从印尼回到新加坡时，就暂时住在上海书局附设的"生活印务馆"楼上，吃住都由书局承担。胡愈之返新后不久，就组织力量搞出版，因为战争刚刚结束，一切都在百废待兴的状态，所以当时要筹集经费是非常困难的问题。上海书局除了以陈岳书和王叔旸个人的名义出钱资助之外，又利用书店的便利和印刷设备，协助创办了"新南洋出版社"，（可惜我查不到当年出资的金额）。该社出版了综合性的时事周刊《风下》和《新妇女》月刊，为节省费用，初期编辑部只有五人，除胡老夫妇之外，还有张企程、陈仲达和李今玉三位，另由温平任经理，蔡慧管任会计。在胡老的主持下，这两本杂志都办得非常丰富生动、敏锐泼辣，具有鲜明的特色，发行没多久，就成为当地杂志发行量之冠。由于这两本杂志都办得非常成功，也由于中国内战形势发展的需要，隔年就由陈嘉庚先生出面筹组《南侨日报》。报社的董事长由陈嘉庚担任，胡愈之任社长、张楚琨任总经理、李铁民任督印、温平任经理。据说《南侨日报》的创办，当年新加坡的许多华商都有资助，不过为了避免出面，也有人选择用他人的名字参股，就各种有关的资料显示，陈嘉庚先生出资约新币十万元。上海书局确实出资的金额已无法查证，手头上仅存有陈岳书和温平两人名下的报社股票四张，共计新币两万七千元（见股票）。这金额以当时加东一带，每栋五六千英尺的独立式洋房，也只卖三千至五千元左右而已，可说是很可观的了。

胡愈之夫妇在办《风下》和《新妇女》杂志及《南侨日报》的期间，因为报社财务收支经常不能平衡，就长期不领或只领取少许生活费，他们两人工作十分繁重，长期居住在印务馆楼上也不是办法。当年我母亲因为哮喘病严重，而当时也没有特效药，医生就指定要住在郊区，空气清新的地点，因此就向邵氏兄弟公司租下马林百列路邻海的一间老式浮脚洋房。当年东海岸尚未填海，这院子前方有条宽不足四米的泥沙小径（填海后扩建成今天的马林百列大道），小径过去不满百步，就是海滩。这洋房的院子，以今天的眼光来看，可说是大得难以相信（目前这洋房连同院子，已改建为三栋品字形的四层楼公寓，每栋有十六个住宅单位，并附有停车场，可见其院子之大）。在院子右前方靠近海滩处，有一栋木建的浮脚楼，父亲就安排胡愈之夫妇，免费住在这栋木建的浮脚楼里。这栋楼分前后两个单位，前方是客厅、厨房和洗手间等，后方则是卧室。前后单位相隔约十米，两单位之间建有离地约一米高的木桥相连。不知是什么缘故，这连结卧室的木桥，顶上是没有遮盖的，遇到下雨，还得打伞才能来去。屋子虽然简陋，却很舒适，尤其是面临大海，离海滩不到百米，海风不断，潮声不绝。屋子的周围长着杂乱的椰树、香蕉、芭蕉、木瓜和各种花木等，可说是享尽椰雨蕉风。每到夜晚，潮声、鸟啼、虫鸣和树叶的沙沙声响，编织着动听的自然交响乐，十分有风味。平日他们夫妇俩约到中午时分才起床，吃过中饭就去报社，一直到深夜才回来。当年我还念小学，最感兴趣的就是遇到胡老休假在家，又没有来宾，他就会给我讲故事。他擅长把各种知识编织到故事里。给我留下印象最深的就是，"光年"不是时间，而是距离这个知识，就是胡老在讲故事时告诉我的。胡愈之夫妇一直在那里住到离开新加坡返回中国为止。

　　胡愈之先生回到中国后，就一直身负重职，历任《光明日报》总编辑、国家出版总署署长、文化部副部长、人大常委会副委员长、全国政协副主席等要职。一九八〇年胡老因年老多病赋闲在家，我到北京，在姐夫温平的安排下，还特别抽空去他居住的四合院拜见他和沈兹九，当时他的人虽然瘦削，但精神不错，记忆也很清楚。见到我不但叫得出我的小名，也记得当年住在加东海边的木屋。沈老说我去得巧，胡老刚刚从医院疗养回家，早几天医生还不准他见客呢。听到这种情况，我也不敢久留，稍坐一会聊了一点家常就走。一九八六年初胡老逝世，终年九十岁。

出版事业的起步——现代版华校小学教科书

战前上海书局的业务，仅限于进口和贩卖华文图书、杂志和教科书，虽说也曾出资资助或参与一些中国内地和香港的出版事业，如在上海创办《新生画报》，以及在香港和华商报合作出版邹韬奋的《抗战以来》等等，但是以本书局的名字，正式涉足出版业务，则是第二次世界大战以后的事。

第二次世界大战以前一直延续到战后一九四七年，在新、马、婆一带华校里销售的华文课本，最主要的是大陆商务印书馆或中华书局战前出版的课本。在日军侵华抗日战争期间，中国许多著名的教育家和文人，纷纷逃亡到香港及南洋一带避难。就在这段时期，这些文人对海外华人的生活环境，有较全面的接触和深入的认识。他们感觉到以往那些，以战前中国大陆为背景而编写的中华、商务版的教科书，对海外的华教并不贴切。为此，一批聚集在香港的作家和教育家们，便有意编写全套由小学一年级至六年级，以及初中及高中等年级，科目包括语文、算术、珠算、常识、自然、历史、地理、公民、尺牍、英语等，适合海外华文中、小学采用的教科书。这项计划，因为规模庞大涉及资金太多，而且竞争的对手又是老牌的中华和商务，竟然没有出版社愿意承担出版。我的姐夫温平，当时任南侨报社有限公司的经理，因为和中国的文化人十分熟悉，对他们十分有信心，认为出版这样的一套教科书，对海外的华文教育，意义重大，没有事先征得我父亲的同意，就大胆地替上海书局接受了出版这套教科书的任务。最初我父亲也没有信心，后来也是在胡愈之和夏衍两位先生的多方鼓励和说服下，才最终同意，商定把现代版教科书的编委会设立在香港，并安排温平辞去南侨报社的职务，专心负责教科书出版的任务。上海书局就在这种情况下，步入了出版事业，香港也就此成为上海书局出版事业的中心。

一九四八年夏衍到香港为上海书局组织现代版教科书编委会，安排在香港和上海的名家任审阅和编辑。当年受聘为审阅的是著名的教育家叶圣陶，由宋云彬、孙起孟任正副主编，蒋仲仁、傅彬然、王健、秦似、廖冰等任编辑。这些都是当年中国教育界和文化界中的翘楚之选。英文科目则请在新加坡的郑慧馨、郑务诚和林耀翔（当时养正学校校长）三位先生编写。这套教科书若按当时的规划，全部完成，将从小学编起，然后编初中、高中以及幼稚园课本，除课本外还编有教学法，每个年级分上、下两册，总共不下两百余册。

出版全套六个年级的小学教科书，毕竟不像出版单本小说或一份画报那么简单，编辑工作前后共花了三年的时间。为了这套教科书，父亲不但把毕生的积蓄和书局的资金都填了进去，还靠多方借贷才能应付编辑费和印刷费。第一批现代版小学教科书在出版后，送去新加坡官方（英殖民地政府）审批，竟然被批为不准售卖，这是我父亲完全没有预料到的局面。据我母亲后来的反映，教科书被禁止售卖的那一段时期，父亲几乎天天都失眠，到处托人打听查问，究竟问题出在哪里。若是无法解决，看来就得面对血本无归、倾家荡产的下场。后来，幸亏通过当时"华民政务司"里孙崇瑜先生的从中了解和帮忙，才知道问题出在"我国"这个词句上。教科书里的"我国"指的是"中国"，而英殖民地政府认为新加坡是英国的殖民地，"我国"应该是指英国而不应该是中国。为了解决这个问题，印刷厂赶印了数万个"中"字，再将所有教科书里有关的"我国"，逐本逐页地贴上"中"字，让所有的"我国"都改为"中国"，然后再去送审，这才准予售卖。为了赶紧完成这项庞大的改字工程，不但全书局的职工都被动员，连家属们也都被动员起来，即使在念小学的我也在被动员之列，大家日夜赶工，在需要改的地方贴上"中"字，这一事件让我留下深刻的印象。

这套"现代版"小学教科书，一来是以华人在海外生活的背景作为编写依据，二来毕竟是出于名家手笔，不论内容和文笔，都是一时之选。发行后反应热烈，一纸风行，不但在新、马、婆地区畅销，香港、泰国、印度尼西亚、菲律宾、越南、缅甸、老挝、柬埔寨等地区都纷纷采用。为了适应各地不同的情况，这套教科书的版权也陆续转让给各地的代理，并配合各地的需要，进而修订为马华版、泰华版、菲华版、印华版等。随着小学教科书的成功发行，书局在一九五六至一九五七年出版了《现代初级中学课本》，科目有语文、算术、地理、历史、动物、植物、物理、化学、代数、生理卫生等。一九五八年又出版了"现代高级中学课本"，科目有语文、物理、化学、生物、代数、中国历史、世界历史、中国地理、世界地理、东南亚地理、平面三角、解析几何等。

六十年代后期，一位新加坡到东非大学教书的李博士告诉我，他在非洲的学校里，还见到"现代版"的教科书，可见不知什么时候，这套教科书已登陆非洲了。一套华文教科书能销遍东南亚近十个国家和地区，这现象在第二次世界大战以前，不知中华和商务版教科书可曾做到过。战后，各国的政治和社会情况都起了很大的变化，随着东南亚各国民族主义的崛起，华校的生存都面对考验，更不必说共同采用同一套华文教科书了。然而，现代版教科书却很凑巧地诞生在历史蜕变的时间夹缝中，就凭这千载难逢的机缘，创造了一套华文教科书销遍东南亚近十个国家和地区的奇迹，可说是十分幸运。最为遗憾的是，如今我们的书局里，竟然找不到一本这套难能可贵的教科书。两年前我在南大华裔馆的一次展览里，看到几本残缺不全的现代版教科书，回忆起这套教科书当年的风光景象，心里不禁涌起了许多感慨！

上海书局开了成功出版全套本地华校教科书的先例，世界书局也就成立了联营出版社，出版新、马、婆地区的教科书。另外，由一批学者和教育部官员创立的南洋书局，也不甘落后，加入了竞争的行列。连同原有的中华和商务联合修订出版的新、马版教科书，就造成了本地出版的华校教科书，在新、马、婆市场上的竞争十分激烈。一九五七年十二月由中华和商务联合作为一个单位，世界书局和联营出版社作为一个单位，南洋书局和上海书局各自为一个单位，四方合作成立"教育供应社有限公司"，收购四家教科书的版权，集中华校小学教科书在新、马、婆地区的出版和发行工作，马华版的现代小学教科书就此陈蒙志,浙江苍南人,新加坡华侨。

结束。至于其他各地的现代版教科书,也因为政治的变迁,华校日渐式微,而逐渐被淘汰。

二〇〇五年六月

(原文共七篇,本文为前三篇)

一九九〇年代的小城书店

唐文秀

一九九〇年代,我在这座闽越交界的小城,入学,读书,留下了关于这座小城书店零零散散的记忆,现在想来,也可聊记一笔,做做茶余饭后的谈资。

一

最早的书店记忆属于新华书店。每个城市都有一所新华书店。

余生也晚,不知道早年间这个叫灵溪的小城有没有别的什么书店,但从我开蒙入学以后相当长的时间里,这个小城似乎只有一所新华书店。

那个时候,对于生长在城乡结合部的少年来说,进城去新华书店看书买书,是一件很盛大的事情,充满了仪式感。通常,都要起个大早,或者自己步行一个小时,或者坐在父亲的自行车后座半个小时,来到这座矗立在玉苍路中心区的二层楼。

刚开始的主活动区是连环画区，那会儿的连环画还都是展示在玻璃橱窗里的，只能透过玻璃橱窗一本一本盯过去，几番斟酌挣扎，选好了，落定了，才敢麻烦售书员阿姨帮忙拿出来某一本。最神奇的是这些连环画从来都是不成套的，就算你是土豪，也只能一本一本地拼拼凑凑，所以当时同学间也流行互相借换补，像拼积木一样慢慢拼搭自己的套装宝库。

这座二层楼的建筑，一直都在，一直都是新华书店，大概直到二〇二〇年，才变成了一家超市。这座建筑，最开始是水泥外墙铺贴马赛克，虽然现在想来满满的苏式审美即视感，在当时也是妥妥的地标式建筑，后来又开始搞开放式书架，做落地玻璃窗，只是店员对白嫖看书党一直不太友好，所以后来慢慢的，去得也就少了。

它似乎一直跟随着这个时代前行，又似乎一直落后这个时代半拍。

二

后来去的比较多的是旧书店。

没办法，学生党，穷，阅读需求又不再是一本一毛五毛的连环画可以打发，新书既买不起，只能去旧书店消闲。常去的有两家，一家在公园山脚下，一家在双台街。都很朴实，似乎都没有店名，大概只有门口木板上写了"旧书"二字，也记不确切了，收购价一斤三毛到一块不等，售出价一斤五块到十块不等，主要看书的品相和门类，大抵上新的贵一点，小说再贵一点，明码实价，童叟无欺。

两位老板，公园山那家，年纪大一点，老派作风，计价用秤杆，挑好书交给老板，他放进小圆盘，提钮一提，秤锤一稳，价格就有了；另一位新派一点，用磅秤，拿过书扔到磅盘上，磅砣一滑，价格也有了。

成年以后也逛了不少网红二手书店，都文艺而高大上，顺带贩卖情怀，但小城的旧书店不在此列，要说特色，无非便宜大碗量又足，对于物质与精神双重饥渴的年轻人来说，刚好管饱，刚好管够。所以，小说只有上册没有下册，中间掉了几页，封面封底撕了等等，又有什么关系呢，刚好给想象力一个做体操的机会。

一直到现在，我都很感念这两家旧书店，他们粗粝，真实，生冷不忌，实用为先，竟似乎有几分像这座貌似吴越实则闽南的小城的底色质地。只是很可惜，这两家现在都已不在，要是能够继续开下去，传承个几代，也许也会是一段佳话，但这个期待，终究只是期待而已。

三

还有就是几家民营书店了。在我印象中，小城里除了挂着书店名字卖教辅的，正经卖过书的有公社书店、人文书店、仁记书店等几家。这几家现在除了仁记，都已经关张，仁记也转型为手机卖场加教辅卖场，比起以前公园路转盘口那家书架高耸、书籍满满的老店，毕竟气质不可同日而语了。

这其中，最可惜的是公社书店，据说店主是位教师，选书颇有眼光，以人文社科为主，大概也是因此，在这座小城有些曲高和寡，不记得他开了多久，但恐怕不久。

除了选书，这家书店还有一个优点：不赶人。年轻时代有过站在书店架前贪看太久而被店员赶出的尴尬经历，成人后也见过某书店老板娘对几个学生训话，让他们要么买，要么走。谈不上对这种行为深恶痛绝，但总是不太有好感。店家这样做自然是有他们的理由在，一群顾客来免费品尝末了却什么也不买，而且如是者多次，任谁也受不了，只是——我总以为，卖书不比其他杂货，当有一份人文关怀，至少，也当有一丝雍容气度。虽然陶醉于那些名家往事中常能碰到特意为读者留书的好店家，却也知道这在现实中是奢望,但因为可能不买而赶顾客走这种行径,即使普通的百货商店,怕也是不屑为之的,不幸,现实中,我遇到过,也见过别人遇到过。

这样说来,不赶人就已经不是标配,而是高配了。我总觉得,书店是一座城市的精神地标,直接彰显着城市的品位与涵养。一座只有贩卖教辅与流行书籍的书店的城市是可悲的,它折射的是一座城市的媚俗与庸俗,它以最直观的方式告诉了我们这座城市精神生活的贫瘠,以及城市人内心的浅薄与浮躁。从这个意义上讲,枫林晚之于杭州,西西弗之于贵阳,先锋之于南京,彼此都是不可替代的。至今仍然记得,在贵阳闹市区的地下广场,发现西西弗时的惊艳,适逢其十周年店庆,在入口台阶的广告上,他们嚣张、得意而又理所当然地标示着:一家书店和一座城市十年的精神成长史。

四

大抵来说,一九九〇年代的小城书店江湖,跟全中国大大小小上千个县城差不多,有一家坐落在中心地段面貌端正中庸的新华书店,几家质量良莠不齐的私营书店,几家路边摊般的旧书店,这三种组合,构成了网络购物大潮来临前县城书店江唐文秀，浙江苍南人，现为苍南中学语文教师，曾参与编写《整本书阅读与研讨》《爱上小古文》《温州乡土语文读本》等。

湖的全部。

幸运的是，二十一世纪的第二个十年，在网络购书已成主流，实体书店举步维艰，销行甚为寥落的背景下，这座小城有了"半书房"，后来又有了苍南书城，这就很不容易了。它们续写着，也升级着这个小城的书店故事。

据说有人的地方就有江湖，期待有一天，有人的地方，就有书店。

消失的租书屋

谢建中

书与杂志，在我脑海里始终是很珍贵的物品。刚懂事的时候，父母就板着脸，非常严肃地告诫我，不可用带有文字的纸张如厕，说是长大以后会不识字。这样的吓唬非常有用，在我还是小学生的时候，已经会用攒下的钱买杂志了。那时的杂志一本也就一毛多，但省下这笔钱却是非常艰难的，毕竟家庭条件不富裕，而且还要抵御住"美食"的诱惑。

酷夏里斜背着个木箱子用棉被包裹着沿街叫卖的冰棒才两分钱，牛奶冰棒最贵了，才五分钱。甜中带辣的姜糖才两分钱，沾满糖的小麻花也是五分钱。我能忍住肚子里蠢蠢欲动的馋虫，选择无视，咽下涌上来的唾沫，拿着几个钢镚去买散发着墨香的杂志，如今想来也是挺自豪的事情。

买的杂志中，印象深刻的是《山海经》和《民间故事》，小小的脑袋里总是被神秘的故事吸引住,为什么田螺里会跳出个美丽的姑娘,为什么山洞里会藏有无尽的宝藏,为什么擦一下神灯会冒出来一个庞然大物……

我还用黑色的小孩巴掌大小的本子记下每本杂志的书名和它们的价格,看着页码的逐渐增多,内心的喜悦也是与日俱增。

那时矾山邮局门口有摆摊卖报纸杂志的,菜市场边上也有一家,生意挺火爆的。在那个年代,花点钱买份报纸买本杂志是很常见的事情。我偶尔经过那里,总会停留上一会,看到心仪的杂志,更会买上一本。

如今的经济条件好了不知多少倍,买书的欲望却消磨得一干二净了。或许如今的时代,早就流行网络看书了吧。如果还有人坐在舒适的靠背椅上,慢慢品着茶,悠悠地看着书,那绝对是很稀罕的事。如果能定格下来,那一定是幅美丽的杰作。

但这样的事情在上世纪九十年代那是常事,看书品书在以前可是很时髦的,只是当年的书籍价格有点小贵,不是一般人可以承受的。再者说买了,看完了,就扔在一边,实在有点可惜。总之,花钱去买书还真是舍不得,去租书倒是非常划算的,特别是对学生和工人来说。

那个年代,是武侠小说和言情小说的天下。多少少男少女痴迷其中,不能自拔。金庸、梁羽生、古龙等的武侠小说风靡一时，琼瑶、席娟的言情小说让少女们爱不释手，精神食粮极为欠缺的人们如获至宝，街上掀起了读书的热潮。

于是，租书屋应运而生。

那时的租书屋也就一间临街店面，店名也没有，只有大大的"租书"二字。新街的小巷子里有一家，蓝色的布帘分开内外屋，内屋就是平常人家的空房间，硕大的空间被简陋的木头书架占满了，左侧是漫画，右侧是小说，正面摆着各式各样的杂志。从上到下，密密层层，书架下则是一排塑料凳子，供租客们临时阅读使用。

外屋其实是个过道，被店主临时占用了。他用平摊着的木板搭起了一个简易书棚，上面用透明的遮阳布挡着。店主，我姑且叫他书老板吧。他是五十岁上下的戴眼镜的中年人，瘦瘦高高的，老是坐在柜台后埋头看书，有人过来的时候，才会把头抬起来，招呼生意。

他把最畅销的书放在这里。那时的广告也简单，就是拿粉笔在一个小黑板上写着"本店新到某某书，欲租从速"。自然会有一批老租客闻讯赶来，迅速租走。

租书也是简单，只要在一个笔记本上写上你的大名，交上十元押金即可，租金从一毛慢慢地涨到五毛，按天计算。最划算的是早上来租书，第二天晚上下班前来还书。租客中学生最多，这些学生很会利用时间。比如一本书五册，五个人租下来，然后轮流着看完，可以节省不少钱。不过，熬夜看书，倒是让眼镜店的生意好了许多。

那时候班级里很有看书的氛围，课间一本杂志可以从第一排传到最后一排，不太有交集的书呆子和那些看起来很酷的"差生"也能就着某个小说的情节聊几句，比如九阴真经和降龙十八掌到底哪个更厉害。每天跑早操的时候，会有女生讲述前一天看的言情小说的情节，讲到动情的地方，那些女孩子甚至会集体掩面而泣。

还有一些痴迷的同学上课了还在看书，全然不顾班主任严厉的眼神和疾步走来的脚步声，就这样，书被收走了。同学们担心的是家长会被"召见"和租金一天天在上涨，有的班主任倒是趁机可以"大饱眼福"免费阅读了。不过仁慈的班主任总是扣几天告诫几句就会还给他们的，毕竟书籍还是无辜的。

也有土豪的租客，和书老板关系极好，新书刚到货，他们就一口气租回去十几本，慢慢在家看，只是让某些性急的租客跳起脚来骂娘，他们不能第一时间看到精彩的书籍，心里急得直痒痒呢。此时的书老板早已乐开了怀，一本好书一个月不到就可以回本，接下来就可以净赚了。

租书的地方经常就一个店家看着，总有疏忽的时候。有些爱贪小便宜和手脚不干净的人就会趁机下手，偷书现象总是有的，书老板经常发现一套书中的其中一本被偷走了，或者是有人把书里面最精彩的情节给撕走了，气得他站在门口对着空气骂了半天。不过正如孔乙己狡辩的，窃书不能算偷。现在看来，偷书之人也是爱书之人，行为可耻，或许可以原谅吧。

如今好多学校都把书深藏在图书馆里，让它们"养在深闺人未识"，生怕被某些同学损坏或拿走。这样的做法未免太小家子气了，开明的校长会把优秀的书籍放在读书角里，让学生自由阅读，即使损坏或丢失，也不担心。毕竟，书的价值在于被阅读啊。

那时的人们闲暇时间多，电脑也没普及，网络更是奢侈品。基本上都是以看武侠、言情小说来消磨时间。租书屋书籍更新慢，品种单调，经营方式落后，一成不变的"押金＋租金"方式，已经很难满足多元化的文化和精神需求。随着网络的发达、智能手机的普及更是让租书屋在二〇〇八年后就此灭绝，而且是一去不复返了。

租书行业彻底"垮"了，那些被租借几十上百遍的书如今又在何处呢？或许会被怀旧的书老板彻底封存起来，藏在角落里积满灰尘，成为"书虫"的家；或许会被狠心的书老板当作废旧书籍卖掉，换取一顿并不丰盛的晚餐。

谢建中,浙江苍南人,现供职于苍南县教育局矾山学区。

如今的学生早已不抱着书阅读了,而是成天拿着手机在痴迷地玩游戏。痴迷于小说,起码可以获得身心上的愉悦,汲取营养,快乐人生;痴迷于手机,这是一种治愈不了的"病",坏了眼睛,也"毁"了人。

租书屋的存在,对于那个年代的人无疑具有特别的意义。多少人就是靠着那些精神食粮度过了漫漫长夜,多少少男少女靠着这些书籍获得了精神富足的愉悦。

租书屋的消失,也带走了曾经的青春年少。蓦然回首,早已物是人非。试想一下,如果现在有人给你一本精彩的小说,你真的可以静下心来细细品读吗?

(原载《今日苍南》二〇二一年十一月十七日)

图书馆错过的女孩

张耀辉

故事似乎也免不了有一个平淡又俗气的开头。

我是个教书匠,常去逛书店,逛图书馆。在我们这个经济水平与文化水平有点不够平衡的小镇,能像我这样整个晚上泡在书里的的确不多。矾矿图书馆位于文化宫的三楼,四楼是舞厅,一二楼是活动室和卡拉OK厅,每晚都有一些人士引吭高歌或翩翩起舞。我几次以普通读者的身份找那个和气的主任反映读书环境不安静等情况。主任婉言遁词。服务人员一语点破,新书的"新"要靠两厅的"薪"。

在这样夹层一样的图书馆,能端庄地坐着一个女孩,是小镇的一处风景。我好多次在看书的时候停下来读她的背影,像呼吸空气一样看着她。她年龄大概只有十七八岁,打扮得比较时髦,不像中学生的模样,也不像我想象中的纯情少女。看她一副旁若无人的样子,我有点惭愧。

我这个人容易"一见钟情"。我一连三

个月都能看到这个看书的女孩。她照例坐在阅览室最旁边的一张长凳子的角落。我心里很自律,虽然想找她聊聊,洞开另一扇心窗,但碍于面子,不敢自作浪漫。我每晚都看十几种报纸和几本杂志,看到激动常会脱口而出,叹好叹坏的。好在常来看书的都是熟人,也不至于认为我250,发"神经"。有时,我不自觉地扮出一副斯文相,敲敲桌子或嘴里发出啧啧声。细究原因,一半是跟着感觉走,另一半是想以此吸引她的回眸。但这女孩似乎很投入,忘了另一桌还有一双很男性的眼睛。

有一天,我特地早到了阅览室。刚好管理员有急事外出,叫我帮她照看一下。我坐进了服务台,乐不可支地翻阅一大摞新的书报杂志。这时,这个女孩过来借书。她要借一本新到《时装》。

"借书证。"我例行公事,其实是盼望看见她的芳名。

"今晚忘带了。反正我不会带到室外。这,你又不是不知道。"

原来,这个女孩也在注意我。

管理员回来后,我向她问起那女孩。她告诉我说那女孩是她的邻居,初中刚毕业,现在学理发。

我以前常以为,搞理发美容的女孩很那个。要是在别的场合看到这样一副时髦打扮的女孩,我一定会有一种不清爽的感觉。但现在在阅览室,目睹她艳姿下的专注和端庄,突然我产生了一种幻觉。这女孩心中一定有许多故事。

张耀辉,笔名张骋,浙江苍南人,现为苍南县灵溪三中英语教师,著有《那么爱》《岁月缝花》。

"踏踏月光,互换一种思想,让我们不止拥有两个苹果。"

望着我递过去的字,她怯怯地说:"我不懂你的意思,真的。"她一双涂满眼影的眼睛充满真诚。

我顿时有点失望,笑笑。不知在笑自己伪作的深沉,还是笑她真诚的浮浅。

女孩看着我,眼眶开始有点湿润,她轻声地告诉我:"真后悔。当初尽想玩,高中都没考上。老师,你给我代过一天课,可那天我跟同学们出去玩了。"

有一种人读书是为了升华自己,在书本上确认自己,有点孤芳自赏;另一种人是为弥补自己,充实自己。不论哪一种人,一旦进入书的境界,开始与知识握手,与思想对话,我们都没有理由制造勉强的层次差别,在人类巨大的知识前,人是渺小的。

女孩抬眼看我,说:"老师,你能借我一些你读过的书吗?"涂黑的睫毛跳动着一丝真诚。

那夜月光极好。风吹过,空气有淡淡的香甜。我目送女孩走进矿山夜的梦乡。

(原载《温州青年》一九九三年春季刊)

"国子书店"诞生记

黄泽

学院路作为一条路名，是名副其实的。上个世纪九十年代，温州仅有的三所高校全在这条路上。学院西路自西向东，依次为温州医学院、温州大学、温州师范学院。每所高校相隔几百米，校园全都坐落在路的北面，三所高校的大门一致坐北朝南，面向学院路。学院路上的商店大多以学生为服务对象。这条路上开了很多唱片店、眼镜店、书店，都是个体的小店，门面不大，小本经营，而且这些商店大多集中在医学院到民航路这几百米的沿街。

那几年，我就住在温大校内。每天进出，几次经过这条路，经常会光顾这些店。每天傍晚的时候，唱片店里都会有歌声传出，大多是流行歌曲，比如杭天琪的《黄土高坡》，还有当年流行的杨钰莹、解晓东、蔡国庆的歌。有一家艺术书店也经常光顾，这家书店是两位温大的年轻教师开的，卖一些艺术设计方面的书，书都比较新，有些还很前卫。我傍晚散步的时候就经常去书店翻翻书。

有一天，书店突然贴出了"店面转让"的红纸，时间是一九九六年的秋天。

那时，我在《温州日报》当副刊编辑，我觉得这个工作比较适合我，我对自己的工作环境很满意，尤其是副刊部几个同事，大家相处得很好，气氛融洽。当时，副刊部一共五个人，金城濠、金辉、沈迦、陈发赐和我，部主任金城濠。清一色男的，四个杭大毕业。金城濠、金辉、沈迦都是土生土长的温州人，陈发赐和我是县里出来的。沈迦很得部主任金城濠的赏识，可能是他们两家也住得比较近，乡里乡亲。沈迦亲切地称金城濠为阿濠伯，我们也都跟着这么叫，金辉和金城濠年纪相近，直接叫他阿濠。

人以类聚，我们几个人脾气相近，还经常互损。人与人之间可以互损的，那关系一定是很近的。阿濠伯不端着，我们自然都放下了。那时，日报还是一家独大，晚报则刚刚起步，后来红极一时的《温州都市报》还没问世，它的前身《温州侨乡报》不温不火。那时日报的版面也少，除了部主任，我们每人一周只有一个版面，日子过得轻松自在。报社的日子也过得很滋润，企业要到日报打广告还要找熟人拉关系。广告部主任真叫那个牛啊！

"店面转让"的字条，触动了我。我内心一直有开一家小店的念头，比如开家特色面条店，自己煮面，坚决不放味精鸡精。你爱吃不吃，我就按照自己喜欢的做。或者是牛肉丸店，卖老家特色的牛肉丸。这些念头也只是念头而已，一直没有去实现。那天我把店面出让的消息告诉了部里的同事，看大家有没有意愿把这个书店盘过来。出乎意料的是，大家也都很感兴趣，跃跃欲试。

接下来，大家要做的就是接手小书店。记得是我去联系温大的老师，谈判的事以沈迦为主。沈迦的收藏是从军分区门口地摊的铜马起步，他后来游走商海，经常代表甲方乙方和各种各样人的打交道。这次书店的谈判代表甲方，应该是他第一次牛刀小试。谈判很顺利，很快就谈妥了。我们每个人集资两万元，把小书店"吃"了下来，包括原来店里积压的书。后来，据阿濠伯回忆，温大两位老师原来以为亏损了，气闷闷的。哪知道在盘点时，我们这帮书呆犯了一个错误，把所有的书，不管是能销售得动的还是积压的，除极少数外都买下来了。我们付了钱以后，他们高兴了，意想不到转让这么成功，几个人还去酒店吃了一顿，把雇来的营业员也叫去吃饭了。后来，这位营业员我们也继续把她留下来。

一天晚上，大家很高兴地聚在蒋家桥阿濠伯的家里，讨论给书店取名的事。大家都是做文字工作的，给书店取个名字不难，可是大家似乎更享受这个过程，天南海北东拉西扯，不时开怀大笑。以至于阿濠伯的小女儿也饶有兴趣地旁听，最后还说了一句："你们的谈话真好听。"

如果不是时间关系，大家还可以一直聊下去，那是一种经常脱离主题的快乐闲聊。最后达成共识，书店的名字一定要和学院路名有关联。好像是发赐想到了"国子"一词，大家都说好。古有国子监，在里面读书的都是牛人。国子，这个店名大气文气兼备。于是，广告词也有了："走学院路，读国子书。"大家灌满一肚子茶水离开蒋家桥的时候，记得金辉很高兴地说了一句：从今往后，我们都是有股份的人了。

书店虽然很小，但具体的事情也不少，当务之急就是要进一些新书。我们打算从杭州进一批人文类的书，因为大家很熟悉这方面的内容，书店以后的定位就是人文类图书。

去杭州进货的事协商的结果是这样的：打算每个月去一到两次杭州，自己去找书，书的质量比较有保证。我们五个人，阿濠伯年纪比较大，进货就把他排除了。其他四个人分成两组，轮流去杭州。首次进货，事情会多一些，万事开头难。我头脑简单,干点体力活还可以,就自告奋勇。另外几个人,发赐最年轻,就他去了。那么,另一组是金辉、沈迦,下次他们去。

某个双休日,我们就去了杭州。因为要当天赶回,我们坐最早的早班快客。到杭州是上午十点多钟,随便买点吃的就直接去图书批发市场。那时的图书批发市场好像在武林门一带,好在对杭州我们都很熟悉,很快就找到。记得那天是个下雨天,下雨天批发书,要多一些小心。我和发赐分头找书,挑好的书,让店里打包好,最后我们雇一辆三轮车一家一家收取,装了满满一车的书,带去的几万现金好像都买得差不多了。我们把书运到汽车客运处,买两张最快的回程票,由于时间无法确定,我们不可能事先买好车票,只能随到随买。那辆开回温州的车是一辆卧铺车。我们把书放好,进入车厢的时候,马上就有呕吐的感觉。车厢里全是臭袜烂脚的气味。卧铺车都要脱鞋,那种滋味很难忍受,我们的位置又是最后面。我们找到自己的位置的时候,深深体会到做点事情真的不易。累一点没什么,新鲜空气实在太重要了。

躺在度日如年的车厢里,脑子里极力去想一些在西湖边漫步的开心事。

人的适应力真的很强,很快就达到久而不闻其臭的境界了。

回到温州,天已经快暗了。车停在老南站,离学院路不远。

我们卸了货,又叫了一辆三轮车把书运到店里。这个时候,最需要的就是赶紧找个地方坐下来,歇一歇,吃点东西,喝一杯热茶。进货是一项体力活。

其他人也都在店里了,大家连夜上架。在店里,我们讲了这一趟的劳动强度和车上难以忍受的异味。我们这组还好,就发赐一个书生,我比较农民,干些体力活没有问题。第二组的金辉、沈迦都是书生,基本可以断定干不了这样的体力活。尤其是金辉,是个纯书生,文质彬彬、细皮嫩肉。让这样一个擅长写大文章、谈大文化的人去当采购员、搬运工打包扛货,真是暴殄天物,于心何忍?还是沈迦脑子快,说他有一个表姐在杭师院,以后可以委托她帮我们进货。

后来进货的事就托给沈迦的表姐了,我和发赐首次去杭州进货也成了唯一的一次。

给图书上架是开心的,大家又可以海阔天空地闲聊。整理图书的时候,金辉还特意戴上白手套,是那种鉴定文物经常戴的白手套。不知道金辉是爱惜书,还是爱惜自己的手。晚上九点多钟,金辉就开始打呵欠了,马上就招来大家的批评。金辉很会保养,睡得早,晚上十点是一定要睡的。一天,沈迦批评他说,我们只有"身体暖"(发烧)才十点睡觉的。

那时,大家并不高雅,为节约成本,"国子书店"的招牌用灯箱布制成，褐色的底衬出绿色的字，倒也醒目。书店的招牌字"国子书店"是沈迦集了沙孟海的字，精致而大气。那时就能想到集大家的字作招牌，还是隐隐露出高雅的底子。门面的玻璃上贴着"走学院路，读国子书"八个字，也是电脑剪字合成。不管怎样，一九九六年初秋的某一天，学院西路四十八号的"国子书店"算是正式开张了。

我们几个都是上班族，大家不可能在书店里花太多的精力。书店开业后，大家邀请阿濠伯的夫人出来管理书店，兼总经理与营业员于一身。我们几个也就是书店刚开张不久，还有几分新鲜，周末的晚上大家约好去书店看看，整理一下图书。

有些事情只有做过了才知道，开一家很小的小书店也不是那么容易的一件事。

书店默默地经营了几年，或者说是坚守了几年，当中唯一有过的一次分红，是每人两千元。我没有算过，这两万元的本钱如果放在银行，拿到两千元的利息需要多少时间。

书店越来越难以经营，每月结算，不赚不亏，已成鸡肋。这时沈迦已经下海，从报社出来了。大家有意想把书店转让给沈迦单独经营，因为几个人中，他是最合适的人选。沈迦并不推辞，同意接手。和上次的转让大同小异，不同的是，甲方乙方都有沈迦。书店和所有的书都归沈迦，我们每人拿回投资的两黄泽,浙江苍南人,曾任《温州日报》文化周刊主编。

万元本钱。

这是一九九九年的秋天,国子书店在新世纪到来之前,迎来了新的主人。

大家开店的体验到此画上句号。

沈迦接手后,书店推出了一份相当有质量的期刊——《国子书斋》,设有《本期学人》《国子举荐》《美文赏析》《温州人的书》等栏目。书店不知道有没有起色,刊物却办得有声有色。

后来,国子书店从学院路四十八号搬到了飞霞南路,店面比原先要大一些。那时,沈迦已经开始热爱收藏,店里很醒目地摆设着青花天球瓶和一些书画。只是,不知道那句"走学院路,读国子书"的广告语是否还张贴在新的店堂里。

(原载《瓯风》第十二集,上海远东出版社二〇一六年版)

一段回不去的时光

纪珊珊

苍南人的儿时与青春,要是落到一个具体的物象,也许很多人会选择书店。有人说,身体和灵魂,至少有一个要在路上,我们不能停止行进的步伐,我们也不能停止灵魂的升华,我们需要来一场和书店的邂逅。在前进的路上,我们会听到很多杂音,但我们应该专注于内心的回声,就像在温暖的书店里读书,一字一句,与自己对谈这些曾经的最美书店。

说起苍南的这些书店,应该是新华书店最为出名吧。读小学的时候,大概二十多年前,没有QQ、微信,连手机都没有,每次放学放假的口头禅啊,大概就是几点钟,新华书店集合!新华书店算是儿时朋友相约的聚集地。也有不少人都曾被父母寄存在书店,逛个大半天再回来找你,他们就很放心。

还记得,在新华书店买了一本书,

在出门的时候，我都会很期待……因为在出门时，售货员会拦住你，然后打开书的扉页，盖一个新华书店的纪念章。就是这枚小小的印章，让买书这件事充满了仪式感。就像猪出栏要盖上章一样，盖上了这个章，就是在宣告世界，这本书是我的了。简单的开心和满足。后来，玉苍路的新华书店搬走了。开到银泰城，开到了苍南书城，以新的面貌展现在了我们的眼前。

再老一点的书店，应该算是文一书店，也开了蛮久的，就静静地待在望鹤路上，没有华丽的装饰，归隐在一条街道里面。文一书店曾经是望鹤路上最大的一家书店，不同于南鹤路上的那家旧书店的破旧，而且相对来说规模较大，里面陈满了新书，记得在上初中时，《名侦探柯南》一直很受我们学生的喜爱，因为不舍得花钱买，只能坐在书店里看，不到晚上都不舍得从书架前离开。无论白天黑夜，文一书店的灯会永远亮着，给读者一种单纯永恒的坚守。

小学时期经常去的读者书店也不知不觉中已经关闭了。以前的书店就是用来看书买书的，不像现在的众多网红书店，有咖啡厅，有令人眼花缭乱的文创商品……抱一本书，一站就是一下午。时间嗖地过去，没有微信要回。这里以前卖很多杂志，《故事会》《读者》，还有各种八卦周刊，都是小女生的最爱。上初中的时候，也在这里买过一本张杰的写真集，那会他可红了，要靠预约才买得到,等了两个星期,后来当宝贝一样收藏着。

还记得中学六年跟好朋友们出去玩,见面的地点总会约在仁记书店。同学一般会迟到,我就会先进去转一下,看看上架了什么新书,看看有没有好看的小伙。等同学来了,我们去苍南影城看电影,看到中午,再一起在苍南影城门口的小摊前,吃炸鸡柳、铁板鱿鱼等,之后还会去公园山上转转。少男少女如此钟爱仁记书店是有原因的。第一,应付父母。如果跟父母说自己去逛街看电影了,出门就有些难办,可是如果你说跟同桌去书店买教辅资料,父母就会很痛快地说,去吧。第二,因为这里有很多书,可以缓解等人的烦闷。等人实在是件辛苦事,可是看看书,在"书海"里走一走,时间总是会很快过去。第三,遮风挡雨。如果等人的时候,碰上恶劣天气,书店是一个躲避的好去处。

对于仁记书店,唯一印象深刻的就是他们家的教材真的很齐全。那时候的仁记书店,书架上放着的全是作业和辅导书,每次去买那一堆材料的时候,心里都在暗自发誓说要好好学习。夏天去避暑,冬天去取暖。仁记书店在小时候的印象里,每次都是各个角落坐满了人。任外面狂风暴雨,里面始终一片风平浪静。那个时候,书店就像是一个秘密的联络站和避风港。

以前周末无聊时,也会到求知书店逛一逛,因为就在家旁纪珊珊，女，九〇后，浙江苍南人，现为苍南某自媒体编辑。

边。前台总坐着一个胖胖的收银员，应该是老板娘吧。看看最近有什么畅销书，十三四岁的年纪，喜欢看韩寒、郭敬明。也曾悲伤逆流成河，去寻找自己所喜欢的生活。有时候会偷偷把书架上的小说包装纸撕掉，然后若无其事地看起来，但是每次看书的时候总担心店员会来。那个时候，书店有一种很奇妙的氛围，两个人因为书变成了有联系的人。有一次，我在找《许三观卖血记》，发现只剩两本了，我拿起其中的一本，这时另一名姑娘拿起了另外一本，我们相视一笑。就是这种微妙的社交氛围，成就了不少缘分，后来我们成为最好的朋友。

现在，只要有时间，我还是喜欢去那些书店逛一逛，感受那种氛围。那时候书店是一个少年感十足的地方，现在却已都变成了一个年代感十足的地方。小时候觉得这些书店可真大啊，跟爸爸一起，觉得怎么都转不完；现在觉得书店变得愈来愈小了，自己一个人几分钟就能逛个遍。

望鹤路八十八号

陈以周

很多旧书店消失了。

许多开旧书店的主人没有人知道。

有些旧书店只有极少数的人去,别人都不知道。比如这家位于望鹤路八十八号的旧书店。

望鹤路本地人俗称"三街",所以又叫三街旧书店。苍南县城最早开旧书店的并非这家,而是一位叫魏昌炽的老先生,他是平阳水头人,原是平阳二中的数学教师,因为历史原因导致生活难以为继,加之当时得了小中风,于是在上世纪九十年代初孤身一人来到公园山脚下的灵溪老街卖旧书。按他的话说,一来是"讨一口饭吃",二来是为了锻炼头脑,经常可以抄抄写写。从那时起,他自学研究浙南闽语,至今已写了十余本著作,新近出版了三厚册的《古诗韵与浙南闽南话参同字典》(中国诗词楹联出版社二〇一九年版),共计四百三十万字。他于一九九九年办理退休后回家,在灵溪待了将近十年,也因此结缘,在浙南闽语研究领域独创了"灵水韵"(灵溪镇和水头镇一带闽南话音韵)。

三街旧书店主人叫章建新,望鹤路八十八号是他自建的落地房。他原本是体制内的人,提前办理了退休。他于二〇〇六年开始卖旧书,二〇一八年关门,前后开了十二年。我于二〇〇七年租住在五街(江湾路),二〇一七年搬离,前后住了十年,可以说见证了这家旧书店的"兴亡史"。因为中间只隔了一条街,走几分钟便到,上下班也可以顺道经过,那时几乎每天打卡,甚至周末一天去好几趟。

店主为人忠厚,买多了论斤,零星的按本,基本都是白菜价。除了我关注的地方文献外,书本里所学的版本知识基本可以在这里"练手",比如藏书届所热捧的"网格本""诺奖丛书""拉美文丛",偶尔也可以在此邂逅。

来此淘书的大部分是学生党,他们主要是购买学校布置的普及课外读物和下一学期的课本。纯粹搞藏书的,多是一些单位的上班族,还有就是一些"退休佬"。有一次,店主拉了几麻袋的旧书回来,我走到门口,见他一边卸货,身边一位面熟的老先生在那快速翻找,已挑拣了一堆。我马上加入到翻捡的队伍中,中途起身时见老先生手里抓着几本书,我一扫视,有一本《文学新星丛书》里的《台阶》(李森祥著,作家出版社一九九二年版)!我说,老先生,你已淘了这么多宝,这本能否让给我?

想不到，他竟很爽快地答应！

　　还有一位是我认识的鲍克让老先生，他喜欢写点地方民俗的小文章，退休后基本住在上海，偶尔回苍南时就提着一个帆布袋来此淘书。按我说，他淘的不是书，而是寂寞。据店主告知，"老鲍"每次书买回去就囤在家里，不一定看，就跟抽鸦片一样，犯了"书瘾"。不知何故，他家里的藏书有时也会出现在旧书店里，我就曾在店里见过一批鲍先生哲嗣鲍小伟的旧藏，可惜那次去晚了，已被人捷足先登，记得淘到的书中有一本是《诗苑译林》里的《请向内心走去——德语国家现代诗选》（绿原编译，湖南人民出版社一九九八年版）。下回碰到鲍先生时，我问起此事，他面有怒色，说之前因为书籍占地，一部分被家里人搬到车库里，有时忘了上锁，被收破烂的人偷走！

　　鲍先生是个性情中人，他偶尔也会跟我聊些本地文坛轶事，有次他刚走到门口就一声长叹，×××这次死得"惨显惨"！有次讲到某书法家时，一脸不屑，他字送我都不要！一天晚上，他突然告诉我，四街（大门路）有家旧书店书比这里好。我表示不可能，他说我现在就带你去。于是，这位"退休佬"带着我这个"后生仔"抹黑来到这家他眼里的高档次旧书店。大门紧闭，敲了敲，里面一位老阿姨从底部往上拉门，原来里面正在补课。我们说明了来意，老阿姨说她家以前在玉苍路开过书店，关门后剩下的书籍就搬到这里来，目前就剩这一排书了。其实这家不进货的"旧书店"之前有经过，以为是培训班一直没有进来。后来，我再去时，又碰到了老阿姨的丈夫，瞧他两眼炯炯有神，一问才知是个昆剧艺人。他说本地较早的昆剧班是宜山的"江南春"，什么于丹、白先勇根本不懂昆曲，又为本县沪山的永昆艺人周云沾在"文革"中遭受不公的待遇愤愤不平，俨然一个"老愤青"。

有一段时间不见鲍先生淘书的身影，我猜他应该又回上海去了。已多年未见他，不知现在还犯"书瘾"否？去年，我在书法工作室的书架上看到几本他出版的新书《乡土什锦》(中国文学艺术出版社二〇一九年版)，特意向主人要了一本放在自己办公室的书架上。

除了鲍先生，有时我也会在三街旧书店淘到一些与本地文化前辈有关的旧物，比如一本钤有已故作家杨奔先生印章的《林业病虫防治手册》(农业出版社一九七二年版)，还有萧耘春、简少微先生一九八〇年在平阳县图书馆的读者登记卡。

如果你问我这十年间在这家书店淘到最珍贵的书籍是什么？我肯定以及绝对会说是陈梦麟的《潜庐诗存》手抄本。三街旧书店屋内的书架是一排到顶，摆放得很杂乱，我一般不会去关注顶部的书籍，因为书一翻容易砸下来。那天，无意间往顶部随手一抽，是一小本黄色封面的线装笔记本，翻开黄纸，扉页竖写着"潜庐诗存"，右下角为"爨余集"，左下角是"梦林自题"，并钤印"陈天孩印"。里面全是密密麻麻的蝇头小楷，也钤印不少"天孩""陈天孩印"。我像触电一般，感觉此书大有来头。

陈天孩何许人也？我见过最早对他进行介绍的是萧耘春先生选辑的《苍南诗征》（上海古籍出版社二〇〇五年版）："陈梦麟（一九〇〇—一九七五），原名荣宸，字天孩，晚号梦林居士，藻溪繁枝人，刘绍宽弟子。曾受聘为平阳县政协委员。工诗。陈云诰评其诗：'有新意，语无虚发，非泛泛者可同日语。'著有《秋心集》《百花集》《潜庐诗存》，晚年删存为《爨余集》。""陈梦麟《潜庐诗存》手抄本"也见于萧先生主编的《苍南县志》（浙江人民出版社一九九七年版）"历代著作存目"里。

据《潜庐诗存》中《流水》（其二）诗末作者自注所言，民国时期平阳诗坛曾有"南孩北珍"之说，"南孩"就是南港的陈天孩，"北珍"指北港的苏尚珍，他们是就读于温州中学时的同学。陈天孩也是"一代词宗"夏承焘的同学，夏承焘在书中赞其诗："精警遒练，七律有放翁气象。"而恩师刘绍宽评其诗："诗追唐宋，追踪魏晋，明清诸名家罕有其匹。如能远游得名山川之助，其成就不可以道里计。"《刘绍宽日记》（中华书局二〇一八年版）里出现"陈天孩"多达七十八次。

《潜庐诗存》开头有作者写于一九七三年的"自叙",大致介绍了成书的经过:此书最初汇集作者古近体诗一千两百余首,可惜在"文革"初期付诸一炬。所幸广东诗友袁功甫曾在《湖海诗钞》(线装油印本一九五六年版)中选录其诗百余首。作者便以此为基础,并将记忆所及,加之后来陆续所得,共搜集四百余首,取名《爨余集》。关于此书在"文革"被焚毁的经过,作者在"跋"中又进行了补充,最初他是听了袁功甫"文字招尤"的函告,"深恐有所触犯,乃自加删汰,缩减过半,然心犹未安,乃将手抄本送请县公安局,要求审查,迄今未蒙发还示遵",后来,才以《湖海诗钞》为底本汇编而成。

我所得的这本手抄本《潜庐诗存》共计四百三十二首,比二〇一五年线装书局出版的《秋心集爨余集》(列入《苍南旧体诗精选集》)少了十首,编排的顺序也略有不同。新版《秋心集爨余集》前言中介绍,《爨余集》底本是由陈梦麟后人提供,看来《潜庐诗存》手抄本不止一本。

陈梦麟另外两本诗集:《秋心集》二卷初版于民国三十四年(一九四五),书末附有苏尚珍遗作十二首,今温州市图书馆和乐清桃园书院主人郑金才有藏;《百花集》一书的掌故见于陈纬《经纬斋笔记》(西泠印社出版社二〇一一年版):"陈天孩,繁枝人,寓平阳。曾写《百花诗》一卷,甚是自得。某一日他与萧耘春往访王建之先生,见王先生桌上有一花开得绚烂,很是欢喜,遂问王先生此花何名。王先生回答:'你不识此花,如何为它作诗?'陈一时语塞,惭愧莫名,回家一把火将《百花诗》焚去。这是吾师萧耘春先生早年寓平阳时的事,他说天孩先生勇于割舍,令人佩服。"这个故事我也曾听萧耘春先生重新讲过,其中导致陈梦麟焚毁诗集的那朵花为"合欢"(一说"野百合",见陈盛奖《回忆与老诗人散翁的交往》)。

陈梦麟的诗作除了上文提到的《苍南诗征》收录十九首外,我所掌握的还有《当代苍南诗词集成》(上海印书馆二〇一三年版)收录三十一首,《当代温州诗词》(中国文联出版社二〇一三年版)收录十三首,《当代平阳诗词集成》(中国民族摄影艺术出版社二〇二一年版)收录二十八首,《藻溪镇志》(浙江人民出版社二〇二二年版)收录二十六首,以及一些作家朋友藏有部分祖上与陈梦麟往来的手抄诗稿,这些有待将来重新整理出版。

三街旧书店还经营些古玩、木雕、花板、字画、纸币、铜钱等,琳琅满目,这也是店主的老本行,似乎卖旧书纯粹是为了打发时间。这里就相当于一个小型的民间古玩交易聚集地,经常能看到本地几个古玩贩子站在柜台前和店主小酌,然后大放厥词,把牛皮吹上天。

说来有趣,我认识一个朋友的表弟,叫薛茂宽,与我年龄相陈以周,浙江苍南人,现供职于中共苍南县委宣传部,主编有《苍南乡思》。

仿,现在已是古玩业界的行家里手,在杭州创建了一个两千平米的穗庐艺术空间。据薛君告知,他当时就读于三街附近的苍南职业中专,课余经常逛这家旧书店,认识了店主"章叔",久而久之喜欢上古玩。在高二时,学人家到乡下一座寺庙花两百元收了一块匾,拿到店里又以五百元卖出,赚了人生第一桶金,从此一发不可收。大学毕业后,他在找工作时神奇地认识了一个台湾人,此人在上海创办了震旦博物馆,于是他在那里得到了熏陶和学习,之后进了西泠印社拍卖行做鉴定,再后来自己创办了不言堂,直到现在的穗庐。

谁说一家旧书店不能改变一个人的人生?

可是,三街旧书店终于还是关门了,后来改为了一家烟酒专卖店。最近一次经过时,一排的落地房已全部拆除。我打电话给昔日的"章叔",他说房子属于危房,正好要旧城改造。我想,望鹤路八十八号的门牌将来可能还会在,但那些旧书店里发生的人和事只能永久地珍藏在我的记忆里。

(原载"苍南六言谭"公众号二〇二二年四月二十二日)

从『上书房』到『半书房』

陈闻

对众行走而言,自二〇一四年冬到现在,"上书房"已经深深叫进心里去了。

当初以为只是扎堆玩家家,上书房之名纯属三五吆喝而成,谁会把玩家家玩得那么严谨呢?

行走们交代写一篇换名故事,而且强调此文紧迫重要,要让书友理解咱们不得不换名的原委:"今发现重名者众,为不侵犯他人权益,也为自身免受法律之究责。"

写文章得先有文章名。名有了,言也就顺了。

于是问正之有没有好的文题。

正之支招:是挂微信公众号传播的吧,就叫"点击有真相!上书房消失种种不为人知的内幕……",保证点击率超高,老妈你不妨一试。

我大笑。是啊,在这个信息过量的微读快读时代,有谁耐心听你慢慢讲一个没有悬念没有高潮的故事呢?尽管如此,还是得对"上书房"公众号来之不易的众多粉丝有个交代。

想了想，写下这个名：从"上书房"到"半书房"。

一

关于"上书房"的起源，应该有多个版本。对最后结盟的二十五人而言，每个版本都是不一样的。

比如说我。我从小就想要一座带园子的作坊，手艺精湛，名扬百里。黑木、左岸、周公、楝下几人是书痴，他们不单爱看书，而且还写书，更想自己整个书坊耍耍。左岸每每看到《读库》，便叹道："一个人也能做出这么一本书！"

还有老金、阿土、KING、古道秋歌诸君，他们谈理想，喝小酒，走运河，看星空，"眠床不瘾克涝癫"，成立"克涝巅"户外部落，因人多势众，"克涝巅"即"上书房"起源的说法流传最广。我偶或体验"睡克涝"，基本上是大口喝酒大块吃肉钓钓蟹吹吹牛的模式，也看不出有什么"文化百里"的情怀。待书房始建，很多重体力的活，"克涝巅"几员大将尽力包揽；资金困难之时，冰山、水起等倾情捐献，令人动容。

后有一次参加"阅读派"活动。活动结束后去走挑矾古道。于是渡吴家园，穿洞桥，过三条溪。一路上寒山苍翠，秋水潺潺，墟里孤烟藏几处人家。手格、黑木、周周几人遇见一老屋，檐角灵俏，篱落疏朗，便纷纷说："这房子好，可以终老！"黑木说："我家里有几万册书，不知放哪好，一直想找个房子。"于是大伙又很兴奋，说道："买下，买下！"此事后来不了了之。

总而言之，作坊说、书坊说、克涝巅说、阅读派说……这些起源说，似是而非，似非而是，换个人来写，可能又是完全不同的版本了。

二

西岭、流石、两端几人，诸事感兴趣，常于各部落之间串门勾连，慢慢彼此都熟识了。而后又拉了爱看电影的唐鸟晓苏夫妻。我后来又把好友空瓶子骗来当长工。网络高手可乐君不知是谁引诱进来的，"克涝巅"部落解释说可乐君早就是他们的人了。

二〇一四年冬天，我们游走在小县城的巷陌间里，行踪遍及渎浦老街、笃敬居、横阳支江两岸若干老屋……但凡看到合意的老房子，便想诱哄主人迁走。有一段时间，西岭说他哥可以帮我们申请到一块地让我们自己建，大伙兴奋不已，仅仅一个屋顶是用茅草还是用青瓦问题，就讨论了好几个晚上，已初现二十多个头脑好争好辩之端倪。日后果真一直碰撞着，虽不免磨破皮肉，但思想的火花也在摩擦中迸发。

二〇一五年三月的一天，择地带着他朋友亲戚的独栋别墅——华侨新村十二幢——加入我们的队伍。

至二〇一五年三月，结盟二十一人。

三

一个周末，接到西岭电话，说快来吧，筹备会开起来了。

筹备会在两端地头开。笨拙的木桌，清透的茶水，瓜子壳飞一地。已经有好几个人在了，晓苏挺着个大肚子，肚子里就是后来上书房著名形象代言人之一，啃着《或许有用的思想》的唐小鸟。

黑木说："这下可好了，都去上书房，一起陪太子读书。"众人吆喝道：那我们书房就叫"去上书房"吧。我说"上"字一语双关，去掉"去"。大家都觉得这名好叫好玩，也管不得什么"冬烘"气，就这么定下了。

于是书房有了"上书房"的名字。我们自己建了内部事务群，题：上书房，陪太子读书。太子是谁？爱谁是谁。互相之间以"行走""常在"称呼，有时戏称"杨公公""陈常在"，也胡乱答应。

去年三至七月,"阿土为书房设计 LOGO,将自己的画作挂上墙;老金带来了自己的摄影作品,为书房增添了光影之美;空山语张罗软装,为空间注入文艺的气息;栋下书负责统筹书籍……"上书房一天一个样地长成了。

四

书房正门的匾额题字集了苏轼的三个字:上书房。

我们的邻居,八十六岁高龄的书法家萧耘春先生,也是苏轼的资深粉,曾著有《苏东坡的帽子》一书,他老人家看了竟不以为然,说:"苏东坡为什么要帮你们题字哩?"我道:"要不您老题一个?就看到您天天在我们上书房看书打瞌睡的份上。"

先生善于章草,拙辣不板。如今年纪大了,竟一字难求。于是这么一天天拖下来了……

现在看来,萧先生迟迟不肯赐字,莫非在等着"半书房"三字?

五

关于上书房的理念,先有"翻书等花落,开卷闲时光",又有"喧嚣世界,需要一张安静的书桌;上书房,有一本书在等你",再有"博采众长,文化百里"。后又有"在苍南,从世界看中国",乃王东成先生为众筹名家思想沙龙所拟。鲁迅先生说:"无尽的远方,无数的人们,都与我有关。"上书房就这样慢慢走向远方……

就在"上书房"成了苍南乃至温州一张独特的文化名片之时,突然被告知要换名,真是难以接受。

但必须得换了,一个月前决定换名。

一个月来,周周落下一病根:改名强迫病。公聊私聊随时随处见他碎碎念:"这个名好,可惜被人注掉了……"

山穷水尽之时曾经想过用反其道用之。比如250书房、穷书房等诸多魔性十足的名,周周大为喜欢,说是上书房如此之穷,又恰逢迎进陌上、叮当、点点、喻啊吽四枚新行走,终由二十一人发展到二十五人,以"250"书房为名甚是恰当云云。被坚决驳回。

终于剩了个"半","半书房"可以通过。

六

回头看看,其实一切兜兜转转又回到了起点。

"半书房"是最早被提及的。

确定要改名的那天中午，两端和周周你一言我一句，不知怎么着就提到了"半书房"。空瓶子拍手称好，西岭却说，还没感觉。周周便开启了他的碎碎念模式：

——这符合我们的开放性初衷，当初林森森部长在开业致辞里就说，"上书房的另一半，要由每一位来这里的人共同完成"……

——上书房是一部有待我们参与完成的作品，这是一部属于我们自己的作品……

——世上最美的书是未完成的书，书的真正存在开始于读者的再创作，这可以成为半书房提倡的阅读观……

——这也正好道出了咱们书房创办缘起，半生友谊，一段书缘……

这是饭后的一段插曲，当更名讨论正式启动时，大家都冲着更好的名称去，一时忘了"半书房"。但是，当我们经历了近百个名称的激荡，经历N次拿起放下之后，"蓦然回首，那人却在灯火阑珊处"。

七

并不是皆大欢喜。

西岭一直还恋着"看云书房"，说先注册一个吧，或许以后陈闻，女，浙江苍南人，半书房文化空间联合创始人。

可以开一间"半书房·看云客栈"。

我是喜欢"半"字的，简约的独体会意字，天生长成一个LOGO的模样，因为没有具体意思反而留有很大的解释空间，广告语可以做得很漂亮，比如"半书房，半房书"，比如"半书房，一起去完成"。"行走""常在"们，在半书房，将和书友们继续常在，一起行走。

旧时王谢堂前燕，飞入寻常百姓家。从上书房到半书房，上书房落地了，长成半书房的样子，更具民间气质。回到命名的起点，也回到了我们的初心：读者，民间，可能。

可惜没有"上"的一语双关，那么需要借为动词时，就谐音为"伴"吧，"且与书房，伴流年。"

我还拿这俩名上测名字网测了一下分数，上书房七十四分，半书房九十一分，哈哈。

（原载"半书房"公众号二〇一六年三月十八日）

辑三

版心

林景熙集的版本流传及其他

陈增杰

林景熙(一二四二——一三一〇),字德阳,号霁山,宋瑞安府平阳县林坳(今苍南县藻溪镇三岙村)人。为宋元之际卓有成就的著名爱国诗人。

林景熙诗文在生前已经结集行世。"吟卷一编",曾通过友人胡侨(汲古)转致方逢辰品评。元世祖至元二十三年(一二八六)夏,又曾寄诗册请太学同学何梦桂作序。在他去世后二十四年,即元惠宗元统二年(一三三四),同里章祖程为其诗集作注,序称:"晚年所著,杂文十卷外,有诗六卷,题曰《白石樵唱》,行于世。"是则景熙传世文集计十六卷,其中文十卷,名《白石稿》;诗六卷,名《白石樵唱》。章注本《白石樵唱注》六卷,当系单独刊行,章之友人郑僖有元惠宗至元元年(一三三五)作的序《书白石樵唱注》。

这十六卷本《霁山集》,诗集《白石樵唱》赖有章祖程的注本而得完整保存下来，文集《白石稿》则至明初已多散亡。明代中期以后流传的刊本主要有：

一、明天顺七年（一四六三）乡人吕洪刻本。据吕氏序称，从叶衡处获章注《白石樵唱》，"始末俱全"，遂将原编六卷并为三卷，又从《元音》补入《读文山集》一首；而文集《白石稿》多已散失，检阅旧藏，仅得"记序赋铭而下，凡若干篇"，乃捃拾编作二卷。共计五卷，总为一帙，名《霁山先生文集》，锓梓刊行。这是林景熙诗文合集的最初刊本，也是现今流行传本的来源。

二、明嘉靖八年（一五二九）辽藩光泽王刊本。前有光泽王（朱宠瀼）序，尾附毛秀辨《梦中作》诗章注跋文。该本据江陵毛秀（东墅）所藏旧刻刊行，光泽王序云："江陵东墅居士毛秀未仕时，尝得旧刻本，甚重先生高义，间有手批注，遗予乞重梓行。"是本共五卷，于《白石樵唱》题卷一、卷二、卷三，于《白石稿》题卷四、卷五。诗集删去章注，间录毛秀若干批语。

三、明嘉靖十年（一五三一）邑令冯彬校刻本。张寰、陈璋、冯彬各有序，附丁瓒跋。据张寰序称，系嘉靖八年（一五二九）张氏奉使永嘉，"邑人叶舜华以家藏章祖程集注先生旧刻遗稿以献"，"诗凡若干首，文若干首，总之为十卷"，由平阳知县冯彬刊刻。是本编为十卷，诗六卷，文四卷。其诗目序次多与他本不同，鲍正言谓"任意割裂，失其本真，幸章注赖以获全"。

冯本传布颇广，嘉靖《温州府志》卷三《林景熙传》云"所著有《霁山文集》十卷"，焦竑《国史经籍志》卷五、黄虞稷《千顷堂书目》卷二九、倪灿《宋史艺文志补》集部、雍正《浙江通志》卷二四八、乾隆《平阳县志》卷一九著录之"《霁山集》十卷"，皆即此本。明曹学佺《石仓历代诗选》卷二二一所录林诗，亦据此本。

　　四、清康熙三十二年（一六九三）汪士鋐刊本。此本系据辽藩本开雕，合诗文为五卷，亦删略章注。扉页署"后学吴菘、梅庚、沈士尊、汪士鋐、吴肃公、吴瞻泰参校"。汪士鋐、吴菘、吴瞻泰各有序。集后附载郑遂昌事迹一则、陶九成《辍耕录》一则、孔希普诗跋一则。《四库全书总目》称其"较有体例"。清嘉庆七年（一八〇二）所刊《霁山先生诗文集》五卷，据此本重刻。

　　五、清乾隆四十七年（一七八二）《四库全书》本。题《林霁山集》五卷，浙江巡抚采进本。提要称据汪士鋐本缮录。

　　六、清嘉庆十五年（一八一〇）鲍廷博《知不足斋丛书》本。编在《知不足斋丛书》第二十五集，题《霁山先生集》。此本五卷，以吕洪本为主，参校辽藩本、冯彬本、汪士鋐本。诗集全部保留章注。书后附《霁山集拾遗》，增辑诗二首、文二篇。有鲍正言、苏璠跋。黄丕烈（复翁）《辽藩本霁山先生集跋》谓："鲍刻叙次据辽藩本，其注多据冯本，今世行本差善矣。"孙诒让亦称"其本最为精备"(《温州经籍志》卷二三)。

七、民国四年(一九一五)冒广生《永嘉诗人祠堂丛刻》本。此本据知不足斋本刊刻,冒氏跋语中录存佚诗二首(辨其中一首伪)。

八、一九三五年商务印书馆《丛书集成》初编本。据《知不足斋丛书》本排印。

九、一九六〇年中华书局上海编辑所排印本。前言谓以《知不足斋丛书》本为底本,并用《永嘉诗人祠堂丛刻》本及上海图书馆藏明抄冯彬刻《霁山先生白石樵唱》进行校勘。书后附明抄冯刻本诗三卷目次。

十、北京大学古文献研究所编《全宋诗》第六九册收录林景熙诗三卷(卷三六三一至三六三三),北京大学出版社一九九八年出版。叙云以明吕洪刻《霁山文集·白石樵唱》为底本校录,后附集外诗四首,其中新辑《知宗柑诗用韵颇险》一首属误录,当删(详附录六辨疑)。该本所录章注不完整,仅存题下注,又时有节略,或标"原注"或标"自注",颇错乱;诗内注文全不存。

十一、新编《全元文》第十一册收录林景熙文二卷(卷三七一至三七二),江苏古籍出版社一九九九年出版。叙云以明吕洪刻《霁山文集》为底本校录。该本篇目序次经重编,文字及标点错误较多。

这次校理,以鲍刻《知不足斋丛书·霁山先生集》为底本,取校吴菼、汪士鋐等合校本(简称吴校本)、文渊阁《四库全书》本(简称四库本)、《永嘉诗人祠堂丛刻》本(简称冒刻本)、《丛书集成》初编本(简称丛集本)、中华书局排印本(简称中华本),并参校下列诸书:

一、元苏天爵《元文类》,刊于元惠宗元统二年(一三三四),文渊阁《四库全书》本。

二、元孙存吾《皇元风雅》后集,编于元惠宗至元二年(一三三六),《四部丛刊初编》影印上海涵芬楼藏高丽翻元刊本。

三、元蒋易《元风雅》,编于元惠宗至元三年(一三三七),江苏古籍出版社影印宛委别藏本。

四、明孙原理《元音》,编于洪武十七年(一三八四),文渊阁《四库全书》本。

五、明宋公传《元诗体要》,文渊阁《四库全书》本。

六、明程敏政《宋遗民录》(卷十四林景曦选录诗四十七首),编于成化十五年(一四七九),《知不足斋丛书》本。

七、明蔡璞《东瓯诗集》(卷五选录十八首),明赵谏《东瓯诗续集》(补遗选录四首),温州图书馆藏明弘治十六年(一五〇三)刻本。

八、明弘治《温州府志》(引录文七篇、诗三首),编于弘治十六年(一五〇三),上海书店影印天一阁藏明代方志选刊续编本。

九、明嘉靖《温州府志》,编于嘉靖十六年(一五三七),上海古籍书店影印天一阁藏明代方志选刊本。

十、明李䵶《宋艺圃集》(卷十九选录诗二十八首),编于隆庆元年(一五六七),文渊阁《四库全书》本。

十一、明曹学佺《石仓历代诗选》(卷二二一宋林景熙选录八十四首,又卷二七九选录一首),文渊阁《四库全书》本。

十二、明贺复征《文章辨体汇选》,文渊阁《四库全书》本。

十三、清吴之振、吕留良、吴自牧《宋诗钞》(白石樵唱钞选录一百一十首),编于康熙十年(一六七一),一九一四年上海涵芬楼影印本、一九八六年中华书局排印本。

十四、清陈焯《宋元诗会》(卷五五选录一百十一首),文渊阁《四库全书》本。

十五、清顾贞观《积书岩宋诗删》(选录六十首),康熙三十五年(一六九六)刊本。

十六、清范大士《历代诗发》(卷二九选录二十三首),康熙三十八年(一六九九)虚白山房刻本。

十七、清《御定历代赋汇》,编于康熙四十五年(一七〇六),文渊阁《四库全书》本。

十八、清《御选宋金元明四朝诗·御选宋诗》(选录六十首),

编于康熙四十八年（一七〇九），文渊阁《四库全书》本。

十九、清雍正《浙江通志》（引录诗二十五首、文四篇），编于雍正十二年（一七三四），一九三四年商务印书馆影印光绪二十五年（一八九九）重刊本。

二十、清厉鹗《宋诗纪事》（卷七五选录二十首），乾隆十一年（一七四六）刊本、上海古籍出版社排印本。

二一、清乾隆《平阳县志》，乾隆二十五年（一七六〇）刻本。

二二、清曾唯《东瓯诗存》（卷十选录六十七首），乾隆五十五年（一七九〇）刻本。

二三、清陈遇春《东瓯先正文录》，道光十四年（一八三四）梧竹山房藏版。

二四、清庄仲方《南宋文范》，编于道光十六年（一八三六），上海千顷堂书局印本。

二五、管庭芬、蒋光煦《宋诗钞补》（补录五十四首），一九一五年上海涵芬楼刊本、一九八八年中华书局排印本。

二六、薛钟斗《永嘉诗人祠堂丛刻札记》（霁山集），一九三一年《永嘉诗人祠堂丛刻》敬乡楼黄氏补版。

本书凡校正底本处，均出校记说明；有可参考的异文，酌予引录；原本不误他本讹者除重要的外，一般不作举正。原本使用的古体字异体字，如"鞵（鞋）、筴（策）、脩（修）"之类，不作改易。编次方面，诗集三卷，篇目悉依原次；文集二卷，目次有所调整，按原有"记、传、赋、说、序、志、铭"分类，各篇以著年先后为序，著年未能定者，仍依原序次。

景熙佚诗，吕洪本从《元音》辑得一首，知不足斋本从《温州府志》《平阳县志》辑得二首，《瓯海轶闻》从《归田诗话》辑得一首，计四首，依次编于卷三末；佚句二附后。佚文，知不足斋本从《平阳县志》辑得《州内河志》《平阳州志序》二文，兹复从乾隆《绍兴府志》《胡氏粹编》《济南郡林氏宗谱》辑得《王氏园亭记》《春声君传》《济南林氏谱牒序》三文，计五篇，分别编入卷四"记""传"、卷五"序"内。

林景熙为宋元之际作家，虽然其现存诗文大多数是入元后所作，但历来都将他看作宋季遗民诗派的代表，见载《宋遗民录》《宋诗钞》《宋史翼》等，《四库全书》编入"集部别集类宋"，故本书亦仍其旧署"宋"。

元初诗人黄庚《月屋漫稿》和张观光《屏岩小稿》(均《四库全书》本)，两书与景熙诗互见者计二十三首。篇题大部不同，字句改易亦较多，情况较为复杂。或者出于误编，或者竟是窃用。本书已于各篇校记中加以举说，详看拙文《林景熙黄庚互见诗辨疑》及附记。

元章祖程《白石樵唱注》不仅使霁山诗得以全帙留存，而且由于他与景熙既属同里，又时代相去不远，其"疏通证明，多得霁山微旨；至于诗中本事，考核尤详"，史料价值甚高。郑僖序称"章君所注，辞义兼得"；鲍正言跋称"章祖程为评注，颇能得其用意所在"；孙诒让谓"霁山诗之有是编，亦如山谷之有任渊注、荆公之有李壁注"，皆非虚誉。但章注亦存在不少疏漏，除孙诒让所指出不知邓牧心即邓牧、《怀叶邓二友》之"叶"为叶林以外，他如吴君实、葛秋岩（见卷一）、徐应穗（卷二）、邵德芳（卷二、卷三）等，均付阙如。卷一《侍应平坡侍郎郊行口占》注"节岩"，与景熙《故待制吏部侍郎应公墓志铭》（卷五）"讳节严"相抵牾；卷二《杂咏十首酬汪镇卿》注"名鼎"，元苏伯衡《苏平仲集》卷十四《孔教授夫人汪氏墓志》、明王朝佐《东嘉先哲录》卷二十引《郡志》并作"鼎新"，是为脱误。其征引故事人物亦时见疏失，如卷一《双桧堂为鲁圣可行可赋》"鱼头公子"注：《拾遗记》：鲁宗道为参政，忠鲠自任，时人谓之鱼头公。"按鲁宗道事见欧阳修《归田录》卷一及《宋史》卷二八六本传，《拾遗记》为晋王嘉撰，显误。卷二《谒陆宣公祠》注"唐陆贽，字德舆"，按《旧唐书》卷一三九、《新唐书》卷一五七本传均作"字敬舆"。卷三《有感》注引"《离骚》：邑犬群吠，吠所怪也。"按《离骚》无此语，实见《九章·怀沙》"邑犬之群吠兮，吠所怪也"。此外，还有一些解释尚欠妥帖，而时地人物事典之阙漏未注者亦甚多。凡此等等，皆宜校核订正和作必要补充。上个世纪五十年代，夏承焘先生就曾嘱人为《白石樵唱》作新注。

鲍刻本章注外有作"案"者四处，作"批云"者三处。薛钟斗《永嘉诗人祠堂丛刻札记》云："光泽王序称江陵毛秀'间有手批注'云云，是殆毛之手笔与？"今按："批云"三处，殆出诸毛秀，兹录入辑评；而作"案"者从案语细看，非毛氏之语，故仍归于章注。详看拙文《关于章祖程注及毛秀批语》。

一九九二年，我应浙江古籍出版社约编著《林景熙集校注》，列入《两浙作家文丛》，于一九九五年十二月出版。《校注》出版后，颇获好评，杭州大学（今浙江大学）宋史研究室主任徐规先生许以"精审"，并赐示五条校补意见；浙江古籍出版社副总编辑王翼奇先生誉称："林集读者皆盛称整理功力，包括《前言》之精到评论，洵霁山功臣，在两浙文丛中为上乘之集。"莫砺锋、陶文鹏、程杰先生《回顾、评价与展望——关于本世纪宋诗研究的谈话》中说："别集的整理工作也很有成绩，朱东润先生的梅集校注、钱仲联先生的剑南诗稿注、白敦仁先生的陈与义诗注、陈增杰先生的林景熙集注、傅平骧与胡问陶先生的苏舜钦集注都值得肯定。"论者举为"八十年代以来，宋诗文献整理校辑笺注、编年考定绩功较多"的校笺本和"林景熙研究集大成之著"。

陈增杰，一九四二年出生，浙江温州人，曾任温州大学学报编辑部编审，长期从事训诂学、古代文学研究，著有《汉语大词典论集》《唐人律诗笺注集评》《宋元明温州诗话》等。

本书的工作是在《林景熙集校注》的基础上进行的，根据《浙江文献集成编纂纲要》的要求，体例上作了相应的调整（如原来的做法是在注文中吸纳章注），削去一些词语注释和难句串讲。同时也借此机会，进行全面修订，正讹补阙，充实内容，更求完善。诗歌部分（三卷），章注予完整保留，仍用题下文内夹注形式。章注引书不出卷次篇目，引文亦多有约略，凡此类一仍其旧，不作改动。另立［补注］，主要就时地、交游人物、本事及典实作笺，以补原注之欠缺；其误注亦酌予订正。散文部分（二卷），原无注，也作了笺注，为求全书统一，仍用"补注"标目。又设［辑评］，辑集前人评论，笔者评语亦附着焉，用助赏览。

本书校注过程中，曾作广泛阅览，搜录有关林景熙生平事迹、文集流传和作品评论的资料，编辑为六个专题，以供读者研究参考。校注者对于若干问题的看法，如传记辨证、宋陵收葬事及《梦中作》诗、互见诗辨疑等，亦撰为短论，附于各辑末后，读者可以参看。

（节选自《林景熙补注·前言》，浙江古籍出版社二〇一八年版）

元代章嘉著作考述

潘猛补

章嘉(一二四九——一三二五年后),字德元,号春谷,温州平阳章均垟(今属苍南县)人。曾任永嘉县学教谕、翰林院国史院编修官,是元代著名的方志学者和文学家。其一生编纂方志之多,不仅为元代之最,且在历代也属罕见;文学成就不凡,两次因赋作得官,是元代南人献赋得官的典型,名盛一时。然其诗《全元诗》仅收录一首,且有争议。同时其生卒年历来文献记载不确,而元代人著作中还将其姓或名误记。故对其著作及生平一一予以考述,特以彰之。

一、地方志书考述

(一)《永宁志》

大德年间(一二九七——一三〇七),章嘉在永嘉县学教谕任满时编成。林景熙《平阳州志序》:"会前永嘉教谕章嚞德元修《永嘉县志》成,捧路檄来补平阳、瑞安二属《州志》。"林《序》写于大德十一年（一三〇七）,又云"前永嘉教谕章嚞",说明章嚞此时已离职,修志必在此前。洪焕椿《浙江方志考》误为"修于至大、延祐间"。关于此志书名,孙诒让"考明《文渊阁书目》十九,有'温州路《永宁志》八册,又《永宁志》一册',旧《通志》、府县志所载元时地志,别无所谓《永宁志》者,疑即章《志》,本以汉县名书,与陈氏《永宁编》相类。霁山《平阳州志叙》,据当时县名言之,故曰《永嘉县志》耳。"并认为其书名当为《永宁志》。又尹廷高《章春谷编永和（宁）志成》诗:"地图东尽海云边,撰集如今洵可传。九斗光华归杰作,千年文献续遗编。登临往迹跨灵运,抵牾人空识马迁。自叹三家村里客,得来纸上考山川。"尹廷高,处州遂昌人,有《永嘉秩满代者未至思归》《送永嘉宰王吉卿满任》诗。考王安贞字吉卿,大德七年至十年（一三〇三——一三〇六）为永嘉尹,知尹廷高掌教永嘉,作《章春谷编永和（宁）志成》诗当在此时,由此推知《永宁志》编成亦在此时。

（二）《平阳州志》

平阳州判官皮元延、前永嘉县教谕平阳章嚞、西安教谕陈天佑统集编成《平阳州志》,为平阳县第一部志书。《元史艺文志》有著录。据林《序》:"平阳旧无志。何以无志也？温属县也。

土地、人民、政赋附见于《永宁编》《永嘉谱》者往往而略。""会前永嘉教谕章嚞德元修《永嘉县志》成，捧路檄来补平阳、瑞安二属《州志》。""廪馆之，共笔札。德元祖述《编》《谱》，搜旧闻，访残刻，山林遗录，官府近制，无不博询旁采，增昔所无，续今所有，而定去取于侯。其友前西安教谕陈天佑孝章，相与汇集，手抄穷日夜，不为无助。""继而谢公振孙来守是州，捐俸率先锓之。""德元以侯令属予叙，于是乎书。"《平阳州志》明弘治时尚存，王朝佐等《东嘉先哲录（外两种）》引之。又民国《平阳县志》有"陈德昭字处晦，号东皋。兄弟三人同居孝友，有遗之占城三犬，其一毙，其二悲号三日不食，人以为和气所感。章编修嚞纪其事。"当为《平阳州志》佚文。

（三）《瑞安州志》

未见著录，仅见林景熙《平阳州志序》，章嚞于大德十一年前后奉温州路檄编《瑞安州志》。

（四）《温州路志》二十卷

《文渊阁书目》《元史艺文志》并作"十册"。弘治《温州府志》卷十人物《章嚞传》："至大庚戌（一三一〇）修《温州路志》。""时永嘉有夏开先者，世著儒业，治丧不用浮屠，乡里尊之，与嚞同事纂修。夏开先字景妆，永嘉人。"据程钜夫《章德元近稿序》："君名嚞，尝著《东嘉郡志》二十卷，甚有法。"可见，又名《东嘉郡志》。书佚于明后,《永乐大典》尚有残编断简;此书张国淦《中国古方志考》有《温州路志辑佚》。林景熙《鹿城晚眺》诗章祖程注引《温州路志》:"归附后,军民官不相统摄,至元二十八年(一二九一),分为一十七翼,各有千户镇守,皆周岁更成焉。"涉及兵制,弥足珍贵。弘治《温州府志》收录二条,均作《元志》。温州路达鲁花赤兼管内劝农事伯帖木儿(拜特穆尔)蒙古人,"大德十一年夏四月,拜特穆尔来守是邦""乃召郡博士及群士之贤者修其图志,求古今之遗迹,山川之胜概,为之台榭游观,乐民之乐,而政成矣,至大三年受代去。"其图志就是《温州路志》,郡博士应该指章嚞,其年龄、资历、学识都符合任职条件,此时章嚞已为温州路儒学教授,受拜特穆尔之召而编纂路志。

(五)《东瓯志》十册

《文渊阁书目》不著撰人,《元史艺文志》无册数,弘治《温州府志》书目有著录,并云:"延祐己未(六年)自翰林还里,重修《东瓯志》。"据赵凤仪《六书故序》:"延祐戊午,予来领郡,命其孙隆出诸字藏。""予既锓《四书》与《郡志》,明年捐奉廪以倡刻而庋诸阁。"赵凤仪延祐五年(一三一八)任温州路总管,延祐六年(一三一九)捐俸廪刻印成书,延祐七年(一三二〇)为《六书故》作序,足证弘治《温州府志》云其任总管时间在延祐四年（一三一七）当误。《东瓯志》久佚，据任敬《温州府图志序》："余承命来守于温二年矣。庶务繁剧，未遑他及。洪武十一年（一三七八）夏，会省部以修图志责成郡县，于是属府学教授徐宗起，永嘉县学训导张升，集四邑之耆年宿学，相与采摭、讨论、考究延祐《东瓯志》，而续补其所未备者。"可见，洪武十一年修的《温州府图志》是以此志为蓝本。

（六）《天台郡志》十册

《文渊阁书目》不著撰人，《元史艺文志》无册数。此志是应台州路总管赵凤仪之聘，取陈耆卿的《嘉定赤城志》增删成。据章矗《永盈仓记》有"至治三年（一三二三年）九月，总管赵侯瑞卿视仓"的记载。赵凤仪字瑞卿，任台州路总管当在此时，章矗编纂时间亦同。至于书名，刘绍宽云："按吴承志《县志稿》云：'《雍正通志·艺文类》载杨敬德《赤城元统志序》：'永嘉章矗取成书改作命曰《天台郡志》。按《天台郡志》名殊不典，据旧志经籍目录载，矗所修《温州路志》《东瓯志》诸目，似矗立名本自分折古今，不应有此。钱氏大昕《元史艺文志》于《天台郡志》下援《文渊阁书目》引州路志十册《台州路志》，即矗书，疑《天台志》乃《路志》中删出之外志，以其不合志体，故如《东瓯志》例，别标名目。诋矗者恶其改易旧志，因而诬之。'今按：吴说甚辨，惟省府县志皆言章著《天台郡志》，无言作《台州路志》者，兹仍其旧未敢辄改。"在宋元人的笔下，以"天台"称谓台州可谓蔚然成风，故书名应作《天台郡志》为是。

二、文章考述

章嚞《春谷集》，弘治《温州府志》有著录，又名《章德元近稿》。程钜夫《章德元近稿序》："近得东嘉章君德元，与予同史馆，年相近也，道相似也，又敦信而恺弟，古君子人也，心甚好之。乃时与之谈，向如淫声美色而远之者，如沐猴衣冠，执干而舞，非不俯仰中节，投之以果，则不觉攘臂而起矣。此非绝之不深，制之不严，为知者然也。君之诗若文，质厚而气和，壹以理为主，苍然正色，贯松柏而后凋，不知世之知君者复几人也？安知数十年后无索君于茫洋之间、溟涬之外者耶？予之所谓欲谢去者，行见之矣。如为君一言。"程钜夫（一二四九—一三一八），延祐三年（一三一六）由翰林学士承旨致仕，为章嚞翰林院上司，其序当写于延祐二年（一三一五）。这年所写《温州路达噜噶齐拜特穆尔德政序》，系"编修章德元缕缕为予道之，且属予序。"两人关系甚密，其与章嚞"年相近"，可见，章嚞当也生于一二四九年左右。

《全元文》卷一〇二一收有章嚞《风潮赋》《永盈仓记》《集

仙宫上真殿记》《东岳行宫记》《本斋王公孝感白华图传》。其中最著名的是大德元年（一二九七）所写的《风潮赋》。那年七月十四日，温郡风潮海溢，廉访司佥事完颜贞、行省都事鲜于枢来两州视灾赈恤。完颜贞有《海潮》诗以纪其事。章嘉便援笔写了一篇《风潮赋》，赋中描述台风海溢的形势，受灾触目惊心的惨象，提出赈灾的要求。"桑田几变沧海，沧海几变桑田。"章嘉感慨沿海地区在遭受海患时的环境变迁。面对如此灾难，看着家园被毁，"俄而混汪湟、迷田畴、围山岳、汩陵丘。禾登场而梗泛，茅罿林而桴浮。片片翔鸳瓦，层层压蜃楼。小屋如蹶块，大屋如行舟。"财产损失巨大，人员伤亡更是惨重，"搜遗驱于狼藉，历尸堆之稠叠"。《风潮赋》展示了平阳海溢所带来的破坏场景，虽然用了很多晦涩的词语，读之仍然让人动容。鲜于枢读后十分赏识，推荐其为永嘉县学教谕。延祐初章嘉到京都，时献《汉图会同赋》，又被推荐任翰林国史院编修官。

《集仙宫上真殿记》末署："延祐四年正月日翰林国史院编修官东嘉章嘉春谷甫记。"又据太仓州东门海宁寺钟楼，章嘉有钟款铭正书阳文，亦题为延祐四年岁次丁巳十月甲子朔起十日癸卯。此年其在江苏。

温州郡城东岳行宫在华盖山麓太玉洞天之西，延祐元年（一三一四）毁于火。《东岳行宫记》有"经始于延祐五年八月，迄明年正月而大备"。《东岳行宫记》写于延祐六年,章嚞已回温州。

《本斋王公孝感白华图传》为王都中而作。王都中字元俞,自号本斋,霞浦赤岸人。至元二十一年(一二八四)王都中的父亲王积翁在出使日本途中去世,他的母亲在北京净垢寺出家为尼,后到平江住持阳山妙净寺近四十年,"趺坐而逝"。王都中"闻永嘉心乐周真师潜栖却粒有道,不远千里延至家庭。癸亥三月朔,设黄籙以展孝思。"灵堂前放一个花瓶,二十多天"其花半萎,中有一萼,天然融结,状类桃实,非花非果,玉质縠章,宛分三脉,日渐以腴。烛之,内外映彻如净瑠璃。"王都中因此绘制了一幅《白华图》,当时著名诗人张翥、李士行等二十人作题识赞咏,章嚞为之作传,署"前翰林国史院编修官章嚞撰",记载了王都中孝敬母亲的故事,而东嘉郑僖又补《白华三章》以美王都中之孝感。此传是由于箫台(乐清)道士周心乐的关系,在癸亥即至治三年(一三二三)而作,周心乐乃得道之士。朱晞颜(一二二一—一二七九),字景渊,长兴人,曾为平阳州蒙古掾、乐清长林丞司,有诗称赞:"箫台周心乐以濂溪自家意思扁其所居之室为赋短诗。真人绝浮伪,一室逃虚空。轩窗敞寥廓,八面俱玲珑。悠然会众妙,纳此灵襟中。鸣琴弄秋月,洒墨吟春风。至令千载闲,默与前人通。驴鸣共草色,是乐真融融。痴人不解事,说梦追前踪。蒙头但熟睡,日影东窗红。"所居"长乐道院去县西二十五里,在茗屿乡合湖桥东"(永乐《乐清县志》),可知周心乐是章嘉的同乡好友。

《永盈仓记》有:"泰定乙酉,雨旸时若,其占为有年。"泰定无乙酉,乙酉当为乙丑之误,即泰定二年(一三二五)。章嘉卒年当在此后。

三、诗篇考述

在《全元诗》中只收录章嘉一首诗,且有争议。据盛如梓《庶斋老学丛谈》记叙章嘉遗事:"章德元嘉,温平阳人。性喜静,文笔立成,讲解精到。时官延之师席,偕诣京师,咸推重之。献《汉图会同赋》,诸公称赏。列荐,除翰林编修。莅职将二年,其父寄以诗云:'九十翁翁七十儿,此时那可两分离。客乡已是三年别,人世应无百岁期。春雁北飞频送目,夕阳西下几颦眉。何如及早成归计,莫待山榴开满枝。'即告归侍焉。"德元为章嘉字,时年七十。《庶斋老学丛谈》作"嘉",当因与"矗"字形近误。"其父寄以诗云",将这首诗著作权归给其父。盛如梓在大德十年至十一年间(一三〇六——三〇七)担任过嘉定州儒学教授,后以崇明州判官致仕。盛如梓虽然与章嘉同一时代,却未曾同事。其云章嘉"莅职将二年",而诗却明言"已是三年",时间不对;九十衰翁以诗代信,情理不符。正如程钜夫所说:"君之诗若文,质厚而气和,壹以理为主,苍然正色,贯松柏而后凋,不知世之知君者复几人也!"诗为其作,理所当然。《庶斋老学丛谈》以之属其父,显为传闻之误,不足为据。《元诗选癸集》据《四库全书》本《庶斋老学丛谈》作"在职将二年,作诗云",无"其父寄以诗",故认为是章嘉作,并改题为《告归作》,《全元诗》据此收录在章嘉名下,虽然无错,但应出校,以正视听。

当时章嘉在翰林国史院的同事台州临海人杨敬悳,在与章嘉分别时有《送章春谷编修》诗:"笑拂雕鞍赋式微,天南遥指白云飞。五千客路心犹壮,九十亲庭计合归。倚杖雁山秋动色,染毫鲸海夜生辉。闲中应梦金銮署,月下凭栏看紫薇。""九十亲庭计合归",显然是杨敬悳读了章嘉《告归作》有感而发。元著名文学家揭傒斯,是程钜夫的堂妹夫,延祐元年,由布衣授为翰林国史院编修。揭傒斯有《送张编修德元齐官归养永嘉》诗:"违亲远游宦,一命五载余。簪组虽可怀,中心在乡闾。始夏风雨高,词馆清且虚。疏华乱松阴,杨柳何舒舒。群彦满高堂,君子忽在途。攀之不能留,再会安可知。暂乖恒郁纡,况此远别离。岂无尊中酒,孰与斟酌之。仰视浮云中,莫知路所归。大海蟠扶桑,日出还相望。孤城寄海上,何处正相当。怀亲复别

> 潘猛补，一九五六年出生，浙江乐清人，曾任温州市图书馆古籍部主任、研究馆员，长期从事温州地方史及古典文献研究，编著有《温州历代文选》《浙南谱牒文献汇编》《宋末宰相陈宜中》等。

友，孰知心所伤。"温州当时只有章德元为编修，也只有章德元"弃官归养永嘉"。"张编修德元"，当为章编修德元，殆同音而误。由"一命五载余"和"已是三年别"知，章嚞提前二年弃官归养，时为延祐五年，年已七十，由此前推知其生于南宋淳祐九年（一二四九）。

除《告归作》外，章嚞还有《因宪使祭中山汤君墓有感》诗："管鲍骨已土，市道何纷纷。对面隔九疑，况念宿草坟。贤者绣衣使，盛国超前闻。不忘平生心，卸鞯登秋云。当年鸡黍约，翻为鸡黍陈。死生迹已判，车笠情犹亲。洒洒泪亦落，染翰丰碑新。心同巽溪水，外静心纭纭。此事史所采，可但镵苍珉。孙子尚显扬，封诰飞恩纶。"《全元诗》失收，当补。

（原载《温州职业技术学院学报》二〇一九年第二期）

孤本《不系舟渔集》现身哈佛
——陈高诗文集诸版本概览

蔡榆

陈高（一三一五——三六七），元代平阳金舟乡咸通里（今属苍南县）人。字子上，号不系舟渔者。元至正十四年（一三五四）登进士第。四年后，陈高辞官不就，过着隐居生活。

陈高出自张翥（一二八七——三六八）之门，在《与张仲举祭酒书》中称："甲午岁，先生主文衡。辱不以高之愚不肖，举而措诸进士之列。"

张翥，字仲举，晋宁（今山西临汾）人。元代诗人。著有《蜕庵诗集》四卷，词二卷，今存。

陈高与张翥有诗文来往。在陈集中，有《与张仲举祭酒书》，陈高向先生表白自己的心思："高独以求文章为事，亦可谓愚而不知时务之甚也。"而在张集中，则有《不系舟渔者陈子上自号》，诗言：

本来无系亦无舟，随意江湖可漫游。
纵遣西风吹水外，不妨明月烂沙头。
人情平地波澜起，身世虚空日夜浮。
安得从君归把钓，史将吾道付沧洲。

一、"老版本"重现

据美国哈佛燕京图书馆信息，该馆藏有中文善本《不系舟渔集》（元陈高著，十六卷，陈侯官校）以及《不系舟渔集》一卷本。

眼下，《不系舟渔集》有两个版本流行于市面，即由郑立于先生点校出版的《不系舟渔集》（列入《苍南文献丛书》，上海古籍出版社）以及《陈高集》（列入《浙江文丛》，浙江古籍出版社）两种本子。再往前，则有收录于《敬乡楼丛书》（第一辑）的《不系舟渔集》。而哈佛藏本的出现，可谓令人耳目一新。

《不系舟渔集》亦收录于《四库全书》，有"其诗古体，源出陶潜；近体格从杜甫，面目稍别，意境不殊，在元季时铮铮者矣"之誉。

据美国哈佛燕京图书馆官方信息显示，该馆珍藏的《不系舟渔集》（十六卷，陈侯官校），"据明成化元年序刊本抄"，为"特藏稿精钞本孤本"。

明成化元年即乙酉年（一四六五）。据孙诒让撰《温州经籍志·二十四》关于该集子的论述，称"集本，金华苏伯衡编定，成化乙酉平阳吕洪始为刊行"。

如果以上孙先生之论不成问题的话，也就意味着藏于哈佛燕京图书馆的十六卷本《不系舟渔集》，即明成化序刊本以钞本形式"重出江湖"。

钞本无框，无鱼尾。书口载"不系舟渔集"、卷别及页码；"双叶九行十八字"。序文所在页，上方钤有印鉴"养心殿宝"，右下角钤"圣清宗室盛昱伯熙之印"；此外两枚印鉴分别为"哈佛燕京图书馆珍藏""燕京大学图书馆"。

检有关资料，盛昱伯熙，即盛昱（一八五〇——一八九九），爱新觉罗氏，字伯熙，一作伯羲、伯兮、伯熙；号韵莳，一号意园。满洲镶白旗人。著《八旗文经》《雪屐寻碑录》《郁华阁文集》等。

盛昱性喜典籍，购藏首先考虑版本。梁鼎芬称他"精本最多，不轻借人"。藏书楼有"意园""郁华阁"等名。藏书印有"圣清宗室盛昱伯熙之印""伯羲父""宗室文慤公家世藏""郁华阁藏书记"等。

"卷一"首页右下角钤有"天壤阁藏"朱印。天壤阁是清国子监祭酒王懿荣在烟台福山的私人藏书楼。看来，此本子曾一度经过王懿荣之手。

根据官方信息，此本子在一七三六年至一八六一年间"发表"(图书馆官方说法)。估计此书在此时期内为燕园收藏。至于先由盛昱掌握还是由王懿荣拥有，又是从谁家流出等问题，限于资料，暂搁不述。

再者，哈佛燕京图书馆收藏有《不系舟渔集》(一卷本)，系该馆中文善本，特藏本。

此本收录于《元诗选·庚集》(长洲顾氏秀野草堂刊)。据书影，此卷在目录上标为"陈录事高七十九首"。卷前有陈高生平简介。

此本双鱼尾、顺鱼尾，白口，左右双边。书口载"元诗选不系舟渔集"，地脚载"秀野草堂"。每页"十三行，二三字"。

《元诗选》为清顾嗣立(一六六五——一七二二)所辑而成。顾嗣立，长洲(今江苏苏州)人。康熙朝进士。选庶吉士，改中书，因疾归故。顾嗣立博学有才名，喜藏书，尤工诗，性豪于饮，时有"酒帝"之誉。

此外，日本国立公文书馆所藏《元诗选》(六卷，无锡顾硅光编)，其卷四录有"陈高诗十三首"。

二、诸版本一览

(一) 陈子上存稿

陈高,时与江西揭汯、金华苏伯衡、金华胡翰诸人为友。

据苏序可知,苏伯衡访其遗集,得诗文若干后厘定成编,题曰《陈子上存稿》。由好友谢复元锓梓以永其传。但,很遗憾,"力不逮而未就"。编定的那些书稿,"存者反失"。

据民国《平阳县志》载,"(陈子上)遗稿旧不分子目,子诚初属金华苏伯衡定为十二卷。"诚初,陈高子。明儒士,永乐中授平阳县训导。这算是陈集首次提上"出版"议程。

(二) 吕洪刻本

入明之后,乡人、监察御史吕洪,因为曾经为梓行林景熙存文而为众人所敬仰。因此,上述锓梓陈高集子而未就的事,就被寄希望于吕洪能有所成。但吕洪先是"以事冗禄薄为辞"。

自称"未知先生诗文之详"的吕洪,在阅读了书稿中《近山轩燕集》一诗,才明白自己祖上与陈高"尝有通家之好"。这个信息改变了吕洪此前对刊行陈集的婉拒表态,继而视刊行陈诗一事为不可推辞之责。于是,与友人对《陈子上存稿》重加订正,次为卷帙,捐俸镂板印行。这就是吕洪刻本的来历。也是陈高诗文集首次得以刊刻印行。也算是实现了苏伯衡"以永其传"之初衷。

民国时期,乡贤刘绍宽先生在缮校入编《敬乡楼丛书》的陈高集时,曾言"吕侍御刊本,今已不传。"

(三)一元刻本

吕洪之后的百余年,陈高八世孙一元,曾复校吕洪刻本以刊行陈高诗集。

据《千顷堂书目》载,"陈高不系舟渔集十二卷。裔孙顺天府尹一元梓其诗行世。一作十六卷"。可见,陈一元曾为他的祖上刊刻过一个版本。为表述方便,暂且命名为"一元刊刻本"。

如果千顷堂主人当年藏有"一元刊刻本",应该能准确表述集子总卷数。然而,又是什么原因使得千顷堂主人在书目中记述"一作十六卷"呢?这是一个有待探究的疑问。

另据民国《平阳县志》载:"八世孙一元重辑为十五卷,校刻行世。"

综合上述,"一元刊刻本"卷数,究竟是十二卷,是十五卷还是十六卷呢?

陈一元,字四游,徙籍侯官,万历二十九年进士,官历应天府丞、御史。

(四) 玉海楼藏写本

瑞安孙氏玉海楼所藏陈高集,凡十五卷,附录一卷。孙琴西、孙蕖田、孙诒让三人皆有过校注。

(五) 杨志林家藏本

杨志林,清季人氏。其家藏有陈高集写本,且卷首题有"明八世孙侯官一元校",撰序者为会稽陈司训葵(道光十七年任平阳县教谕)。

该版本抄于歙西鲍氏本。由此可见,歙西长塘鲍氏(廷博)手中可能还藏有一个版本。

杨志林又借到玉海楼藏写本,在原有"三孙"校注的基础上,据钱塘丁氏藏本的校正之处,用墨笔抄录。经华文漪、陈葵、吴承志的校定,叶湘民撰有校语。

刘绍宽先生生前曾对此本加以重校,之后曾锓木,但未竣。《厚庄诗文钞》收录有刘绍宽先生撰写的相关缮校附记一文,对此有过记述。

(六) 钱塘丁氏钞本

钱塘丁氏,即钱塘丁申、丁丙兄弟,清季著名藏书家。撰有《八千卷楼书目》等。

检《八千卷楼书目》(卷十六·集部·别集类),见载"不系舟渔集十五卷附录一卷元陈高撰钞本"。

此钞本曾对杨志林藏写本有过校正之用。

（七）敬乡楼刊本

《敬乡楼丛书》，是在一九二八年至一九三五年间，由黄群为代表的一批温州乡贤勠力编辑并印行的温州乡邦文献集。全书四辑，计三十八种两百八十九卷。陈高集子以《不系舟渔集》为名入编。

此刊本最大特点是集多版本、多名家参校而得。据《敬乡楼丛书》本后记载，校勘涉及杨志林家藏本、玉海楼藏写本、钱塘丁氏藏本，又取《永嘉集》（内编）、《慎江文征》《东瓯诗集》等书参考，经手名家有孙琴西、孙蒉田、孙诒让、吴承志、陈葵、华文漪、刘绍宽等人。

陈高作品编入《敬乡楼丛书》时，从《温州经籍志》（瑞安孙诒让撰）补入吕洪序，从《东瓯金石志》补入《陈君惠泽记》，又补入华文漪跋。

敬乡楼刊本乃借玉海楼藏写本钞之并排印。可见玉海楼藏本、杨志林家藏本、钱塘丁氏钞本为敬乡楼刊本的印行夯实了基础。今天所见的《苍南文献丛书·不系舟渔集》（上海古籍出版社二〇〇五年版），就是以它为底本。

而《浙江文丛·陈高集》（浙江古籍出版社二〇一三年版）在上海古籍本的基础上进行增补，可谓集大成。

（八）丙寅孟春重刊本

根据郑立于先生在《陈高集·后记》中所言，此本在目录中只列卷数、作品形式，未列诗文篇名。丙寅孟春重刊本也为今上海古籍本、浙江古籍本作了一些贡献。

（九）四库全书本

收录于《四库全书》的《不系舟渔集》，凡十五卷，附录一卷。为两淮马裕家藏本经校而定。书末钤有"乾隆御览之宝"印。

四库全书本为目前较为常见的古本。网间可见电子扫描件。

陈高诗文在元代经苏伯衡厘定、明代吕洪首次刊行以来，行世版本颇多。除上述九种版本之外，哈佛图书馆另存藏本。如此说来，按保守估计，《不系舟渔集》行世版本至少有过十种。这些版本在诗文卷数、编排体例、序言、篇名目录等方面，均有着一定程度不同。当然，誊写、刊刻等过程中诸多原因所致在所难免。

三、关于书名

《不系舟渔集》是陈高集较为通行的一个书名。对于此书名的来历，《四库全书总目提要》曾对此表示疑问，称"此本题《不系舟渔集》，不知何人所改"。

在《刘绍宽日记》中,《不系舟渔集》曾被先生记作"陈子上集",也称"不系舟渔集";《浙江文丛》中称"陈高集"。细心的读者或许会发现,这本集子的不同名称真不少。在《元诗选》目录中,陈高集子以"陈录事高七十九首"见载。

前人对此书名的质疑,其实就是该集子名称演变的问题。

在此,不妨扫描此集子刊行以来的些许旧事。

早在明季,苏伯衡访陈高遗集,得诗文若干后厘定成编,题曰《陈子上存稿》。

此后,监察御史吕洪,与友人重加订正,次为卷帙,并捐俸镂板印行。陈高诗文集首次以刊本面世,但确切书名不太明了。吕洪之后百余年,陈高八世孙陈一元,曾复校吕本以刊行陈高诗集。

据《千顷堂书目》,"陈高不系舟渔集,十二卷。裔孙顺天府尹一元梓其诗行世。一作十六卷。"可见,在陈一元时期,《不系舟渔集》一名已经出现。

综合考察相关资料,有清一代以至民国,均以"不系舟渔集"之名相沿。大概是前人对陈高"不系舟渔者"(号)内涵的重视和对其人格的敬仰,"吾乡宋元先哲……百年间高节清风,后先辉映,惟霁山、子上。"

与陈高同时代的台州人、温州路总管刘仁本,有七言律诗

《送四明录事陈子上归乡》(《羽庭集》卷四),亦颇为嘉许其高洁人品,赠诗未提及其集子名称。

青灯夜雨几论文,别后江湖每忆君。
捷奏南宫新进士,喜趋东郡作参军。
蓬瀛沧海生尘雾,雁荡天台隔片云。
薄宦不如归去好,边城烽火正纷纭。

徙居荆门的李士瞻,在一次督运、泊舟后,"与子上邂逅",嘉其品高而赠之《题不系舟渔者卷(有序)》(《经济文集·卷六》):

平阳陈君子上,登甲午进士第。秉志刚介独立不阿……曰:始予承圣天子策士时,幸以子大夫遇我。我何忍一旦悖此,狐媚以求活耶?乃即日解官还家。而庆元亦寻以陷,其见几明。立志勇如此,遂号之曰不系舟渔者,盖阜以自牧谦以自励也。呜呼,舟惟不自系,然后得往来江海间以自适;人惟不自系,则彼之所谓富贵者又乌得而诱我浼我?系而缚之,若犬羊然,哉走也?

其诗曰:舟惟不系任浮游,之子衷心适与俦。一身不近龙蛇穴,万虑无如烟水谋。那待月明才举网,只须风定便行舟。

> 蔡榆,原名蔡叔英,浙江苍南人,现居温州,著有《瓯·阅:温州乡土文化小览》《瓯·记:温州地域风情小览》。

从序文观之,李士瞻对"不系舟渔者"的解读,明了易懂。他对此集以"不系舟渔者卷"相称。

明代危素撰有《不系舟渔者序》(《危学士全集》卷四)。他解释的是"不系舟",从庄周氏之"不系舟"开言,到文末点明"陈子,名高,字子上……为政清洁自持而谨于奉法"。行文不如李士瞻的解读来得通俗形象。其题并未涉及集子名称。

郑立于先生以《敬乡楼丛书·不系舟渔集》为底本,加以点校,由浙江古籍出版社出版,名为"陈高集"。其由上海古籍出版社出版的同集子,沿用旧名。检《浙江文丛推荐手册》,该丛书系列中,以"姓名+集"的模式命名个人文集较为通行。

(原载《苍南历史文化》二〇一九年第二期,有删节)

张綦毋与《船屯渔唱》

陈盛奖

张綦毋,原名元器,字大可,号潜斋,一作潜哉。原苍南县舥艚镇垟底张(今属龙港市)人,家住平阳县城昆阳镇城西白石村莲池巷,清乾隆四十二年(一七七七)岁贡生。他工诗,师钱塘(今杭州)桑调元弢甫,当时温州地区诗人无能望其项背。陆游曾自号"可斋",取"只向君心可处行"之义,潜斋兄弟都以"可"为字,疑与放翁的可斋同义。

出自稍后平阳诗人苏椿题项维仁先生(今鹿城区人)遗稿的诗:"郑公三绝擅高名,一代华才举室清。堪叹瓯东三万户,潜哉之后独先生。"后自注说张潜哉先生讳綦毋。鲍廷博刻《霁山先生集》于《知不足斋丛书》中,其文孙正言在跋中说:"卷后补遗诗文四首,乾隆庚辰,永嘉张潜哉先生抄赠。潜哉以平阳久无其书,从予家抄录以归,将寿诸梓。"(见陈增杰先生的《林景熙诗集校注》附录一)张綦毋到杭州抄录《霁山集》,虽没刊行,但对乾隆《平阳县志》的修纂有很大的帮助。

唐开元年间有位诗人姓綦毋,名潜,"善写方外之情",后归隐,而元器的名和号都是来自这里。在春秋时晋国人名綦毋张,这样好像有孙悟空和悟空孙的味道。明平阳有名宦陈宣,也号潜斋,有《潜斋集》。《船屯渔唱》笺释本是由平阳书法家鲍竹君题书名,署名鲍潜,他曾在县城西门外的白莲堂里建观斗楼,戊社同人经常在那里进行诗钟活动。近现代平阳诗坛有"南孩北珍"之誉,其中"南孩"是指南港灵溪的诗人陈天孩,他也有个"潜庐"的名称。大家似乎都对"沉潜往复,从容含玩"的"潜"特感兴趣,都崇拜"采菊东篱下,悠然见南山"的陶潜。

《船屯渔唱》的书名仿佛脱胎于南宋乡贤林景熙的《白石樵唱》。一渔一樵,"渔樵"就是归隐的意思,"二唱"遥相呼应,各擅胜场,隐逸风流,可见张綦毋的抱负。

其父张南英,雍正十一年(一七三三)进士,修纂了乾隆《平阳县志》。这样的家学渊源为他创作《船屯渔唱》提供了很好的条件。其兄弟四人、父亲皆能诗,可谓一门风雅,平阳世家,朝斯夕斯,对这片土地满怀感情。《船屯渔唱》共一百零三首,属竹枝体,把平阳县主要的掌故、文物、风俗、物产等都网罗殆遍,都浓缩在一首首起承转合的四句诗中,圆润清稳,诗情温丽。又像一个个特写的镜头,把历史定格在里面,把文化积淀在里面。创作《船屯渔唱》的材料主要来源于以前的志书及家乡的谣谚等,其自序云:"平阳,故横屿船屯也,志创于元初,后代有增修,其轶乃时时见于他说。泛览之暇,并及谣俗所传,缀为韵语一百首,敢附采风之作,聊备榜人之歌云尔。"

近代黄遵宪《日本杂事诗》的写法与《船屯渔唱》同,日本人在《葬诗冢碑阴志》中说黄遵宪"能文章,退食之暇,披览我载籍,咨询我故老,采风问俗,搜求逸事,著《日本杂事诗》百余首……每七绝一首,括记一事,后系以注,考记详赅,上自国俗遗风,下至民情琐事,无不编入咏歌"。

张南英修志之后,过了一百六十多年,一直到民国时期,平阳县又开始修志。这次修志又为注释《船屯渔唱》提供了方便和机遇。修志人员中有周喟,他在《船屯渔唱》笺释本自序中说:"……窃惭滥竽。编纂之余,辄加笺释。"周喟,字幼康,号井庐,平阳县水头镇人,编纂了《南雁荡山志》十三卷。《船屯渔唱》虽属明白晓畅的竹枝体,与谢灵运写永嘉地方风情的诗、朱竹垞《鸳鸯湖棹歌》百首、黄遵宪《日本杂事诗》百余首,以及后来黄绍第《瑞安百咏》同类,但也有学人之诗的因素在,加上年代久远,有些地方就很难索解。周喟笺释《船屯渔唱》,有不少创获,刘绍宽先生认为这不仅仅是诗注而已,也可"以为劝学之筏喻可也"。《白石樵唱》有章程祖注，从此《船屯渔唱》也有周喟注，从而能更好地感发我们爱国爱乡的共鸣。

《船屯渔唱》的第一首诗："横阳两屿夹晴川，故老相传泊万船。不信蓬莱有清浅，眼观沧海变桑田。"三国吴孙权曾在万全仙口一带置横屿船屯，制造战船，诗中的"万船"现谐音成"万全"的地名。这首诗点明了《船屯渔唱》书名的来源，放在开头，并有总揽全书的意义。诗中后两句用了沧海变桑田的典故，里谚云"沉了七洲洋，涨起万全乡"，可参看颜真卿《麻姑仙坛记》中引葛洪《神仙传》里的王方平与麻姑的故事。

《船屯渔唱》中有一首诗云："屹立双山像斗牛，山泉两道夹城流。后生嗤点流传误，见说清官不久留。"周注引里谚："河水两边流，双山像斗牛。富贵无三代，清官不久留。"这个"不久留"的说法，现在也几乎是家喻户晓，其实是"流传误"了，因为一切都在变，又有不变在。诗中第三句是学杜甫《戏为六绝句》中的"今人嗤点流传赋，不觉前贤喂后生"两句。又云："自来习俗最难医，相国高论不可移。唯有平阳失之鄙，鄙人之意欲何为？"周注引张相国孚敬修的《温州志》中的话："永嘉其失浮，乐清其失悍，瑞安其失诈，平阳其失鄙，泰顺其野。"夏承焘在《天风阁学词日记》中记载了刘景晨的观点："贞晦谓永嘉人为学，鲜精深博大者。有天姿者，亦鲜晚成之器。不得其故，只好归之地方风水矣。"顾炎武说南方学者"群居终日，言不及义，好行小慧"。他们的话是说于不同时代的，我们不能拘泥。

"未落斜阳早闭门，五松难挂赤乌奔。何缘蟾魄东山上，先照城西白石村？"这样写跟城西有关的大约有十五首。清代中叶，苏璠在城西雅山筑大雅山房，诗人、画家项维仁设计，华文漪、潘鼎、端木国瑚等一时之选，都来切磋艺术。清道光年间，龚自珍、魏源等在北京花之寺、龙树寺聚会，研讨学问，议论时政，他们中有五个朋友被时人称为"薇园五名士"，龚自珍以才，魏源以学，宗稷辰以文，吴嵩梁以诗，端木国瑚以经术。苏璠曾追随端木国瑚，到过北京。与其热闹异趣，其族兄弟苏椿交往很少，耽诗酒、黑甜乡、烟瘕癖，擅五言，取法于六朝，下及少陵、东坡等，是个陶彭泽式的人物。苏椿著《马鞍山人诗草》，共收诗七八百首，大部分写雅山一带，如《雅山四贤》，写周侍郎元龟、陈安抚梦诗、林架阁景熙、吕御史洪四人。真是自古城西多国士。

《船屯渔唱》中写林景熙的就有好几首，如"石田处士宋遗民，二十三年作客星。不是水云留和句，谁知笔砚老斯人！"张綦毋还不知石田处士是何许人。在曾唯《东瓯诗存》中，林石田和林景熙是两个平阳人，而周喟据瞿佑《归田诗话》，断定他们是同一个人。水云是南宋著名遗民诗人汪元量，孔凡礼先生在

> 陈盛奖,笔名陈骋,浙江平阳人,长期从事地方文献研究,参与整理《王理孚集》《刘绍宽日记》等。

《宋诗纪事续补》附录一《厉辑小传补正》中说与水云唱和的是粤人林昉,字景初,号石田。陈增杰先生也赞成与水云唱和的石田不是林景熙,断定《东瓯诗存》中的林石田"别为一人,而非景熙"。

知堂在介绍黄遵宪《人境庐诗草》一文中说:"中国应做的文化研究事业实在太多。"现在这样的文化事业更加迫切,更需有心人去做,这关系到文化认同和文化多样性的事。现在《船屯渔唱》已被列入《平阳地方文献丛书》之中,张奋兄点校,不致湮没无闻,也可以作为"劝学之筏"。

(原载《温州日报》二〇〇四年七月十八日,有增补)

吴国华及其《香雪庐吟稿》

陈瑞赞

吴国华的名字被人重新提起，是因为近年发现了《清风剑》弹词唱本。清代乾隆末年，平阳知县黄梅以弥补仓库亏空为名，印发田单，按亩派捐，大肆科敛，中饱私囊。平阳绅民以吴荣烈为首，揭发和控诉黄梅贪赃枉法的行为，最后发展成为轰动一时的官民斗争。由于案情复杂，赃款巨大，乾隆皇帝先后两次派钦差至平阳核查事实真相。由于证据确凿，又得到了浙江学政窦光鼐的有力支持，吴荣烈在这场民告官案中最终获得了胜利。《清风剑》即以这一故事为题，敷衍成文，在民间传唱。但作为一个乡村文人，吴国华的名气实在太小。像胡士莹的《弹词宝卷书目》、谭正璧的《弹词叙录》虽然都著录了《清风剑》，但仅知为"平阳吴某著"，而未能详考其作者。实际上，关于吴国华的生平，可以从他的诗集《香雪庐吟稿》中获得一些信息。

　　《香雪庐吟稿》目前藏在温州市图书馆的有两个本子。其中一个是稿本，由于前有缺页，书名和作者信息佚失，所以在馆藏目录中被著录为《江南纪游》，作者待考。另一个则是民国二十五年（一九三六）永嘉区乡先哲遗著委员会的抄本，卷端题"平阳吴国华星池著"，首末分别有刘绍宽《序》和鲍潜《书后》，皆作于民国十七年（一九二八）。将这两个本子作一比较：稿本存诗四百一十九首，其中二十二首为附录吴国华之弟玗仙之作，实存吴国华诗作则为三百九十七首；抄本存诗三百二十八首，皆为吴国华的作品。稿本、抄本重复的诗作有两百八十四首，仅见于稿本而为抄本所无的诗作有一百一十三首，仅见于抄本而为稿本所无的诗作亦有四十四首。由此可见，稿本与抄本在内容上实有不少可以互补之处。而具体到一些诗题诗句，稿本与抄本也颇多异同。诗题不同有三种情况：一是抄本较稿本简略，如《秋山雨后即景》简作《秋山雨后》，《垂钓偶成》简作《垂钓》，《诸友招往清凉庵避暑》简作《清凉庵避暑》，《戊子秋偕友游西湖》简作《西湖》等；二是抄本较稿本详细，如《自缙云乘篼》详作《自缙云乘篼至厦河》，《张仲侠暑月过访》详作《张仲侠昆仲暑月过访》等；三是抄本的诗题信息较之稿本有关键性的改动，如《戊戌秋之玉环金乔》改作《壬戌秋之玉环金乔留宿》，《春日过李筱竹斋头见绣球花盛放赋赠》改作《杨稚园斋头绣球盛开即赋》等。诗句差异也举几例加以说明，如稿本五律《杨家尖即景》颈联"绝壁挂残日，危峦飞急湍"，抄本作"落日挂残壁，飞泉洒碧峦"；七绝《消夏吟》三首之二首二句"彩箑飘摇逸兴浓，竹帘雨过绕清风"，抄本《消夏八咏》第六首作"檀几银瓶到酒红，白龙皮上逸情浓；五绝《舟行》"扁舟渺于叶，桨打浮萍小。欸乃一声秋，惊起滩头鸟"，抄本《舟行口占》作"浅水绿半篙，脚踏扁舟小。孤棹一声秋，惊起滩头鸟"，除了最后一句，其余三句皆有不同程度的改写。稿本上增删涂抹之处甚多，这些改动有部分被抄本吸收，但从种种痕迹判断，抄本并不完全出自稿本，其所依据的可能另有一个本子。

抄本的两道序跋，提供了吴国华生平的关键信息，有必要加以引录。刘绍宽《序》云：

> 吾乡前辈缪兰泉、陈竹友两先生诗学不知所从出，其弟子吴君星池，余癸未同岁生也，实承两先生之绪。所居僻在江南，吟咏自赏，不求人知，人亦无知之者。今年六十又四矣，裒其生平吟稿，得数百首，介鲍子拙中以见示。余读其诗，以为能学其师之善而各去其偏，盖兰泉先生之诗时近玉川，而涉于险，竹友先生之诗雅慕香山而流于易。星池能取其所长，去其所短，

絮之吾乡前辈，于董月渔先生为近，盖泠泠然四灵之遗响也。

刘《序》重点揭示了吴国华的诗学源流。《序》中提到的缪兰泉、陈竹友、董月渔即缪文澜、陈龙光、董沄，都是清代平阳的文士。吴国华以缪文澜、陈龙光为师而兼取两家之长，刘绍宽认为他的风格接近于同乡前辈董沄，并可上接四灵遗绪。刘绍宽为《香雪庐吟稿》作序是受鲍潜（拙中）的委托，而刘氏实际上还是《香雪庐吟稿》的删定者，这在下面所引鲍潜的《书后》里有提到：

吴君星池，余同社友也，又与予生同庚。应童子试时，订交于瓯城，即称莫逆。癸未，予与星池及杨君雨民、陈君惠卿、袁君雪樵、杨君次笙、徐君子昇等七人同结续兰吟社，每于上巳日作文酒之宴，忽忽四十余年。今二杨与陈、袁诸君俱先后作古，存者仅予与星池、子昇三人。予三人者，所居虽只隔十数里，中年以后，大都衣食奔走，风晨月夕，不获时相聚首，如曩时之酬唱往来也。星池精岐黄术，暇乃吟咏自若，积诗成一巨帙。今夏出以示予，嘱为去取，待付剞劂。自维学殖荒落，愧不敢当。因介诸刘君厚庄，择其可存者得三百余首，并为弁言于端。予取而读之，知星池之诗可以传，予亦不负我老友矣。

吴国华原来是让鲍潜来替自己的诗稿作去取，但鲍潜自觉学力不足，遂将此事转托给刘绍宽。从《书后》有关鲍、吴交谊的叙述中可以获得几点有用的信息：其一是吴国华与鲍潜同龄。根据刘绍宽的《鲍竹君传》，鲍潜生于清同治四年（一八六五），由此吴国华的生年也可以得到确定。其二是鲍、吴曾同应童子试，再结合刘绍宽《序》文"吴君星池，余癸未同岁生"之语，可知吴国华在光绪九年（一八八三）被取为生员。其三是吴国华在取中生员的那一年，与鲍潜等七人结为续兰吟社。其四是吴国华精通医术。

在两位老师缪文澜与陈龙光中，吴国华与缪文澜的关系似乎更为亲密。吴国华是吴荣烈的族裔，所居夏口儒宦里（今属苍南县）有少有园，吴荣烈曾在园内开设启蒙社、博文社两座书塾，并创建藏书楼饶芳室，购藏图书，延聘师儒，以教育家族子弟。后来又有团蕉书屋、丛桂书社，也都是供吴氏子弟读书及地方文士下榻的所在。缪文澜自光绪初年侨寓夏口，到二十二年（一八九六）逝世，一直在少有园中设帐授徒。吴国华师从缪文澜应在光绪九年（一八八三）进学之前，二人长期相处，感情自然不同一般。《香雪庐吟稿》有《祝缪兰泉夫子六十生辰》诗，云："相从瀛水承钧诲，欣向公门晋一卮。"又有《秋夕侍缪兰泉夫子少有园夜坐》诗，云："领得先生无隐教，木樨庭院逗香多。"

可见师徒二人，一个是倾心相授，一个是虚心承教。最有意思的是，对照《香雪庐吟稿》与缪文澜的《娱草》，可以发现两者有为数不少的同题诗作，这也进一步说明吴国华在诗学上确实受到缪文澜的悉心指授，而师徒之间的交流，很多时候就在这样的同题唱酬中展开。与缪文澜一样，陈龙光也曾客寓少有园，但可能时间较早，且较短暂，对吴国华的影响不如缪文澜那样深，所以在《香雪庐吟稿》中，仅《五十述怀》第六首"少有园中问字奇"句下注云："指陈竹友、缪兰泉两夫子。"除此之外，并无事实可寻。

吴国华喜好吟咏，与当时平阳士人的诗社活动也有重要关系。在《香雪庐吟稿》中出现的有两个诗社，一个是续兰吟社，一个是无闻社。续兰吟社的成立时间及其成员，已见上引鲍潜《书后》。但说到续兰诗社，就不能不先谈一下嘉庆年间崛起于闽浙边界的兰社。兰社由福鼎的林滋秀创始，其成员以福建福宁府和浙江温州府的文士为主，平阳入社者有华文漪、华栋、鲍台、叶嘉棆、谢青扬等人，以县份言，在人数上仅次于福鼎。兰社社友"神交梦访，牍往笺来"，声气盛极一时，使得浙南闽北敝陋的文风为之一振。时隔数十年，平阳士人重新组织续兰吟社，显然含有仰止前贤、恢拓地方文化景观的用意。可惜的是，续兰吟社并未能扩大其影响，随着部分成员的去世，吟社也自然解体了。《香雪庐吟稿》中有《哭杨雨民》《挽袁雪樵》等诗，皆是悼念吟社成员的诗作。无闻社成立于民国三年（一九一四），其成员共有十人，可考者有鲍潜、陈谱笙、胡叔玉、杨砚农、吴次垣、陈雨田、鲍仲敷等。吴国华是否加入无闻社，不得而知。但无闻社的发起人鲍潜曾是吴国华在续兰吟社的社友，则吴国华与无闻社必然会有接触。《香雪庐吟稿》中有《和吴次垣先生宜山八景原韵》诗，也可以证明吴国华确实曾与无闻社社友以诗文相唱酬。

　　吴国华十九岁补诸生，但他的诗集却罕见从事科举活动的痕迹。光绪十四年（一八八八）秋天，吴国华到过杭州，留下了《戊子秋偕友游西湖》《西湖十景咏》《钱唐怀古》《钱唐观潮歌》等诗作。该年恰好是乡试之年，吴国华赴杭也许就是为了应试。但吴国华在清末博得的一袭青衿，在遭遇时代鼎革后也失去了意义。从诗集的相关描写来看，吴国华的生活是比较贫困的。《贫居即事》诗云："镇日断厨烟，蜗庐四壁天。诗怀虚白社，道味昵青毡。尘甑桃花米，空囊榆荚钱。行歌原宪志，何事不陶然？"虽然以先贤的安贫乐道自我排解，但屋漏厨空，贫窘之态显然可见。由于家境贫寒，吴国华甚至不得不亲自下地灌园刈稻。《灌园》诗："种蔬到南圃，斸土辨肥瘠。引水灌众芳，朝夕廑培植。瓜朋与蒜友，芥子姜孙茁。着手便成春，生机在顷刻。"

《刈稻晚归》诗："刈稻归来日已昏，山云烧火冻无痕。隔篱黄犬几声吠，一点篝灯透树根。"这些诗句揭示了乡村秀才的真实生活状态。吴国华的另外一个谋生之道是行医。鲍潜称吴国华"精岐黄术"，吴氏《寄怀鲍竹君》诗第三首也有"漫把沧桑伤往事，羞将针灸玷儒巾"的句子，自注曰："余今业医。"吴国华内心所珍视的，仍然是他的儒生身份，而以行医为业，则是对儒生身份的一种玷辱。从"漫把沧桑伤往事"一句来看，也许吴国华躬亲农事与悬壶行医都在鼎革之后。"我是国民一份子"（《甲寅有感》第三首），——吴国华确实在努力认同他的新身份，但从前清秀才到民国国民的角色转换，依然带有许多无奈和彷徨。

对于自己谱写《清风剑》弹词，吴氏在《五十述怀》诗里有提及。该诗第三首云："孤负年光春复秋，杨花漂泊水东流。文章憎命穷途感，傀儡登场幻迹留。自笑守株同待兔，那知刻棘不成猴。无端漫谱中郎曲，铁板铜琶也似不？"自注："余著有《清风剑》词。"一九九七年出版的《苍南县志》将《清风剑》作《青锋剑》，徐宏图先生已根据所发现的弹词抄本指出其错误，得吴氏自注，更可确定无疑。

除了光绪十四年（一八八八）的杭州之行外，吴国华的生平行踪基本上未超出温州府的范围，而以老家夏口为中心、今天苍南县江南垟一带的几个乡镇是他活动的主要区域，这可能也陈瑞赞，浙江苍南人，现为温州大学研究员，长期从事温州历史文化研究，编著有《东瓯逸事汇录》《龙腾东瓯——温州历代龙舟题咏》《江心屿诗词选》等。

是馆藏目录将《香雪庐吟稿》误题为《江南纪游》的原因吧。活动范围的局限，使得《香雪庐吟稿》在题材上显得较为狭隘，但本乡本土的风俗景物也因此得到了集中的展现。诗集中描写地方景物的篇什所在多有，而像《灵峰八景诗》《和黄梅生黄庄十景原韵》《和吴次垣先生宜山八景原韵》这样的组诗为我们保存了当年一些地方名胜的全景，尤为难得。此外，如《五月鸰河看竞渡作》《中元节观放河灯》《金镇灯市词》描写节日风俗，《悯雨歌》《悯旱歌》记录水旱灾情，都有助于我们了解当时的社会生活。所以，《香雪庐吟稿》不但是研究吴国华生平的重要材料，也是一份值得珍视的乡土文献。

（原载《苍南历史文化》二〇一四年第四期）

读郑汝璋《吹剑集》

朱则杰

《吹剑集》不分卷,郑汝璋撰,二〇〇一年内部印行,普通三十二开排印本一册。

此集卷末有作者孙女婿林敬灿先生撰《编后记》(二〇〇一年四月二十日)。此前二〇〇〇年,林敬灿先生曾为作者翻印《抱一庐诗存》。该集《清人别集总目》已著录有一种铅印本(见第二册第一千四百九十九页),系山东青岛市图书馆藏本。而此《吹剑集》,则有关书目文献均未著录。

作者郑汝璋,据翻印本《抱一庐诗存》所附杨奔先生撰《郑汝璋传略》(末尾"附记"写于一九九九年十二月十五日),字孟特,一作曼特,号曼庵,浙江平阳县括山乡东括底村(今属苍南县)人。生于清光绪十年甲申(一八八四)。光绪二十五年己亥(一八九九)考取县生员"第二名",后留学日本。宣统二年庚戌(一九一〇),

部试获法政科举人。次年授七品京官,改安徽即用知县。民国间,历任浙江鄞县等地检察厅检察官、审判厅厅长、法院院长,民国三十七年(一九四八)被选为立法院候补委员。中华人民共和国成立后,曾受聘为"上海文史馆"馆员。一九六二年病故,"享年七十八岁"。

　　上述加引号的三个地方,以今本《吹剑集》相关资料复核,不免稍存歧异或疑问。一是生员名次,据此集附录之二郑汝璋《业师名录》有关自注,其在平阳知县所取为"第七名",温州知府及浙江学政所定为"第三名",而并无"第二名"之说。二是中华人民共和国成立以后,从集内作品所涉来看,作者活动踪迹都在杭州,而并未至上海,此前也没有与上海发生过历史关系,因此"上海文史馆"不知道是否系"浙江文史馆"之讹。三是关于享年的提法,集内"甲午"(一九五四)年诗有《七一生日抒怀》一题,可知作者年龄(七十一岁)系按照古人习惯以虚龄计算;又稍后《己亥重游泮水感赋(并引)》小引"前清光绪己亥[二十五年,一八九九],余年十六"云云,同样也是如此;这样至一九六二年逝世,享年应当称作七十九岁。(至于翻印本《抱一庐诗存》卷首黎泽泰序称郑汝璋"乙酉春……年已六十"云云,此"乙酉"为民国三十四年亦即一九四五年,而郑汝璋实际已经六十二岁,则该"六十"当属周岁或泛指,与此用法不同。)

此集据上及林敬灿先生《编后记》介绍，系根据作者外孙何忠嘉先生提供的作者"手抄本"排印。此前的《抱一庐诗存》，所收诗歌止于"甲申"亦即民国三十三年（一九四四）；而《吹剑集》收录作者此后的诗歌，次序正好与该集相衔接。两集内部作品，都按编年排次，纪年统一采用干支。但后者最早的诗歌作于"己丑"（一九四九）年，与前者比勘，中间还有三年的作品没有着落，不知是否果真无诗（另外《抱一庐诗存》内部特别是作者早期也有若干年份缺略，但与此性质不同）；最迟的两年诗歌都没有明确标出写作年份，据倒数第六题《庚子元旦试笔》以及倒数第二题《寿刘贞晦八十》推算（前《抱一庐诗存》"庚午"[民国十九年，一九三〇]年诗有《贞晦寄示五十述怀，次韵奉和，即以为寿》一题），应该即止于"庚子"（一九六〇）这一年。最末一题《清明后三日偕宪往游清波公园》似属同年所作。

这样，从《抱一庐诗存》第一题《感事》写于清末光绪三十二年"丙午"（一九〇六）算起，至此其诗歌创作前后已经绵延了五十五年之久；此后再到一九六二年作者逝世，至多也就缺少两年的作品。不过还必须注意到的是，现今有些作品如《吹剑集》"癸巳"（一九五三）年诗《张故吾示六十述怀，次韵奉和》，题下注明"二首录一"；《抱一庐诗存》"癸亥"（民国十二年，一九二三）年诗《秋感四首，次韵和仲夷》，实际也只"录二"，可见作者即使在已经出现的这些年份之内，也还有若干篇章确实没有收入。此集所收诗歌总数，据《编后记》统计为一百七十五首。此外还有三个附录：一为作者早年的两篇法学论文及评语，二即上文提到的《业师名录》，三为《征诗选登》（此项后来又专门扩展为一个单行本，称《征诗集》），则是当代诗人应林敬灿先生之征为此集而作的旧体诗词。集内作者本人诗歌，内容多系人情酬应，兼及杭州一带山水描写，间或回忆旧事。其中大量祝寿哀挽之类作品，可用于考证许多近现代人物如黄宾虹、刘绍宽、刘景晨（上引贞晦其字）等人的生平事迹，以及杭州张煌言、章太炎等相关纪念场馆的建设变迁等等，具有相当重要的文献价值。另外集内还附有若干作者同时代诗人的酬唱之作，可资辑佚或校勘。（附带关于《抱一庐诗存》，其中《读梅村诗集》《读渔洋诗集》《集羽岑句，题冷巢集羽诗录》以及《读壮悔堂集》诸作，对研究清代著名诗人吴伟业、王士禛、龚自珍以及散文家侯方域等人也都具有参考作用，特予拈出。）

此集卷首还有一帧已故著名词学专家夏承焘先生题诗的墨迹，据《编后记》知其为原"手抄本"所附，正文文字如下：

烟水年年踪迹同，六桥相迓有双筇。
宦情但觉沧洲远，才调岂徒山水工？

哀志几时忘蹈海，壮夫垂老讳雕虫。
九原归魄知无憾，雁宕天台翠满空。

又末尾自注说："先生避寇时多感愤之作，'蹈海'句谓此。"署款为："里（俚）句奉题孟特先生《吹剑集》。永嘉夏承焘，甲寅十一月。"并钤有一枚白文篆印"夏承焘"。按夏先生晚年居住北京，笔者大学时代得以经常拜谒请教，曾蒙惠赐当时刚刚印行的油印本大著《瞿髯诗》（一九七八年），但其中并没有收录这首诗。后来浙江古籍出版社、浙江教育出版社联合出版的《夏承焘集》（一九九七年），其中的诗集部分（改称《天风阁诗集》，见第四册）同样付诸阙如。现在从这里获读先生此诗，手泽宛然，令人格外感到亲切。日后如重新整理出版先生全集，则此诗当可据此予以补充。（"甲寅"为一九七四年。另此集"庚寅"［一九五〇］年诗有《夏瞿禅教授以西湖杂诗为余书笺，次韵和之》五首，则亦可借其韵脚以校勘原唱。"瞿禅"系夏先生别号，也作"瞿髯"。）

此集印刷质量比较粗糙。即如集内诗歌写作年份，除了上文提到的最迟两年没有明确标示以外，前面《次韵和章樵叟壬辰元日试笔》这里也还脱漏一个"壬辰"（一九五二）年。特别是此前的翻印本《抱一庐诗存》，尽管已经出了两次勘误表，但没有校对出来的误字仍然很多。例如第六十三页上及杨奔先生《郑汝璋传略》末尾的"附记"之内,作者表字"孟特"共有三处出现,全都误作"孟达",而两次勘误表也只更正其中的一处(此事后来二〇〇三年九月承林敬灿先生惠函赐教,知其家乡方言"'特''达'二字……同音",因为"吃不准",所以"附记"内"仍留有二处'达'字,是想留个底")。今人单锦珩先生总主编的《浙江古今人物大辞典》下编"郑汝璋"条,内容似根据该传略缩写,而同样称其"字孟达",不知是否即与此有关(该书为江西人民出版社一九九八年八月第一版,时间早于翻印本《抱一庐诗存》,可能该传略正文曾提前单独发表或另有相同来源亦未可知)。

另外上及《编后记》还说:

本集除以单行本刊出外,另有与上集《抱一庐诗存》合并成册之本子,以便完整保存……合集仍用"抱一庐诗存"名之。如此编排,比较特别,但系无可奈何而为之者。

"如此编排",最大的缺点就是造成集名称谓的混乱。考《吹剑集》单行本原有已故书法家沙孟海先生的题签,上引夏承焘先生题诗也明确称之为《吹剑集》,自然应当与《抱一庐诗存》

朱则杰，一九五六年出生，浙江永嘉人，现为浙江大学教授、博士生导师，长期从事清诗文献的整理与研究，著有《清诗史》《清诗考证》《朱彝尊研究》等。

并列；即使与《抱一庐诗存》"合并成册"，那"合集"也应当冠以能够涵盖两集的名称（例如《郑汝璋诗集》之类）才是，这实际上应该是有办法可想的。

附带关于《抱一庐诗存》单行本的版本，据卷末林敬灿先生《翻印者言》（二〇〇〇年七月），该翻印本所用的底本是他本人收藏的一个油印本，同时校以平阳县图书馆所藏的一种原铅印本。这样，该集总共便有了三种版本。只是前面的油印本和原铅印本，其印行时间都未能确切考知（原铅印本据卷首最末一篇刘景晨序，大约印行于"丙戌"［民国三十五年，一九四六］年）。不过尽管如此，对于上及《清人别集总目》来说，这里的油印本和翻印本两种版本，以及作者郑汝璋的传记资料，至少都可以作为补充。而原铅印本，由于《清人别集总目》已经著录到山东青岛市图书馆的一种藏本，那么浙江平阳县图书馆的这个藏本也就不能再像林敬灿先生《翻印者言》那样称为"孤本"。

有关郑汝璋诗歌的总体评价，《抱一庐诗存》卷首诸家序言、《吹剑集》前后各人题诗均有涉及，有兴趣的读者可以详细参看。

（原载《温州读书报》二〇〇三年第七、八期，有增补）

黄骥与《德皇雄图秘著》

郑金才

从孔夫子旧书网拍得《德皇雄图秘著》一书，杭州光华编译社民国五年（一九一六）十月初版，印数不详。德皇威廉二世原著，乐清傅式说、平阳黄骥据日文转译成中文。书前冠：樋口氏原绪言德皇威廉二世一九一三年一月二十七日告谕陆海军高级官员敕书。黎元洪题扉"豪情胜概"。序有四：永康吕公望、秀水金蓉镜、义乌朱章宝、平阳黄骥。内容为德国称霸世界之计划，包括德日之战终无可免、俄罗斯帝国果可畏耶、英国海军之实力、朕与俾思麦之关系、对波政策等一百零三章。

两位翻译者俱为温州人。黄骥，字思陶，榜名万里，号无补。平阳县慕贤乡黄车堡（今属苍南县）人。生于光绪十三年（一八八七）丁亥八月廿一丑时。名士黄庆澄之子。黄庆澄（一八六三——一九〇四），字源初，一作虞初、愚初，号寿昌老人。早年师事孙诒让、金晦。光绪十五年（一八八九），黄庆澄于上海梅溪书院任教习。次年中顺天举人。光绪二十三年（一八九七）六月着手筹措《算学报》数学专业杂志，为我国首创。温州数学人才辈出，有"数学家之乡"美称，黄庆澄可称得上是先导者。孙诒让曾赞其云："余友平阳黄君愚初，振奇士也。"黄骥为庆澄长子，光绪三十二年（一九〇六）赴日本东京第一高等学校法科，后入同文书院。《中国人留学日本百年史》列有其名字。民国元年（一九一二）在日本参加同盟会，同孙中山回国革命，归国后曾为浙江省警察署参议，旋舍去赴德国留学。后因病归国，为浙江督军署参军。民国五年（一九一六）夏在杭州养病。带病同乐清傅式说合译《德皇雄图秘著》，同年十一月此书初版。民国六年（一九一七）六月廿五日午时殁于杭州。年仅三十一岁。配乐清吕岙徐汉秋之女。嗣子一。生女一，适温州吴江泠，温州教师。后吴变节，日本沦陷温州，为维持会会长。而另一译者傅式说，系章太炎大师之侄婿。民国时期风云人物，名声显赫。傅式说，又作傅式悦，谱名世炽，字筑隐，号耐盦。乐清人。生于光绪十七年（一八九一），少年时即露头角，十三岁以幼童进场考秀才。光绪三十一年（一九〇五）去日本，先后就读中学、高等学校及东京帝国大学工科，获工学士学位。宣统三年（一九一一）回国，曾任沪宁北伐义勇队参谋。

后再赴日本，入东京帝大工学部为研究生。与同学创立丙辰学社。一九一八年毕业回国，历任通易矿务公司、汉冶萍煤矿公司、鄱乐公司工程师，并参与开办鸣山煤矿。一九二二年，任厦门大学教授兼注册主任、学生指导委员长。一九二四年，在上海参与创办大夏大学，历任校董、教授兼总务长、会计室主任等职。一九二七年起，历任国民政府交通部上海电报局出纳监理，财政部煤油特税处科长，江苏煤油特税局副局长，交通部国际电信局会计监理，中华学艺社社长、执行委员会主席，大夏大学教授、代理校长。一九三七年七月抗日战争爆发后，在上海与日军勾结，筹划"和平运动"。次年投靠汪精卫汉奸集团。一九四〇年三月，任汪伪国民政府铁道部长、中央政治委员会委员、中日文化协会常务理事兼总干事。一九四一年后任伪浙江省省长、伪清乡委员会驻浙江办事处主任、伪新国民运动促进委员会浙江分会主任委员、伪全国经济委员会常委等职。策划日军在浙江省围剿抗日武装力量，推行保甲制度，搜刮沦陷区财富，对人民实行奴化教育。一九四五年八月抗日战争胜利后，被国民党政府以叛国罪逮捕。一九四七年被处决。

关于此书，《张棡日记》民国五年（一九一六）十月廿三日有记："乃至日新书坊取来《德皇雄图秘著》一册。是书为日本人樋口所译，而吾友黄君万里及乐城傅君式说同转译之，内写德皇雄心勃勃处，实足警醒国民。闻其版权已卖商务印书馆得二千金，则甚矣，著作一道，亦贵得时也。"张榭先生所云"版权已卖商务印书馆"一事未知确否？而商务印书馆却未出版此书。"实足警醒国民"，张榭一语中的。威廉二世从一八八八年到一九一八年，统治德意志长达三十年之久，其雄心勃勃，欲"征服全欧，统一世界"之战略构想，完整而全面记录在《德皇雄图秘著》一书中。是书原名为《朕之作战》，是威廉二世之口授记录，本不欲公布，据说为法国间谍盗出。不久，译为日文出版。傅式说于日本见到，与黄骥共同翻译，意在警醒国民。黄骥在《德皇雄图秘著》序中称："丙辰夏，余养疴武林，久羁於病。方百无聊赖，忽友人傅君耐盦自日本归，晤对甚欢。自是数相过继。耐盦出日人樋口丽阳所译《朕之作战》见示，余乃蹶然起曰：得之矣。以我国今日上下惰气之充溢，国人心理之麻木，持此药之，庶几稍瘳。因请耐盦于从公之暇，信笔疾书，易以国文。余复为比照樋口氏原本，参证同异。期毋失真。日属稿千言，凡三月於而竟。"从中可知其写作时间、动机、经过等。此书恰如金蓉镜于序中云："予嘉其志为甚苦，用心为甚厚，必抱救国之愿，以兴社会相劝请，日进于善无疑也。"吕公望则称是书"盖将转移国民之心理，以引起其戒心"。朱章宝亦云："以此书警惕吾国人使之急自图存焉。"是书封面有"气焰万丈，咄郑金才,浙江乐清人,创办桃源书院,著有《桃源书事:乐清乡邦著作见闻录》。

咄逼人"八字,其用心良苦也。最末页有一偈语:"迷妄有虚空,依空立世界;想澄成国土,知觉乃众生;空生大觉中,如海一沤发;有漏微尘国,皆依空所生;沤灭空来无,况复诸三有。"颇含禅理,足可警人醒世。

傅式说精通日文,除此书外,还曾与胡荣铨合译《化学概论》一书。傅式说修七尺余,风度翩翩。春风得意时曾赋七绝一首:"人生来去太匆匆,如比浮云过太空。未必浮云都自在,关山阻碍性相通。"但终因看不透"名利浮云",变节沦为汉奸。《德皇雄图秘著》一书意在警世,而傅式说本人,从爱国人士到卖国汉奸,亦足以警人。

(选自《桃源书事:乐清乡邦著作见闻录》,敦煌文艺出版社二〇一四年版)

苍南老版本三题

方韶毅

《新疆纪略》

林竞是民国时期西北考察与开发的积极参加者，一生四次出入西北，留下大量调查材料，曾先后结集为《新疆纪略》《西北丛编》出版，尤以《西北丛编》著名。该书自一九三一年四月由神州国光社出版以来，至今仍是研究西北问题的重要文献，数次再版。一九七五年，列入沈云龙主编《近代中国史料丛刊续编》第十一辑，由台湾文海出版社出版；一九九〇年十月，兰州古籍书店收入《中国西北文献丛书》第四辑出版；二〇〇三年十月，甘肃人民出版社改名为《蒙新甘宁考察记》，列入《西北行记丛萃》出版；二〇一〇年二月，新疆人民出版社改名为《亲历西北》，列入《西域探险考察大系》出版，二〇一三年十月再版；

二〇一六年一月,中国国际广播出版社改名为《西北考察日记》,列为《西北史地丛书》第二辑出版。

《新疆纪略》由天山学会于一九一八年四月印行,是林竞一九一六年作为财政部特派员赴新疆时所写报告。这是他第一次考察西北,"由京启行,明年三月抵乌垣。阅九月,遍历天山南北暨阿尔泰山。归途取道俄境,始于去冬返都,驱驰逾岁"。同行者谢彬著有《新疆游记》,可对照阅读。林竞此书在日本印成,正文前有照片四帧,考察线路图一张。分吏治、军政、财政、外交、实业、教育、司法、各种族与汉人之感情及现在趋向、交通、省内支路列下、省外支路列下、结论等十节,共四十七页。"至于山川形势之险阻、气候物产之变异、风俗人情之离同、建置制度之沿革,与夫道里交通之远近、政治经济之详况,适有《西陲纪行》之作,容当就正与大雅焉。"林竞、谢彬还撰写了《民国北京政府财政部新疆调查员有关新省财税状况的总报告》《新疆调查员林竞等致财政部意见书》等上呈。

而《西北丛编》是一个宏伟的计划,据《例言》介绍,总分上下两编,上编为日记,计分八卷六册,"第一卷,民国五年,由北京经豫、陕、甘,至迪化。第二卷,民国六年,由迪化经天山南路,及阿尔泰、西伯利亚,至北京。第三卷,由北京,经察、绥、宁夏、甘肃,至迪化。第四卷,由迪化经内外蒙古至北京。第五卷，民国十四年，由北京，经察、绥、宁夏、甘肃，至青海。第六卷，民国十五十六十七三年，驻青海。第七卷，民国十六年，环游青海。第八卷，民国十七年，由青海至上海"。第一、第二、第五、第六各一册，第三、第四合编一册，第七、第八合编一册，字数共约八十万，照片一百五十张。下编则为《新疆纪略》。我们现在见到的《西北丛编》，实乃零本，只收录第三、第四卷日记，为一九一八年十一月十三日至一九一九年五月二十二日、一九一九年六月七日至八月十五日第二次西北之行往返记录，其他各卷后未见出版。

　　林竞称，第一、第二、第三、第四各卷一九二二、二三年曾刊于上海《中华新报》、北京《京报》。查《开发西北》一九三四年第一卷第一期第二期，曾以《环海倚松楼西北日记》为题连载第五卷一九二五年日记，《新亚细亚》一九三一年第二卷第三、四、五期连载的《南华游记》，则为一九二九年十一月上海至香港转道广东广州等地之日记，其他还有《我们为什么研究边务》《余之终身旅行计划》《伊犁革命始末记》《边政与县政》《西南杂咏》《四十自述》等诗文。诸如此类，汇编成册，编为《林竞日记》或《林竞集》出版，以彰显这位西北开发先行者的功绩，善莫大焉。

二〇二〇年二月十二日

《最新柑橘改良栽培法》

《最新柑橘改良栽培法》初版于民国十八年四月，寒斋所藏为民国廿四年一月增订再版本。出版这本书的新学会社是奉化人孙表卿、周世棠等人于辛亥革命前夕发起创办的书店，先是开在宁波，却因经营不善难以维持，但孙表卿决定坚持下去，增资扩大经营规模，并派庄嵩甫在上海棋盘街交通路（今昭通路）开设分号，这样新学会社的重心从宁波转到上海。新学会社在上海团结了一班留日学生，编写出版花果栽培、家禽饲养等实用类书籍，受到欢迎。《最新柑橘改良栽培法》译著者夏诒彬也是一名留日学生，此稿是他在日本国立园艺试验场钻研多年所得，在湖南任教时曾以此为蓝本，并参考中外新书，编成专著用来指导学生。并说其中繁殖、剪定、采收、贮藏及栽培历等章节，都来自自己的实践经验，切合实用。

夏诒彬写过如何种植兰、菊、葡萄、桑等专业书籍，为何偏要挑这本《最新柑橘改良栽培法》来介绍，当然与柑橘是温州特产有关。但书中所提温州蜜柑实乃日本温州蜜柑，与我们说的瓯柑不尽相同。夏诒彬如是介绍："三百年前，由我国浙江温州传到日本。是从芽条变异或实生繁殖，发见无核的品种。据田中的调查看来，说温州并无和温州蜜柑类似的品种。又据他的最新报告（《中央园艺》二七八号）说黄岩莳橘（或称金钱橘）仿佛品质有些相似。又江西南丰，也产此橘。温州蜜柑或从莳橘的芽条变异发生出来，也未可知？黄岩和温州的海陆交通，在明末清初早有往来，温州也适柑橘栽培，莳橘一到温州和瓯柑同列市面。因瓯柑比莳橘数量较多，莳橘便混称瓯柑了。那时异邦人的观察，并未细认产地，带到日本之后，只知从温州带来的，即用温州命名了。这也不过是一种臆测，如要正确辨别，也须待实地搜查。在日本福冈县浮羽郡福富村，有老树一株，已经三百余年，恐是日本最早的温州母树。温州蜜柑在日本柑橘园艺上，栽培最广，也有特殊的原因。"又总结温州蜜柑有果形良好、风味卓绝、皮软无核、丰产易栽、适合时好、便于贮藏、不择风土等优点，分原来种、池田温州、尾张温州、早生温州、平温州、伊木力温州等六大产地。

  关于夏诒彬生平介绍，目前所见不多，《浙江民国人物大辞典》也未收录。查一九三一年《农业周报》第一卷第十八期"农界人名录"有篇简介，可作补白："夏诒彬字孟实，浙江平阳（今苍南县）人，年三十五岁。日本东京帝国大学毕业，民国十三年至十五年，浙省派赴日本静冈县兴津国立园艺试验场研究，专攻果树园艺。历任湖南长沙修业高级农业学校园艺主任、商务印书馆农业书籍编辑、北平大学农学院园艺教授。现任商务印书馆农业组主任编辑。著有《种兰法》《种菊法》《种桑法》《种葡萄法》《花卉盆栽法》《肥料学》《土壤学》《最新柑橘改良栽培法》，在排印中者有《花坛敌艺》《乡村师范农业》等书。"《花坛敌艺》似有手民之误，应是商务印书馆一九三三年十二月出版的《花坛》，但夏诒彬于一九三二年因病去世，未能亲见是书问世，令人唏嘘。

二〇一八年八月十九日

《电影艺术》

关注殷作桢已久，但收获不大。这几年来，只买到两种：一是他翻译的科华德（Noel Coward）剧本《骑队》，商务印书馆一九三六年六月初版，在孔夫子旧书网守株待兔好几年才选中品相、价格皆满意的；另一则是这本《电影艺术》，一九三四年八月中国文化书局初版，二〇一八年春中国书店拍卖会电话委托所得。

殷作桢出身温州平阳（今苍南县）名门，与殷汝耕、殷汝骊、殷汝熊等同出一族。一生从文，虽无留下知名作品，但在上世纪三十年代文坛却是个活跃分子，因与左联有诸多瓜葛，文学史上常有提及。殷作桢经历丰富，复旦大学毕业后，留在上海从事写作，创办《中国文学》《文化情报》杂志。不久，投身军政界，先在军事委员会委员长南昌行营服务，后担任空军特别党部宣传科长、中央军校广州分校教官兼《中山日报》副刊主编、第三战区司令长官部政治部宣传科长、重庆军事委员会政治部青年军政工指导委员会委员、国防部新闻局第一处少将副处长、中国时报社长、青年军出版社社长等职；一九五〇年辗转到了台湾，任中国国民党台湾省党部宣传处副处长、政工干校教授。在越南协友人创办《成功日报》，任总主笔兼总编辑。一九六六年返台。一九九一年七月病逝于台北，享寿八十五岁。

殷作桢著作颇丰，一九四九年前结集有短篇小说集《文状元》《生活在空袭中》，译作《骑队》，文论集《电影艺术》《战争文学》，政论集《领袖的青年期》《蒋委员长的思想体系》等，到台湾后，还出版了论集《三民主义思想概论》《中国文化研究》《怎样写文艺作品》，小说集《女性群像》《胜利号》，并编写有《社会学》《中国上古史》《中国中古史》《中国近代史》《中国文学史新编》等讲义。

至于为什么要写这本《电影艺术》，殷作桢在书中介绍："一向是喜欢看电影的，而我的看电影不在于仅仅获取脚本的故事，画面镜头的变化与场面之节拍和速度的进行，特别引起我的趣味的集中。因此，除了入电影场以外，我便买了若干电影技术与导演方面的书来读。读了这些书而后再到电影场去，是觉得更有趣味了。这样一来，看完一部片子就有许多意见，有了意见便想把它写了出来。"在这个写作过程中，他觉得国产电影在脚本、导演、演员等环节颇多不尽如人意之处，尤其技术方面没有丝毫的进步，所以下决心写点电影理论与技术方面文章，发表在《文艺创作讲座》《青年与战争》《时事新报》上，而后结集成此书。全书分《电影一般论》《电影导演论》两部分，对电影的本质、编剧、演出、摄影、剪辑、节奏及西方导演方式等作了阐述和介绍。对此，殷作桢是颇为自信的："中国的电影事业有十多年的历史，但是，可作为电影事业向前进展之指针的书刊却一本也没有。除了几本电影书刊在登明星照片，代明星作起居注及追寻她们的艳史外，剩下的只有各报的电影副刊在刊些零星文字，所谓批评——也只是批评家们的瞎扯：总是什末意识的进步啦，表演过火啦，布景伟大啦……这一套，真正值得一读的，除了晨报馆译印的苏俄普特符金的《电影脚本论》外，尚未见有第二本。那末，作者的这本书——《电影艺术》的刊行问世，对于中国电影事业的前途，电影从业员与电影爱好者的智识讨求，想不无意义吧。"郦苏元《中国现代电影理论史》认为："《电影艺术》在内容上兼及艺术与技术，是一本综合性电方韶毅，浙江温州人，《瓯风》主编，现任教于温州大学人文学院，长期致力于民国学人研究及地方文献整理，著有《民国文化隐者录》《东嘉故书谭》《乐书小集》等。

影理论著作。作者很少从艺术学角度对电影作思辨性论述，主要是阐释电影创作基本环节的要求和特点，这种阐释不是局限于种种技巧的运用，而是侧重于分析和强调其内在的美学原则，从而表达自己的电影观念。因此，就其理论形态而言，虽说实实在在，却也有着一定深度。"

此书的装帧设计很具现代感。封面是一张黑白抽象画，内页书眉设计了类似胶卷感觉的线条。而且扉页上特意注明了装帧设计者的名字，也不多见。一行"段平右装帧"与书名、作者、出版同字体同字号，非常醒目，可见作者和出版社是将装帧设计突出作为卖点的。段平右者何，决澜社成员也。其风格"出于毕加索与德兰之间"，是当时的先锋画家。

二〇二〇年一月三十一日

（选自《东嘉故书谭》，文汇出版社二〇二二年版）

姜立夫与《大学丛书》

卓 永

二十世纪三十年代初，蔡元培发起"国化教科书"的呼吁，引起了高教界与出版界的普遍重视。一九三二年，商务印书馆决定编辑出版一套《大学丛书》，以供国内大学教学使用。商务印书馆请蔡元培担纲，邀集国内各大学及学术机关代表组成编辑委员会，成员有王云五、朱家骅、何炳松等五十余人。籍隶温州平阳（今龙港市）的著名数学家姜立夫即为《大学丛书》委员会委员。

按照《商务印书馆大学丛书委员会章程》，委员各就专长，担任审查《大学丛书》稿本之任务。民国二十二年（一九三三），姜立夫执教于南开大学，四月，收到商务印书馆总经理王云五寄来的干仙椿《方程式论》译稿。干仙椿乃四川夹江县城分司街人，出生于清光绪十八年（一八九二），北京大学数学系毕业，受聘在杭州时与马寅初结识。马老当时系《大学丛书》编辑委员会委员，在浏览该稿后认为其书理论精深，内容丰富。于序中称此书："钩玄抉微，触类引伸，旁征博采，此后学者读之，即无良师益友，亦是头头是道，兴味盎然。"后即向"商务"介绍。适于其时，姜立夫因赴北平割痔，在协和医院住了四星期。信札及样稿也就搁置津门未及展读。五月返回天津后，亟取此稿浏览。这本书原著者为德国的 William Snow Burnside, Arthur William Panton（即布沙特和班登）。原书共二册，第一册为方程式引论，注重数量的解法；第二册为不变式引论，注重代数的变化。此书俱于一九〇四年初版，其时已嫌稍旧，但英国及其属地内尚有许多大学用之为教本，不能说此书无翻译之价值。姜立夫在审查完书稿后提出看法，称干仙椿对于译事还是颇加慎重，文字亦畅达，只是随处任意增删，对于原作未免太不忠实，观其所删节对于第二册似无续译之计划。在出版界，作者请名人为书撰写序跋，对提高图书品位、扩大图书影响力具有独特的作用。这本书也不例外，三位作序者分别为嵊县马寅初、杭州冯祖荀、慈溪胡浚济，皆用文言文写就，姜立夫认为谀过其实，不脱文人窠臼，未可尽信。

一九三三年六月，商务印书馆拟将吴在渊编《数论初步》及李协译《简要实用微积术》列入《大学丛书》出版，给姜立夫寄去样书各一部，请予以审查可否列入。另随函寄赠《大学丛书》多种，东方杂志各期。姜立夫当时溽暑多病，在看了二书样稿后回复王云五，认为该书殊嫌疏略，但取其理例浅明，文字简洁，便于初学，国内大学有设半年辅助学程者或可采为教本，亦不失为算学系学生之课外良善读物，收入《大学丛书》尚无不合。便对该书中的序言稍易数字，请商务印书馆转质吴在渊。李协所译的《简要实用微积术》，原著作者为德国柯劳什原。柯劳什原系电信实验场教授，其著书原是为工场助手补习算理之用。姜立夫翻阅第一页"译者附言"之后便知其体例与《大学丛书》相去甚远，建议仍作《算学丛书》发行，不必改为《大学丛书》。

　　同年十月，姜立夫收到商务印书馆寄来艾伟《高级统计学》一册，要求给予审查，因统计一科非他所习，也就未敢强作解人，以免贻讥大雅。便将此稿本原封奉还，要求印书馆另觅方家担任审查。后来此书经蔡子民（蔡元培）先生转托吴定良审查。吴定良系著名人类学家，教育家，中国人类学主要奠基人，一九二八年在英国获得统计学博士学位，成为"国际统计学社"第一个中国社员。后此书于民国二十二年（一九三三）十月出版，民国二十四年（一九三五）五月再版。

　　该年十一月十五日，姜立夫又收到商务印书馆信札，称武汉大学教授萧君绛所译《群论》一书已排版就绪，拟列入《大学丛书》出版，另邮寄呈概述排样二册惠予审查可否列入。

姜立夫于十一月二十六日给王云五复函："萧君绛译《群论》略加审查，此书系日本京都帝国大学教授园正造著（《大学丛书》目录中误为圆，请注意），虽非群论中之上品，但在国内算籍最感贫乏之时值得一译本，亦大幸事。拟列为《大学丛书》，极赞同，译笔颇认真，惟其所用名词，如改方阵为母式，改等余为合同，皆与时下习惯不无出入，然于排版既毕之后不便多所更动，似亦不必削趾就履，以求统一也。样本中手民误植尚多，最好寄交译者自行校对一过。"姜立夫在信中提出"圆正造"应为"园正造"，此意见未被采纳。该书精装本于一九三四年五月初版，平装本分上下两册，于七月初版。

商务印书馆第一集暂以三百种为限，拟分五年出版，自民国二十二年起，每年出版四十种。当时为加快出版速度，规定编审委员在收到排样后须在十日内核示寄还，每稿由该馆酌付审查费，姜立夫的酬银为每本三十元整，由商务印书馆天津分馆支付。

《大学丛书》从一九三三年四月开始出版，到一九三七年七月约出版三百余种，以大学教科书的形式出版了国内著名学者的多部重要著作，成为中国大学独立的标志。随着时间的流逝，有些著作与译述已经鲜为人知，有些至今依然熠熠生辉。抚去卓永,浙江乐清人,主编有《乐清民国版画》《野夫文存》《工匠余忠汉》等。

历史的烟尘,回望那一段历史,那些人,那些事,已经铭刻在历史的纪念碑上。

(原载《籀园》二〇一一年第二期)

苏渊雷的《易通》

肖伊绯

如果谈到《易经》,人们一般首先会想到"八卦"。作为《易经》精义的图像表达方式,"八卦"的确古老而神秘,鲜明而生动,而容易让人记住它。诚如"八卦"还广泛存在于衍化之后而来的现代俗语之中一样,又被定义为东拉西扯的小道消息、提前曝光的内幕新闻,"八卦"一词始终还蕴含有探索未知世界之意。但能把"八卦"与爱因斯坦扯上关系的,多少还是有点匪夷所思,让人莫名其妙的。

其实,用爱因斯坦相对论解释"八卦",是严肃的现代科学精神与中国古代思想的综合研究课题。这还真不是随便说说,嬉笑怒骂、交头接耳的现代"八卦"。民国时代出版过一本名曰《易通》(又名《易学会通》)的书,可能就是中国第一本把"八卦"与爱因斯坦扯上关系的奇书。书中把章太炎、严复、牛顿等中外名流一锅水煮,最终爱因斯坦也被拉下水，都给送进了太上老君的八卦炉里。

一九四三年八月，位于重庆南温泉的国民党中央政治学校，三十六岁的苏渊雷（一九〇八——一九九五）在一堂哲学课上，因讲授马克思列宁主义理论，与主者不合，毅然辞职，拂袖而去。这一年秋，他离开这所有贺麟、冯友兰等多位学术名家授课的"名校"，决然移家于重庆北碚，书斋自号"钵水斋"，并创办黄中出版社。

出版社开张之后，刊行的第一本书名为《易通》。淡灰的封面，简单的框线书名，由于钤了一枚"钵水斋丛书"的红印，而于简洁中透着一丝别致。当然，由于抗战时期的物资紧张，这本小册子使用的四川当地所产的粗陋土纸，以及普通的宋体铅字排印，也谈不上雅致，只能说勉强作了出版社的开张纪念品而已。

这本黄中出版社的首部出版物、《钵水斋丛书》的第一种《易通》，实际上原名《易学会通》，是苏渊雷十年前的旧作，也是他本人的第一部学术著述。这部书的诞生，并非像常见的学术著述一样，是学者书斋中的苦心孤诣而成；其中因缘，无论对苏氏而言，还是对后世读者而言，皆具非凡意义与深远意味。

原来，一九二七年"四一二事变"中，时任中共永嘉县党部执委兼组织部长的苏中常被捕入狱，在杭州陆军监狱被判十九年徒刑。在狱中，他翻检旧籍，综考平生所学，二十岁出头的他随即写成一部五万字的著作《易学会通》，后交由上海世界书局于一九三五年出版。这部究心易理、阐释易学大道的"奇书"，也似乎在学术与现实之间搭建了一条相互印证的通道；随着这部处女作的完成，苏先生的命运也随之发生变化。一九三〇年六月，在其刑期已执行三分之一时，由旅杭温州同乡会会长、太湖水利局局长林同庄保释出狱。七年囚禁的辛酸和大易通澄的顿悟，恍如深渊中的一声巨雷震颤心灵，又明了直接地喻示着《易经》乾卦中的"潜龙在渊"之意象，从此这位苏先生易名"渊雷"。苏渊雷的名号开始叫响。

一九四四年，苏渊雷在抗战陪都重庆黄中出版社中再版了这部《易学会通》，改名为《易通》。实际上，全书的内容并没有做大的调整与改动，《易通》只是一部订正后再版的著作；这部易学著作不但是苏氏的首部学术专著，至今也是其易学领域的唯一著作。这本小册子，是在昏暗的、随时因空袭警报而熄灭的灯光下，在重庆北碚北平路卅二号的"钵水斋"中完成订正校稿的，在重庆打铜街二十七号的京华印书馆内，在嗡嗡如苍蝇乱转的日军空袭机群噪声中艰难印成。

诚如他在序言中提到的那样，这部书成于忧患之时，亦是为忧患而作。《易经》的精义不在其他，亦无所谓新创奇说，仅为识破与参透"忧患"二字而已。遥想十年前的七年牢狱之灾，于个人而言，其境遇之"忧患"可想而知，这可称之为一己之"小忧患"。到八年抗战期间，日寇肆虐，亿万同胞生灵涂炭、家国岌岌，这绝然可称之为一国之"大忧患"。这次再版《易学会通》，易名《易通》，更为明确地表示"易学"并非纯然的书斋学术，并非纯然的艰深绝学，而是常人可通、常理可通、人天可通的大道。

这部运用历史辩证法观点，以论《易》为本，沟通老庄，融会释氏，旁涉西方哲学的学术专著——《易学会通》初版时，迅即引起学界关注。而一九四四年在重庆订正再版之际，这部易学著述的意义已经超越学术本身，在抗战陪都的影响力广涉军政各界，即使对普通民众也颇有号召与启蒙之力。在重庆读过《易通》的普通读者们认识到，原来《易经》不是算命谱，也不是解梦书，《易经》是探究宇宙与命运原理的古老学说，它可以也应当与现在、未来之时势相映证与转化。正如眼前的这一场全民抗战一样，生生不息的是人心的力量及时势的扭转，而非一成不变的坐以待毙。苏渊雷的《易通》成为抗战时期的易学启蒙书，也成为抗战时势认识论的宣言书。其学术影响力与文化影响力交相辉映，从某种程度上讲，将易学的通俗层面推至极致。

一九八五年，中州古籍出版社力邀已过古稀之年的苏渊雷再次校印《易学会通》。时值改革开放大潮，学术百家争鸣，这部五十年前的著作再一次在"大易生生不息"之精义中焕发活力。苏老欣然应再版之邀,将一部一九五〇年代的校本及友人按语均交付出版社重版付排。苏老为此还郑重撰序,将其易学生涯及易学理念作简要回顾,他在文中指出:

夫易为三义:简易、变易、不易。一则天地自然法则,原本简朴而平易;二则天地万有、人间万事,随时在交互变化中,惟其变化程序有必然的准则可循;三则天行人事,虽随时随地错综复杂,皆在互为因果的变化之中,而所变者现象,能变者却是不易之理。所谓"神无方而易无体"者,非欤?

简易、变易、不易——苏渊雷易学思想的三段论,昭然若揭。一九三三年、一九四四年、一九八五年,《易学会通》初版、《易通》订正版、《易学会通》重校版,二十六岁、三十七岁、七十八岁的苏渊雷以一部看似"简易"的《易学会通》完成了自己生命历程的"变易"与学术思想的"不易"。在苏渊雷看来,蝶变纵然华丽,但循环往复的生命本身无所谓"华丽";一次蝶变纵然惊艳,但这一次蝶变只是下一次蝶变的一个普通节点而已。易学的精义在于变中体悟不变,不变中顺时应势而变;在近代易学的百年蝶梦中,苏氏是那只飞得过沧海的蝶。

肖伊绯,四川成都人,文史学者,长期致力于近现代文史主题研究,著有《民国斯文》《民国笑忘书》《民国学者与故宫》等作品二十余部。

苏渊雷诗书画皆擅、文史哲通融的学术盛名久为世人所知,其易学思想则仅此一册五万言《易学会通》略作拈提。治易学者每每以"善易者不言"为戒,不愿作文字上的洋洋洒洒,不愿空费唇舌作妄谈痴论。苏氏此作,先为通一己生死之悟,后为通民族共患难之力,终为通一国变革之力而作,大易精诚之道,绝非逞才炫智而为,是明知不可言而言,是不言之言。而除此切关命运时势的"真言"之外,苏氏对"纯易学"点到即止,并无浮泛文字面市。

(原载《今日苍南》二〇一七年十月二十六日)

朱维之与《中国文艺思潮史略》

韦泱

若不是九十六高龄的丁景唐老多次给我提及他的恩师朱维之(一九〇五——一九九九)先生,我对朱先生的生平与事迹,真的知之甚少。我得补上这个短板,开始关注作为文学史家、翻译家的朱先生。

亦是巧事。在一次淘书中,偶得一册旧著《中国文艺思潮史略》,著者即是朱维之先生。通过阅读和爬梳相关史料,获知此书的写作与出版亦颇为不易。此书成稿于一九三九年六月,而在此十多年前,朱维之阅读了大量有关西洋文学思潮书刊后,就萌生了写一部中国文艺思潮专著的想法。过了几年,他的阅读和相关资料的积累已到了相当程度,又受到日本早稻田大学教授山口刚所著《支那文艺思想》、文须芳次郎《东洋文艺十六讲》以及胡适《白话文学史》等影响,于一九三四年写成《中国文艺思潮史略》初稿,并在他任教的福建协和大学讲授过两次。一九三六年朱维之调至上海沪江大学任教，也以此为教本。在边教学边读书的过程中，又得朋友们的鼓励，对讲稿整理重写，尤其对相关内容的年代分期法，由切瓜式改用波浪式。只是令作者感到痛心的是，十多年来所积累下的参考书及相关稿件，因"八一三"的炮火而化为烟尘，以致给重写带来重重困难。尽管如此，朱维之觉得让这本重写稿及早出版，也是对这段历史的一种纪念，此书便于一九三九年由长风书店初版。由于颇受读者欢迎，过了一个多月，即印了第二版。次年准备第三次印刷时，恰遇太平洋战争爆发，再行印样已不可能，书店遂想把纸型转移到大后方继续印刷。不料，没多久桂林分店也遭日军炮火的轰炸。抗战胜利后，长风书店老板想重新排印，无奈物价飞涨，书店只能印刷已成纸型的书，以减少成本。在此情况下，经周予同先生推荐介绍，朱维之索回在长风书店的版权，交给开明书店出版。开明书店虽然自身积压的书稿也多，却将此书优先付排，于一九四六年十二月出版，这让朱维之深受感动，称自己这本书是可怜的"国难孩子"，托付给开明有了新生的希望。此书出版以后，评论者不少，如赵景深谈到：书中有古典、浪漫、写实、象征等西洋名词，并不显得牵强，文笔也轻松活泼，可以做极好的教学参考书等。朱维之仍觉得这样的评论"轻描淡写"，希望评论家有

"不吝详细切实的指教"。

《中国文艺思潮史略》共分十一章,从西周春秋,一直到清代及民国初期。尤其是十一章的最后一节"五四以来新文学的主潮",可以看出朱维之对新文学初期的判断,他写道:"一九二五年以后,除少数作家以外,大家都有新写实主义的倾向,步伐愈走愈齐,比较重要的作家像茅盾、沈从文、田汉、鲁迅、巴金、丁玲、叶圣陶、张天翼、老舍等,都是写实的名手。因为在这转换的大时代里,大家都不能不注目看一看现实的炼狱,而加以分析解剖。"他在全书的最后一句话掷地有声:"目下中国文坛的趋势,很明显的是以新写实主义为中心思潮,最近的将来也必须继续这个主潮而发展,光明灿烂的时期,不久便要到来了!"整整七十年过去了,朱维之仿佛像个预言家。

一九〇五年三月,朱维之生于浙江平阳县朱家岛村(今属苍南县)。五四运动时,他在温州中学读书,参加进步学生运动,并阅读大量文学作品。一九二三年得到在温州中学任教的朱自清指教,并走上文学道路。在温州的岁月,对他人生起着至关重要的作用。一九二七年他从南京来到武汉,参加北伐,任第三军宣传科长。大革命失败后他到上海,进入青年书局从事编译工作。后应聘去福建协和大学任教。从一九三六年到上海沪江大学任教,后任国文系主任。丁景唐跟我讲述过,他一九四二

> 韦泱，本名王伟强，上海人，长期从事现代文学研究与写作，著有《金子的分量》《连环画鉴赏与收藏》《跟韦泱淘书去》等作品十余部。

年进沪江大学国文系就读，朱维之是他的国文老师。一九四八年上海地下党组织通知丁景唐，他已入敌人黑名单，尽快离沪。这样，他流亡香港，在生活十分拮据之际，忽然接到时任中文系主任的朱维之信函，聘请他速回母校担任助教，这给了他莫大的惊喜。回沪后，朱维之让他暂住已故校长刘湛恩的住所，以批改学生试卷为掩护，让他隐蔽在学校深处，以躲避敌人的魔爪。为此，朱维之差点被当局解聘系主任职务。只是未及实施，上海便解放了。一九五二年，朱维之调任天津南开大学，后任南大中文系主任。除了《中国文艺思潮史略》，他还出版了《基督教与文学》《无产者耶稣传》等，翻译了弥尔顿长诗《复乐园》，马雅可夫斯基诗剧《宗教滑稽剧》，以及编写《古代中世纪欧洲文学》《文艺复兴时期的欧洲文学》等专著。朱维之的这些学术成就，他的知识分子风骨，亦堪称后人学习的楷模。遗憾的是，朱维之全集编辑工作尚未启动，希望朱先生的家乡能将此及早提上议事日程。

（原载《温州读书报》二〇一六年第八期）

《描在青空》

瞿光辉

《描在青空》，昧尼著，收诗歌十五篇、散文十七篇，题记与跋各一篇，一九四七年未央社版。扉页有引自梁宗岱译法国梵乐希诗句：

女神，女神，水的女神啊！
我来这百静中献呈我无端的泪点。

作者在题记中慨叹过多的忧患剥尽了他的欢笑，从荒岛似的岁月里学会了从晶莹的泪光里看取悱恻的人生。但他又不甘于寂寞，有时还要在蔚蓝的明空下舒展一下梦的翅膀，这便是这本小书的来由，与这集子命名的由来。

昧尼是杨奔先生的笔名，我认识他已有二十多年了，最初是在我的一位师长庆贺"摘帽"、感念别人在他艰难屈辱的日子里给他友情而设的宴席上；以后多在作家的会议上见面。杨先生淡于名利、拙于交际，只是埋头耕耘他"自己的园地"。改革开放以来他出版了《深红的野莓》《霜红居夜话》，编有《外国小品文精选》及其续集。他从没有赠书与我，我收藏他的处女作《描在青空》，上面题的却是"给王氏姐妹，昧尼，1947.8.宁波"，还钤有一方淡淡的印章。这王氏姐妹是谁？是他在甬江边邂逅的村姑？是他在乡村小学教书时初识的乡村女教师？其中一个是他后来的恋人在刚刚认识的时候？抑或是他在几十年后写的《末恋》中的女子？——

  岁已暮，大雪开始纷飞，我独自踯躅在异乡街头。

  忽然，在飞雪中闪动一个红围巾的背影。我追上去，果然是读熟的面影，比去年消瘦多了。那惊讶的明眸电光似的一闪，立即被长睫毛所遮，晦暗了。

  "你呀！让我找得好苦。为什么老是躲着我？"

  她凄然垂头："再见又有何用！"

  "我要走了。——就这样告别？"

  "几时上船？"

  "明早。"我出示买好的船票。

  "那么，晚上见。——就在公园小山亭上。雪夜不会有游人的。"

"这次莫再骗人!"

"不相信就不要去了!"她恢复了那调皮的笑影,也只是一现。……

等到入夜,我打开伞,踏着积雪,进入荒凉的公园,登上小山,倚在亭柱上,四望不见人影。却听得背后嗤的一笑,我转身搂住,拂去她头上的雪花,拥坐在亭槛上。她把头俯在我的领口,不住地发抖。

"恨我吗?"我不知从何说起。

"你可看到那报上的启事,在六月?"

"哦,我正要问你,你义父说你'行为不端,劝告无效',声明脱离父女关系。——他不是你生父?"

"是,他原是汉口一个大纸商,玩过一个薄命女,生下我,就把她抛了。重婚后移居这儿。后娘老是折磨我,去年突然变了心思,要我嫁给她侄子,我不依,就把我赶出门。我怕连累你,所以……"

"现在你何处落脚?"

"这就别问了,反正我们不能候鸟般随处做窝。"

"我们再从长计议。你先要来信呀!"

她默然,摇头:"我去向未定。再说,还能写些什么?我知道你不像我父亲。一切都怨命。……天冷,你回去吧。"

瞿光辉,一九三九年出生,浙江温州人,曾任教于温州教育学院、温州师范学院外语系,业余从事文学创作与翻译,著有《最初的微笑》《狐狸的神药》《美丽的旧书》等。

　　我挪了几步,回过头,她痴立在那儿,那红围巾在飞雪中如一团火,陡然折转身,向小巷跑去了。

　　那把伞却留在亭中,我没有勇气再回去拿取。

　　多年后,又是大雪纷飞的岁暮,我在故居独坐,没有上灯,那朵死火又在眼前晃动。我伸出双臂,只有空虚的寒冷。我们之间已隔着辽阔的海和漫长的岁月,她在哪儿?还哭泣吗?或者把笑靥簪在别人的襟上?也许,她已忘却我的名字。——毕竟是前尘影事了呀!(稍有删节——引者)

　　我爱品尝昧尼(杨奔)的散文,他的优秀之作是蜜汁?是橄榄?是婆婆世界。

(选自《美丽的旧书》,南京师范大学出版
二〇〇八年版)

王思翔的《台湾二月革命记》

洪振允

我在图书馆工作，主要业务是从事地方文献收藏。对地方文献虽然有一定的了解，但惭愧的是读的却不多。张禹先生的《从心随笔》二〇〇三年六月就已在中国致公出版社出版，但直至二〇一九年由苍南历史文化研究会资助，通过中国文学艺术出版社再版时，我才好好地翻阅一过。也正是通过这本书的这两个版本，才使我对作者的人生和创作经历有了些许了解。

张禹，原名王思翔，民国十一年（一九二二）农历闰五月二十七日出生于平阳县江南区九板桥村（今属龙港市）。曾使用过于人、凤兮、王十洲、张禹等多个笔名，中年之后才将张禹作为正式名字。张禹先生二十世纪四十年代，就在浙江、江西、台湾等地从事新闻工作。新中国成立后则任职上海台湾民主自治同盟总部。工作之余先生加入到私营出版社泥土社的图书出版事务中,"事实上成了泥土社不挂名、不拿工资的主编"(引自《张禹自传》)。可见其对图书出版事业的热心和投入。然而紧随而来的却是其人生的低谷,"从此二十一年,一直挣扎在'反革命分子'大帽的重压与其阴影之下"(引自《张禹自传》)。一九七五年后,个人冤案相继得以平反,任《清明》杂志编辑、编审,至一九八八年离休。其人生经历之丰富与个人际遇之波折,令人唏嘘。其著述有长篇报告《台湾二月革命记》、文学评论集《文艺的任务及其他》、通俗读物《我们的台湾》等。

《台湾二月革命记》作为作者第一部正式出版的图书,也是国内较早涉及台湾"二二八"起义的出版物。其写作的目的及由来,在该书的序及《〈台湾二月革命记〉重版附记》《张禹自传》等文中都有所谈及。大致是一九四六年春,作者到达台湾一年后,发生了"二月革命"。作者因之受到牵连而遭到迫害,于是只身逃离了台湾。一九四七年五月间,"二二八"起义业已被镇压,作者在家乡用逃离时所携带的报刊资料为底,写成了七八万字的初稿,题名《台变目击记》。他以亲身经历者的见闻与事实,同时援引官方文件和统计数字为依据,叙述了台湾回归祖国一年多之后,爆发了"二二八"起义的全过程。其意图是要把此次事件的来龙去脉真实地告之世界,澄清国民党官方谣言,给予台湾同胞正义行动应有的评价与支援。

《台湾二月革命记》的出版过程也颇有些周折。初稿完成时，尚未解放，作者也深知公开发表几无可能，还有招致严重后果的危险。一九四八年初，作者曾经秘密将初稿送至耿庸处，试图找到出版出路而无果。之后初稿又辗转至胡风之手，到了香港。序言中就说到"流转了好多地方，终于不得发表"。直到一九四九年冬，作者调任到已解放的上海，在好友尹庚的介绍下找到了许史华。这时的许史华在上海创办了一个小出版社——动力社。在解放前尹庚曾打算出版一套《光与热丛书》，而该丛书出版计划此时正通过动力社付诸实施。就这样《台湾二月革命记》在几易其稿、辗转多人之后，被纳入尹庚主编的丛书之列，最终于一九五〇年初由动力社正式出版，历时近三年。

我在孔夫子旧书网里的中国书店购到《台湾二月革命记》的动力社初版本。该书迭经收藏，在书上盖有多个收藏章，而扉页上更是从上至下依次钤有"人民出版社图书资料室"（其上押盖有"人民出版社注销"章）"三联书店藏书""韬奋图书馆藏书"。书以右翻形式装订，文字以繁体竖式排列，可见新中国成立初期，出版物仍延续着民国时期的排印方式。封面、封底边缘及书脊处略有破损，品相虽不如意，好在正文内容完整。封面核心位置是中国二十世纪三十年代新兴木刻运动代表人物李桦的版画。这幅版画是组画《怒潮》中的一幅，名为《起来》。组画《怒潮》是李桦艺术生涯巅峰时期所创作的代表性作品之一。《起来》是组画中的第四件作品，也是高潮部分。它刻画出了农民的怒火达到顶点，如同决堤的洪水和燎原的大火，汹涌而出。他们奋不顾身迎接前方的枪林弹雨，其势如排山倒海，地动山摇。版画的内容与该书的主题极为呼应。封面最上位置是红色字体的书名，其下为黑字作者署名，而最下面则为出版社名，封面设计总体简捷明了，中心突出。在扉页最上行标有"光与热丛刊"。该书版权页后有《光与热丛刊》的书目简介，除本书外，另有十二种著述，内容多与鲁迅相关。翻过扉页为目次，内容包括序、绪论、国民党"政府"带来了灾难、"二二八，暴风雨终于来了"、"七日民主"与武装斗争、在血腥的恐怖政策下，最后一条注明封面版画为李桦的《怒潮》。全书从目次起标注页码，总计九十六页。最后的版权页记有"著者、出版者、负责者、印造者"，出版时间一九五○年二月，印量三千册。需要注意的是一九九七年版《苍南县志·历代著作存目》及二○一九年版《从心随笔》所附录作者著作目录皆记该书出版时间为一九四九年。结合作者的回忆文章与该书版权页所记情况，以上两则著录应当有误。该书封底的左下角为代表动力社的红色图标，由红星、齿轮、锤子组合而成，其下为定价：四元八角。

作者在《〈台湾二月革命记〉重版附记》最后一段曾提到该

洪振允，浙江苍南人，现供职于苍南县图书馆。

书动力社初版中的《绪论》于同年再版时被抽掉了，附录了几篇有关文件。可知动力社应当还有过一个内容经过修改的再版本。动力社在之后因故被关闭，尹庚邀约许史华、胡今虚和作者等人，在一九五〇年春成立了另一家私人出版社泥土社。该社成立后，继续编辑出版《光与热丛书》，并且再次将《台湾二月革命记》纳入其中，于一九五一年再版。泥土社版本与动力社初版本除无《光与热丛刊》的书目简介，内容版式近乎一致。一九九四年在该书绝版四十余年后，台湾地区以一九五〇年二月上海动力社初版本为母本，未作修改重新进行了再版。另上海图书馆藏有一九五〇年山海书屋出版的《台湾二月革命记》。

（原载《温州读书报》二〇二二年第七期）

《鱼背上面汽车跑》

李传新

陈力萍,一九二三年出生,原名陈家诚,温州平阳(今龙港市)人。历任《销报》和《小朋友》美术编辑、美术室副主任等。笔者浏览十七年文学作品中的少儿读物,《新少年报》《小朋友》《儿童时代》《少年文艺》《少年游艺家》《儿童文学研究》……陈力萍几乎在每一种报刊或丛刊都留下了美术插图。此外,陈力萍还著有《春天的歌》《大事和小事》《和太阳比一比》《枣熟了》(剪纸)《保尔筑路队》(装帧)《会动的书》《中外漫画人物造型》《幼儿动物画资料》以及装帧译著《风波里的孩子》等等。其多部作品具有国际影响,如《空气在工作》向国外发行、《鱼背上面汽车跑》(剪纸)参加莱比锡国际书展等。

陈力萍是美术家也是剪纸艺术家,其代表作是《鱼背上面汽车跑》。是书收入十二首儿歌和十二幅剪纸,儿歌作者毛农资料暂付阙如，十二幅剪纸出自陈力萍之手。一九五八年《红旗歌谣》出版之后，新民歌运动在全国蓬勃兴起，所涉题材也包括儿歌，所以《鱼背上面汽车跑》谓之"新儿歌"。其时有"亩产万斤"之类的浮夸风盛行，这些儿歌把夸张手法用到极致，反映出当年"大跃进"的历史痕迹。与"新儿歌"对应的是右面配以相关内容的十二幅剪纸，本书主要就是采用这种"诗配画"的形式。陈力萍根据儿歌内容创作的剪纸作品，形象生动逼真，画面惟妙惟肖，像"大绵羊"中小姑娘剪羊毛，脚下的羊毛宛如朵朵白云，托着小姑娘和大绵羊，犹入仙境的画面栩栩如生；"包头鱼"则干脆让小男童在鱼背上面开着汽车行驶，反衬出鱼之大鱼之肥，活脱脱一幅童话世界的胜景。所有的剪纸图案色彩绚丽，比例夸张，与儿歌内容相得益彰，从美术角度来看的确是难得的艺术精品。

《鱼背上面汽车跑》是新中国成立后第一本使用瓦楞纸印制的铁圈式活页装帧的彩印童书，并列入国家图书馆"精装精印"的善本部特藏。瓦楞纸的发明和应用在当时只有几十年的历史，传统的凸版制版工艺让瓦楞纸印制成色彩鲜艳的画册并非易事，况且让童书创新采用铁圈式活页，可以想见在构思整体装帧时，一定投入了非同寻常的编辑理念，一九五九年秋，《鱼背上面汽车跑》因此在莱比锡国际书籍艺术展览会获得儿童书籍展览铜李传新，湖北襄阳人，曾供职于北京理工大学人文学院，著有《拥书闲读》《初版本：建国初期畅销书初版本记录解说》等。

质奖章。包括《鱼背上面汽车跑》等一批高成本制作的图书代表了当时图书装帧及印刷的最高水平，位于新善本之列应该是实至名归。

少年儿童出版社一九五九年三月初版《鱼背上面汽车跑》，铁圈式活页精装二十开本，印数六万册。这个版权记录有问题。当年九月第二次印行平装本，印数标示为一千零一至一万四千册，亦即初版本印数一千册，二印本一万三千册，这个标示是正确的。二印本定价仅为六分钱，初版本定价七角五分，是二印本定价的十多倍，初版本标示印数六万册显然有误。考虑到当年"大跃进"的气势，或许初始计划是开印六万册，因为要先赶印出来为应莱比锡参展急需，所以先印出一千册。至于后来没有按版权记录印数完成，可能的原因就是成本太高而放弃了，不过这又让初版本是否印够一千册打上问号了。

(原载《温州读书报》二〇一九年第二期)

一意孤行的写家

孙良好

> 我决定一意孤行。在诗歌写作上,我在向篇幅与选材作有意识的跋涉,甚至向有些质疑的格言挑战。必须不理会这块土地上诗人们以多种相同方式的蠢蠢欲动。于是,我又一意孤行。我仍然将自己的一批长诗收集起来,作为强大的集体而矗立。其面世的背景,用诺曼·梅勒的话一针见血:"愚蠢,能激发我的暴力。"
>
> ——《洗礼以来》后记

五本诗集,两本散文集,还有参与主编的两本诗选集,不算多也不算少的印刷文字,不算大也不算小的文学影响力。高崎为这些作品忙碌了大半生,它们面世的时间是一九九一年至二〇〇九年,但它们中的大部分完成于他的"隐士"时期。按照面世时间的先后,我用心"巡视"这些作品集,发现它们提供的内涵虽然有异,但写家一意孤行的姿态却非常明晰。

　　一九九一年的诗集《复眼》是一次迟到的亮相，此时的高崎已经做了十三年与诗为伴的隐士，而此前的诗作已陆续地在一些报刊上露脸。这本诗集发行面不广，但在有限的阅读者中评价不俗，尤其是其十分讲究的语言一开始就引起诗评家的高度关注。就我个人而言，最能代表这本诗集的力量是"复眼"的洞察力和语言的生命力。因为用的是"复眼"，寻常的事物和感觉有了陌生而新奇的味道；而"一句话能导致一生或一刹那／飞花落雪的语言"（《语言》）则是诗人对写作的一种自我言说。

　　二〇〇〇年对高崎而言称得上丰收年，诗集《顶点》和散文集《圣迹》不妨看作他在两个世纪交接点上的个人总结。《顶点》较《复眼》有更成熟的诗歌语言和更新鲜的形式实验，他渴望着"顶点"的召唤，从语词、形式到思想，他想成为"一个统治与开发自己的诗人"。但我觉得他只是部分地实现他的渴望，语词独特却并不亲切，形式异样却并非圆满，思想深邃却有些渺远。或许，《圣迹》的阅读更能触动我们的灵魂，高度诗化的语言、沉思默想的状态，让不起眼的人生踪迹散发出智慧的光泽，让艰难的生存状态找到精神的皈依，它让我想起半个多世纪前冯至先生写作的《山水》。不同的是，《圣迹》强调了神圣的意味，而《山水》更在意的是生命的沉静。

二〇〇二年的诗集《征服》向我们呈现了高崎在写作道路上不愿停歇的"征服"态势。外在世界的翻天覆地影响着他的现实生活，但似乎很难动摇他在诗歌世界中的坚韧不拔和特立独行，他关注和热爱的人、事、物的视角没有发生太大的变化，诗到语言为止的理念愈发坚定。对他来说，现实的语言可以"随波逐流"，但诗歌的语言只能独辟蹊径。他固执地认为，时间能证明的是艺术自身的价值而不是其他。因此，我不奇怪他引卡尔维诺为同调，卡尔维诺说："艺术家应该寻求出路，尽管需要突破一座又一座迷宫，应该向迷宫宣战。"而这一年由他与另外两位浙江诗人合编的《浙江实力派诗人诗集》，隐含了他有意识在集体亮相中寻找属于自己的位置的一种努力。

二〇〇三年的《声音中的黄金》，是高崎迄今为止唯一的散文诗集。显然，他对散文诗这种文体寄予颇高的期望，以为它被"赋予与生俱来的自由本质，忠于艺术的探索与无羁"。细读这个集子中的文字，我也真切地体会到其中更大自由的诗性，情感的抒发更直接，哲理的融入更自然，而文字的核心，仍然是远离尘嚣的生活状态和长驱直入的思想维度。

二〇〇五年，散文集《手握两个世纪》面世，他高扬"原创价值"的旗帜，继续在语词、形式和思想的道路上细心地摸索、精致地打磨和锐意地突进。那些我们并不陌生的风景和事物，那孙良好，浙江龙港人，现任温州大学人文学院院长、教授、硕士生导师，著有《建筑·抒情·栖居大地——20世纪中国文学研究的三维世界》《文学的温州——温籍现当代作家作品研究》等。

些离他远去的人和消逝的时光，带给他的不是熟视无睹，不是哀伤失落，而是别样眼光别样情怀，还有由此获得的珍贵的生命体验。

二〇〇九年，他煞费苦心地与人合编《浙江大学诗选》，一方面为他一直引以为傲的母校奉献发自内心的一份爱意，同时也以诗歌来呈示自己无愧于母校。而在长诗集《洗礼以来》中，他高调宣布了自己的一意孤行。虽然集子里的不少诗篇并非首次呈现，但这些"掷地有声"且颇具规模的作品一旦集中呈现，不仅能对读者形成更深层次的冲击，而且也让他自己再一次接受精神的洗礼。

可以预见，"洗礼"之后，一意孤行的写家，道路会更加清晰，步伐会更加坚定！

(节选自《文学的温州——温籍现当代作家作品研究》，浙江大学出版社二〇一二年版；原题为《诗人高崎的三种姿态》)

从《金属心》到《猛虎图》

韦陇

一

远远近近，哲贵的小说我几乎都读过。当这些小说以结集的形式又一次展示在我面前的时候，每一篇都像是一位故人。这么多故人聚到了一块，就感觉特别的亲切、喜庆。当我把这些"故人"一一重温的过程，许多话语就源源不断地诉诸笔端。

哲贵小说给我的最初印象是《德炳老师在仙堂小学》。读着这篇文字，一个内心丰富而又非常真实的乡村普通教师形象跃然纸上，我们似乎熟悉他的每一个口吻，每一缕气息。之后，哲贵到鲁迅文学院进修，还是不停地写他的乡村教师，非常用功。终于，他的《音乐课》上了全国性文学杂志《青年文学》。如果说，《德炳老师在仙堂小学》把一个乡村教师写活了，那么，《音乐课》则是把一群乡村学生写活了。它写出了一种"理想",那是乡村小学的理想,更是乡村孩子们的理想,这些生动、生猛、活生生的"理想"被哲贵发现了,于是《音乐课》便具备了让人感动的要素。

也许是题材的局限性,哲贵的创作在同类题材上盘桓良久,未能取得新的突破。他本人也意识到了这个问题:专写乡村学校一类的题材,路子太窄,创作空间太小,施展不开。他此前的小说虽有轻灵飘逸之美,思想内容上却是分量不足,且在一定程度上游离了社会现实。此时哲贵已在《温州商报》工作,随着社会阅历的递增和眼界的拓宽,他也进一步拓展了创作视野。

哲贵开始写民工进城的小说,一篇接着一篇,作品也慢慢有了分量,有了厚重感。哲贵的民工小说开始遍地开花,《十月》《当代》《人民文学》等各大刊物先后刊登了他的小说。

再后来,哲贵不写民工了,写他的信河街,写温州的有钱人。我一辈子没当过富人,虽然并不"仇富",但也就谈不上有什么好感,总觉得富人是以财富尺度来衡量每个人的价值的。然而,哲贵笔下的富人给我别开了一个生面,信河街的富人们,似乎总是挣扎在财富欲望和道德底线的边缘,为了在物欲和良知之间找到一个平衡点,他们往往不遗余力,有的甚至为此付出了惨重的代价。二〇〇五年,哲贵的中篇小说《决不饶恕》发表于《人民文学》。在这之前,我和哲贵讨论过这篇小说。说实话，我对这篇小说并不看好。首先觉得有点粗糙，有几个技术环节明显没处理好，更重要的是，看起来不"真实"。《信河街》写的是一个叫刘科的浪荡子，骗走了一个叫周蕙茛的钟情于他的女人五十五万元钱，然后销声匿迹。这其中的五十万元是周蕙茛从亲戚邻居那里东拼西凑借来的。周蕙茛为了还这笔钱历尽了艰辛和屈辱。数年后刘科发达了，回到信河街，想把这笔钱还给周蕙茛，并想用更大的回报来补偿她。但是，伤透了心的周蕙茛既不接受刘科的还债，更不接受任何形式的补偿。一个极度需要钱的女人却拒绝了金钱，而且是那么多的金钱，我认为，这在生活中是不可能发生的。关于这一点，哲贵的意思是，他所思考的正是这种"不可能中的可能。故事，以及思想"。在哲贵的信河街系列中，一直贯穿着这种创作思维。但我还是认为，小说应该写生活中"可能发生"的故事。

　　哲贵的信河街系列写了很多篇，从《决不饶恕》之后，《陈列室》《住酒店的人》《金属心》，一篇比一篇好。他还是坚持写他"不可能中的可能"，但已不再粗糙，通过性格刻划、心理描叙，细节铺垫以及各种技术处理，生活中的不可能已经完全变成了文学中的可能。简单地介绍哲贵小说中的故事，你明明会产生一个疑问：这可能吗？但当你真正进入了小说阅读，你顺着故事和人物往前走，你就出不来了，你会觉得，这个故事理应如此，如果故事的发展是另一个样子，反而是"可能中的不可能"了。这时我又发现，原来，对于"可能"和"不可能"的判断，其实是相对的。

哲贵这一时期的作品，最具代表性的应该是《金属心》。写的是一个叫霍科的富人，因为患有严重的心脏病，换了一个金属的心脏。其实在这之前，由于疾病、特殊的生活经历以及无情的商场角逐，霍科的心早已和金属一样变得又硬又冷。换"心"之后，霍科无意中邂逅了乒乓球教练盖丽丽，在长时间的交往中，盖丽丽的真诚和善良慢慢地融化了他那颗冷硬的心。小说的结尾写道："这时，他很清楚地听见自己左边心室的跳动声。他伸手去摸了摸，似乎有了一丝的温度。"

正如李敬泽先生说的那样，哲贵的小说通常是寓言式的，在寓言性的叙事中，展开他的想象和洞察。李敬泽对哲贵这一时期的创作是这样评价的，他说："我猜想，在很多年后，哲贵的这批小说会比现在很多在同 问题上发出慷慨激昂的声音的作品更有价值，因为他怀着同情，但又很可能怀着最深的反讽之意，在小说中验证了他的人物的人性水平。"

我曾经提出过这样的疑问：为何哲贵不着力去鞭挞普遍存在的富人的唯利是图和麻木不仁呢？哲贵回答说，不管是穷人还是富人，我写我的理解和希望，以及理想。

可以说，从小说里，我读懂了哲贵的精神世界，他对生活的理解，以及对这个世界所抱有的理想或幻想。

二

长篇小说《猛虎图》是作者对信河街人物的一次集体检阅。在小说结尾处，宇宙网络公司横空出世，这代表着全新的互联网商业时代的到来，也预示着一场更其凶险的财富角逐游戏已经拉开了序幕。一群更年轻的猛虎正咆哮着迎面扑来，而上一代的猛虎或已一蹶不振，无力再战；或在筋疲力尽之后，厌倦了商场的搏杀。但他们是否就此退出江湖，又能否全身而退？接下来的人生道路，他们将何去何从？长江后浪推前浪，当陈宇宙这一代人登上信河街的历史舞台，他们又将演绎出怎样惊心动魄的传奇？

《猛虎图》是一部好看的小说。不同的读者对"好看"会有不一样的定义，环肥燕瘦，审美各异其趣。故事推进的跌宕起伏，不落俗套，语言的精准流畅，人物的鲜明有趣……这些都是"好看"的必要前提。当然，哲贵作为一个敏锐的青年作家，他的"好看"绝不会只是停留在这些基本的技术层面。我们很难确凿地说《猛虎图》最大的看点在哪里，而这或许正是这部小说的可贵之处。

　　史书记载历史事件，而小说，尤其是长篇小说，则往往以重大历史事件为背景，利用文学的话语系统，虚构属于作家内心的最客观的故事，赋予历史以当下的意义。小说不是史书，但我想，它应该比史书具有更高层次的真实，因为它直指人心，并以内心的真实返照历史，使历史事件不再冰冷和无情。

　　人物以及人物内心的"真实"，则来自于客观的对待。哲贵说过，他的写作，首先要求自己对笔下的人物不带任何偏见，即便人物原型来自于现实生活，即便这个"原型"让他感到万分厌恶。《猛虎图》中每个人物的性格既是独特的，又是多重组合型的。陈震东多智而跋扈，王万迁急进而自卑，胡长清沉稳刚毅，计化龙狡诈阴鸷，刘发展谨慎守业，黑社会伍大卫，泼皮无赖霍军，还有随波逐流的许琼许瑶，敢作敢当的公交车李美丽……但我知道，这些都只是我对小说人物的片面定性，是"一言以蔽之"的无奈之举。哲贵笔下的人物，并非如此简单、粗浅，这些人物性格的丰富性和复杂性，如果非要说清楚，甚至让我感到无能为力。于是我认为哲贵做到了——他对人物没有偏见。

　　偏见是一种侵犯。对任何一个人物的褒贬，都将侵占读者的审美空间；对任何一个事件的主观评判，都将影响和误导读者的阅读愉悦和审美取向。所以作家没必要做如此无谓无趣之韦陇，原名黄伟龙，浙江苍南人，著有《过纯洁的生活》《尔卜尔筮》《浮世留痕》。

事，他只要讲好故事就够了。《猛虎图》徐徐展开一幅群虎争雄的图画，在这里，只有力量和智慧的展示、较量、抗衡，虎尾春冰，殊死相搏，生死成败各安天命……人性的美好与丑陋，内心的黑暗与光辉，在故事的推进和交织中如影随形。

商人陈震东和哲贵的信河街，实际上也是当今中国商业社会的一个缩影和历史符号，这段历史或刚刚成为过去，或正在发生。十几万字的《猛虎图》对于这一段风诡云谲的信河街历史只有最忠实的呈现，没有多余的议论，也没有一个字的道德说教，这是多么干净。而正是这种客观、干净的作品特质，使《猛虎图》具备了丰富性、多义性，以及多种解读的可能性。

这是个镜像世界。当心如猛虎的陈震东身受重创伤痕累累，在他的"心识"里，所有的人都变成了老虎，包括他最好的朋友和妻子。也许，只有当陈震东驱逐了他自己心里的虎狼，才能改变他的"心识"世界，让世界回复到原来的平静、平和，乃至有可能找回另一个风和日丽、温暖如春的"镜像"。

——境随心转，在残酷的社会现实面前，如何善护其心，似乎远比如何功成名就更加值得我们去深思。

(原载《文学报》二〇二〇年八月六日，原题为《"我写我的理解和希望，以及理想"——读哲贵小说》)

为什么是小青
——《苍南碗窑古戏台藻井壁画》成书记

杨树

温州现存清代以前古戏台五百四十一座，画有彩绘的戏台一百三十多座，苍南桥墩碗窑的古戏台是其中的一座。

每一次去碗窑，都会去古戏台看看。沿着石板路拾级而上，穿过水碓房，绕过吊脚楼，就到了顶窑。顶窑三官殿和古戏台之间的剧场空地，是停顿休憩的佳处。碗窑去了多少次，这戏台也就看了多少次，每一次都不落下。

一代又一代的碗窑人对子孙说："碗窑戏台，当心看。"这古戏台的构造，尤其是古戏台藻井上的彩绘壁画，是碗窑人津津乐道的故事，也是两百年来的一个谜题。记载碗窑的志书家谱，经过碗窑的学者游客，描写碗窑的诗词文章，从未说清楚古戏台营建的具体时间和确切经过，更说不清楚，这古戏台藻井壁画，画的到底是什么。

二〇一七年下半年，因为工作上

的原因，我又多次去细看碗窑，古戏台上的谜题，总是浮现在脑海里。前后两年台风，邻县的泰顺一座廊桥被冲毁，本县矾矿的煅烧炉倒塌，国保级文物损失巨大，这让我意识到，文物也是有生命的，如果不把谜题的素材保存下来，也许有可能连谜题本身也一起消失了。

  于是找一班人商量，决定先以拍摄扫描的方式，把戏台藻井壁画的每一张图片，原汁原味地保存下来，也许可以印刷一本小画册，或者制作一些明信片，既可以作为旅游的宣传品，也想着让壁画留下蛛丝马迹，等待有能力的人来解开谜题。

  就这样，我找到了苍南半书房团队，把这想法告诉他们，让他们作为联络平台，负责穿针引线。再找到了刚刚出版过《永嘉壁画》的温州书局，文物专家推荐说，在温州想复制这样的壁画，还是这个团队最好。之后又找了当时的苍南旅投集团、旅游局、文化局、桥墩镇等单位领导，寻求他们的支持。万事俱备，也有东风。这件事，说干就干起来了。

  在碗窑古戏台顶部的藻井上，有四十八个格子画有梅兰竹菊或书写文字，另外四十八个格子绘有不同情节的人物故事；在藻井的底部衬板，四周绘有狮子、凤鸟等装饰彩绘，还有四个格子绘有人物故事，也就是说，共有五十二个格子的壁画，描绘了不同故事场景里的七十多个各不相同的人物。两百年间，藻井壁画上的各色人物，静静地躲在昏暗的藻井之上，看着客商来往，游人如织；看着族群迁移，村落兴衰；看着窑口火红，窑灰冷却；但自从戏台建成的那一天开始，似乎从来就没人真正端详过她们自己，直到这时，终于第一次迎来了细细看她们的人。

温州书局的团队连续工作了十来天，勘察，搭台，照明，清理，一张一张仔细拍摄，很快就把壁画转变成了图片成果。这一幅幅高清的图片，让平时昏暗难辨的藻井壁画变成了鲜活的故事情节。当这些精美的图片展示在我眼前的时候，也把这一道难题展示在我的面前。

之前，目及的文献和民间传说，都说碗窑古戏台藻井上的这些壁画，与南戏有关，可能涉及多个剧目。这时候，图片摆在面前了，到底涉及哪些剧目呢？

跟电影《唐人街探案》里的主角一样，我把所有的图片全部编号，再摆开来，先是一张一张看，再翻来覆去看，把这些图片都刻进脑子。根据之前我的观察，曾经看到过白蛇传的情节，这次细细数来，这五十二幅图片里，可以清晰地看到"游湖、借伞、赠银"等三幅，"端午、现形、盗草"等八幅，"水漫金山寺"四幅以及"镇塔、祭塔"两幅，这些都是我们熟悉的白蛇传场景。只不过，这十七幅可以确认的白蛇传壁画，只占总画幅的三分之一，那么剩下来的三分之二呢？

我又回到了碗窑，坐在古戏台藻井之下的舞台上，静坐仰观，环绕分辨，闭目细想，仿佛穿越时空，回到儿时看小人书和听长辈对着年画讲故事的情境之中，我对比了前后的人物形象、逻辑关系、现场背景，再来看上下四层每层十二幅加底部四幅的壁画，这时，我做了一个大胆的假设：可以把五十二幅图片，按照顺时针的顺序和上下层的顺序安排成一个连续性故事，并做了一个大胆的推测：所有壁画，可能画的是一整部白蛇传故事。

　　然而，证实这个推测的过程是漫长和艰苦的。

　　判断每一幅壁画所对应的白蛇传剧情，需要看遍现有的白蛇传所有版本，才有资格说，这一幅属于这个版本，那一幅属于那个版本，以及，这一幅不属于任何版本。我利用脱产培训的宝贵时间，借助于孔夫子旧书网和网络资源，购买和下载了与白蛇传有关的各类书籍，逐字逐段研读其中每一个章节，每一句唱词，每一篇解读，不放过任何细节。

　　比如许仙和白娘子在苏州成婚之后，从投靠的王本溪家出来另立门户，要开一家新药行，那么货源从哪里来呢？壁画里有四幅画描绘了这个过程，白娘子和小青到大户人家放出小鬼，偷盗药材，然后委托水运船夫运输到苏州，交代许仙来接货，之后船夫回程。这里面，船夫来时满载货物，归去船上空空，药材货袋的勾勒色彩很浅,弥漫不清,没有多次揣摩,很难判断四幅画讲什么故事。而且,这个情节在存世白蛇传版本中,完全未见,我是借鉴戏曲曲艺剧本里的盗银库、掠檀香等情节推断而来。

比如端阳节白娘子盗草救活许仙之后,藻井壁画的第四十一幅,画着人形的白娘子和小青,复活的许仙,庭院地上有一条蛇,细看这条蛇,发现是断开两段。这是说,许仙醒来后,白娘子和小青把一条白绫变化为蛇,再把它斩断,还拉许仙到庭院看他所惊魂的"白蛇",以消除许仙误会。而这一段,不见于明代冯梦龙的话本和清代《雷峰塔传奇》三大剧本,却是乾嘉之后的鼓词等曲艺作品里常见的章节。

比如许仙在苏州新开保和堂之后,正逢苏州知府陈伦妻子难产,许仙前去救治成功,获得重赏,同时招来同行嫉妒,安排药王庆典要求许仙献宝,白娘子到梁王府盗宝,渡过难关,却同时因为宝物败露,许仙再次被发配到镇江。这个故事情节的篇幅,画师安排了十一幅,占了整个藻井壁画的五分之一。但这个情节也是我们很不常见的,为了找到源头,我根据嘉庆十一年(一八〇六)刊刻的小说《雷峰塔奇传》影印本,翻到了其中的第五回《决双胎府堂议症》和第六回《狠郎中设计赛宝》,才能确定这部分壁画的内容。

这些谜题，现在说破，毫无悬念，但当时琢磨，却常常是大半个月食不知味，"白头搔更短"。

其实直到现在，藻井壁画里还有个"小鬼"，我还不能确定是什么角色。这个"小鬼"的形象，出现在许仙还伞得赠银、白娘子梁王府盗宝、端午现形救许、法海渡许、金山寺救夫、白娘子生子等多个篇幅里，大约是白娘子收小青的时候，顺便收的小青徒弟；也有可能是画师觉得，许仙白娘子卿卿我我的画面太"祥和"了，特意加一个"小鬼"，增加点妖氛鬼气，类似现代恐怖片里的配音，反正没有找到确切的依据。

探究的过程，也是充满乐趣和欢愉的。学不孤，必有邻。如果没有上世纪五十年代阿英的《雷峰塔传奇叙录》和傅惜华的《白蛇传集》，没有本世纪初白蛇传传说被列为非物质文化遗产之后，镇江民间文化艺术馆编辑的三大本研究文集，我根本无法解开这样一个小小戏台藻井的谜题，这也让我真实地感受到，做学问时，站在巨人肩膀上看风景的舒心。

为了增加这本册子的可读性，我尽量收齐自古至今的戏曲、曲艺、小说版本，把其中对应恰当的词牌、曲词、唱段、台词，作为每一幅壁画的解说词，还斟酌推敲，模仿了章回体小说的篇目，虽不算工整，却也颇有古风俗气。在宋元话本和明代文本里，白娘子是峨眉山白蛇，小青是西湖的青鱼，直到清代乾隆年间的方成培曲本，小青才变成青蛇。为了展示这种版本延续的多元特色，我把这本画册起名为《那年，小青还是一条鱼》，让一本介绍古戏台文物的小书，更能吸引网络时代年轻世代的眼球。

　　成书的过程中，得到了众多师友的帮助和鼓励，美编林成奎多次往返温州苍南，对画册的装帧、封面的设计付出了很大的心力；金辉、林元贴老师为了补拍一张全景藻井照片，戏台上下折腾了许多招式，才得到满意的结果。陈革新、黄崇森等书友，拿到样书，直夸这个专题"抓住了一条大鱼"。年近九旬的民俗专家萧耘春先生，看了初稿后，说从一个点出发，去深入一个面，是读书和民俗研究的正道。素未谋面的戏曲专家沈不沉先生，不仅从南戏和昆曲的发展角度倾力指导，还在画册出来之后，主动接受媒体采访，认为碗窑古戏台藻井的白蛇传壁画，"是中国戏曲史上非常了不起的事情，它填补了戏曲史的一项空白"。之后，为了更好地向世人介绍这一发现，我又根据沈先生的建议，花了点时间，整理了一篇两万字左右的学术论文，在《温州大学学报·社会科学版》上发表。

　　就这样，碗窑古戏台已不再是一座普通的古戏台，而找到了自己在中华文化、民俗、戏曲、经济、建筑史上应有的地位。

　　礼失而求诸野。在社会动荡的清末和民国时期，戏曲、建筑等艺人匠人，都是不入流的阶层，他们创造的艺术形态在民

> 杨树，浙江苍南人，编著有《那年，小青还是一条鱼——苍南碗窑古戏台藻井壁画》。

间传承谱系中，逐渐流失，不为人所知。这些艺术门类，可能会像碗窑古戏台藻井壁画一样，静悄悄地躲在乡间的某个角落里。上世纪五十年代，平阳和剧团当家花旦陈美娟代表浙江去参加华东戏曲会演，梅兰芳大师看了她演出的《白蛇传·断桥》之后对她说："你演的比我好，这蛇步子我不会走。"可见，古代戏曲已经失传的一些表演形态，在小剧种里会存在化石标本。

如果有一天，真正的传统文化专家们，看到碗窑古戏台藻井上的白蛇传壁画，也能像梅兰芳看到陈美娟的"断桥蛇步"那样的惊诧羡慕，那我推介本土文化的目的就达到了。

(原载"苍南六言谭"公众号二○二二年六月三日)

辑四

书口

读书之乐乐何如

苏渊雷

陶渊明读书"不求甚解"。诸葛亮读书"但观大略"。这两句话每易被人误解。其实"不求甚解"的"甚"字,即老子"去泰、去甚、去奢"之旨。凡事不必"打破砂锅问到底",钻"牛角尖",走"死胡同",入而不出也。但也不能一知半解,浅尝辄止。有人读《史记·晁错列传》,至景帝"召袁盎入见。晁错在前。及盎请避人赐间,错去,固恨甚"一节,以为皇帝与袁盎单独谈话,太史何由得知?这与有人读《三国志·诸葛亮传》,至隆中对策时屏退左右言一段,说外人既不得知,陈寿又何从采录?同一陷入"历史相对主义"的泥坑。好求"甚解"而怀疑一切,不足为训。

至于"但观大略",实即突出重点,略去细节,亦孟子所谓"先立其大者,则小者勿能夺也"的意思。并非浮光掠影,东鳞西爪之谓。

读书首贵"好学深思，心知其意"。眼明手快，如遇仇人，一把抓住。遇有新颖可喜之论或动人之处，虽只一字一句也不放过。当即录下，时时记诵，俾永不忘却。东坡《石鼓歌》引虞世南"眠布被中，恒手画腹皮"的故事，极意形容。从知"以指画肚"，古人皆然。我少时每遇疑难草书，亦尝书空画被，不断巩固以助记忆。

其次，要把自己摆进去。即所谓"闻书掉泪，为古人担忧"；设身处地，为古人着想。这样才能知人论世，符合历史唯物主义观点。例如读李商隐《哭刘蕡》一诗，首先必须知道：刘蕡因唐文宗太和初对策，指陈朝政，言多痛切，被屏弃不用，远谪抑郁以死。而李商隐则出身庶族，始参令狐楚幕，继婿于王茂元，致牵入"牛李"党争的旋涡中，一生潦倒。对刘蕡之死自然深表同情，所以才能写出"黄陵别后春涛隔。湓浦书来秋雨翻"的句子，情景交融，触处生悲。意谓自黄陵别后，随春涛的怒卷而心潮起伏；湓浦（九江）书来竟成噩耗，对秋雨的翻飞而悲泪如注。东西遥隔，死生永诀，借春涛秋雨的外景，寄深远沉郁的内情。

又如韩偓，于唐昭宗时入翰林。朱温窃政，因不依附而遭贬谪。其《春尽》一诗作于昭宗被弑之后。唐运已衰，国亡可待。故曰"细水浮花归别浦，断云含雨入孤村"，一种无可奈何的凄惶之感,溢于纸上。他日,元遗山《淮右》一诗曾引此两句,并云"空余韩偓伤时语,留与累臣一断魂",以寄其眷怀故国之思。韩诗末联云:"惭愧流莺相厚意,清晨犹为到西园",则人情之冷淡、诗人之寂寞可知。此与温庭筠《春日偶作》所谓"钓渚别来应更好,春风还为起微波",同为渴望同情不得于人间。转求之自然的情景,可谓"一往情深"了。

第三,寻章摘句,增助文采。名篇警策,必须背诵。若李陵《答苏武书》中"凉秋九月,塞外草衰"一段与丘迟《答陈伯之书》中"暮春三月,江南草长"一段,以及杨恽《报孙会宗书》和《后汉书·范滂传》等篇,我均能一一背诵,在对照中味其妙处。

近读陈寅恪《柳如是别传》,钩稽逸事,疏通词句,穷根究底,使人信服。不仅引人入胜,欲罢不能,且饶"读书得间"之乐。或谓陈氏此书若不出版,可免遭通人齿冷云云,不知"伤心人别有怀抱",好奇多爱,史迁犹不能免,实不应以寻常理法绳之。又,汪容甫《汉上琴台之铭》有句云:"懿彼一丘,实具二美,桃花渌水,秋月春风。都人游冶,曾无旷日。"世传酒座中或问出处,一时通人为之结舌;李审言(详)独能从容指出萧子显《南齐书·循吏传序》:"都邑之盛,士女昌逸,歌声舞节,炫服华妆。桃花渌水之间,秋月春风之上,无往非适。"可谓博闻强记,举重若轻矣。这都是博雅君子的典型。

最后，读书要能致用。广泛联系，左右逢源。一方充实自己，提高精神素质（充实之谓美）；一方发挥才智，焕乎其有文章（充实而有光辉之谓大）。梁启超于《中国历史研究法》一书中，拈出"汉攘匈奴与西罗马之灭亡及欧洲现代国家之建设有关"一命题加以论证，比观中西诸史而知其因缘甚为密切。谓汉永元窦宪击败北匈奴一役，为世界史上最要之关键。其在中国，结唐虞三代以来獯鬻、猃狁之局，自此以后，中国不复有匈奴寇边之祸，而在欧洲，则为二千余年来国际形势所自始。近人岑仲勉著《隋唐史》亦曾拈出一事：谓当时突厥既"得周齐岁馈缯绢，不适于用，谋专利转鬻于波斯，波斯弗应，又远求之东罗马，夫于是发生突厥波斯之战争，发生波斯东罗马之廿年战争，其导线则不外我国之丝业。惟明乎国际间之转输，然后恍然于古代北狄何以力索岁币也"。这些都是"读史得间"的著名例子。

又如《礼记·学记》上说："九年知类通达，强立而不反。"意思是说：上了九年学，能够举一反三，触类旁通，才算知类通达；能够独立思考，临事不惑，才算强立不反。"知类"一层，就显得重要。知其一不知其二，叫做不知类。但知"类"之先，必须经过知"要"过程。知类是"博"之事，必须辨其流别；知要是"约"之事，必须综其指归。知类"有以观其会通"，尽天下之事相。知要则概括简明，披露事物的全体。

举一些切近的例子。知"要"有如马克思分析资本主义社会，以"商品"为起点；而分析商品，又以社会劳动的体现——"价值"为要素；列宁分析帝国生义，以资本输出，独占形成，殖民地分割完了，金融寡头统治等为特征。知"类"有如马克思论资本形态，有货币、商品、机器的不同；剩余价值的体现，有利润、利息、地租的区别。又如恩格斯论婚姻制度有三种主要形式，大体上群婚跟蒙昧期相适应，对偶婚跟野蛮期相适应，一夫一妻制跟文明期相适应；根据这些论点，我们再回到中国古代史上，对于"姓是血缘关系，氏是地缘关系，用地缘来区别血缘，于是姓氏发生了联系作用"的秘密，也就揭开了。治学如此，读书亦然。

上面这些，都是正襟危坐、读经典理论时的态度。即使偷闲读小说戏剧，也是一样。例如，我们读陀思妥耶夫斯基的《罪与罚》，只要记住一点就够了：大学生拉斯可尔尼可夫因杀死放高利贷的老妇而准备自首、跪在所欢沙妮亚面前说："我不是跪在你的面前，而是跪在全世界一切受难者之前。"王尔德《沙乐美》一剧的警句，就在沙乐美冷而颤地吻着所爱先知约翰被割下的头颅时说：啊！原来爱的味道是苦的。至于《鲁森堡一夜》作者以葡萄喻人生说：早上葡萄青涩不可口，中午正好甜蜜蜜，下苏渊雷（一九〇八——一九九五），原名中常，字仲翔，浙江苍南人，著名文史学者、诗人，曾任华东师范大学历史系教授，著有《易学会通》《读史举要》《佛教与中国传统文化》等作品十余部。

午去摘，酸了，酸了……这些都是"世纪末""人间苦"的情调。

最近快读陆文夫的中篇小说《清高》，深深地打动了我的心。文心词笔，戛戛独造，决不在"鲁郭茅巴老曹"诸公之下。原以为出于女史之手，打听下来竟是丁酉"同年"，这也就"妙不可酱油"了。仿陈寅恪的笔调：一笑！

上来东拉西扯，说得这么多。随心所欲，喋喋不休，就此打住。总之一句话："读书乐"也。

一九八七年

(选自《苏渊雷全集》，华东师范大学出版社二〇〇八年版)

古书的阅读

许威汉

"五四"以前的作品通称古籍。我国古籍很多,据杨家骆统计,两汉及两汉以前已有一千零三十三部,计一万三千零二十九卷;到了清末,增至十八万一千七百五十五部,计两百三十六万七千一百四十六卷。流传到现在,估计有七八万部(转述自《世界图书》一九八一年第三期)。

了解古籍,先要了解古籍的分类。最早的目录学著作是《汉书》里面的《艺文志》。清代金榜说:"不通《汉书·艺文志》,不可以读天下书。《艺文志》者,学问之眉目,著述之门户也。"清代张之洞批评有些人不会读书,写了《书目答问》,其中不少说法虽然已经过时,但对了解我国古籍概况和版本目录常识有一定的作用。近人范希曾《书目答问补正》对张书既补又正,较有实际价值。

目录学中最早的图书分类法是

"七略"(辑略、六艺略、诸子略、诗赋略、兵书略、数术略、方技略)，现在是"四部"(经、史、子、集)。现代分四部是古代分类法的沿用，其顺序的基础是甲、乙、丙、丁四部的分类，它是"七略""七志"(经典志、诸子志、文翰志、军书志、阴阳志、艺术志、图谱志)的改进与发展。

有人认为四部分类法是封建思想体系的图书分类法，必须彻底否定，搞一个新的分类法。其实，古文献本身就是我国奴隶社会、封建社会和半殖民地半封建社会的产物，我们用这个分类法倒是有其方便之处。

古籍很多，只能有选择地去读。章太炎、黄侃根据自己的治学经验，曾先后开出了必读的根柢书书目单。章太炎说青年必读二十一部书，黄侃认为尚有未备，增加到二十五书，并说二十五书可以"囊括一切，也是做各门学问的根柢"。这便是：

经部十五书：《易》《诗》《书》《礼记》《周礼》《仪礼》《春秋左氏传》《春秋公羊传》《春秋谷梁传》《孝经》《论语》《尔雅》《孟子》(以上通称十三经)《大戴礼记》《国语》；

附小学二书：《说文》《广韵》；

史部四书：《史记》《汉书》《资治通鉴》《通典》；

子部二书：《庄子》《荀子》；

集部二书:《文选》《文心雕龙》。

(按:经部有的可视为史书,如《国语》;有的可视为小学书,如《尔雅》,今沿其旧。)

章、黄为什么提出必读根柢书呢?因为当时社会上盛行梁启超开列的《国学入门书要目及其读法》和胡适开列的《一个最低限度的国学书目》,章、黄认为泛滥不切实际,没有揭示出重点,所以便提出二十五书来纠偏。

不过这里有个现实问题:上述诸书基本上是要从小就逐部读的,小时候没有读或少读,现在年龄大了,用来熟读这些书的时间又不很多,怎么办?这当然还是要从实际出发:第一,根据现有条件,能读多少就读多少;第二,尽可能懂得使用这些书,在实践中逐渐熟悉这些书。

为了便于自学和熟悉根柢书,下面不妨作些纲要性的论述,以为启导。

先从"经"谈起。

"经"的含义是什么呢?《辞海》"经"的义项有十一个,第一个义项是"指规范原则",第二个义项是"织物的纵线",第三个义项是"南北行的道路";《辞源》"经"的义项有十三个,第一个义项是"织物的纵线",第二个义项是"南北向的道路或土地",

第三个义项是"常道,指常行的义理、法则、原则等"。《辞海》和《辞源》"经"的义项排列次序不一样。根据《说文解字》的解释:"经,织纵丝也。"我们不难看出《辞海》是首先着眼于"经"的常用义,《辞源》是首先揭示"经"的本义。

由于"经"这种"织物的纵线"有一定的次序而不能紊乱,所以后来用为"法"和"常"的意义。"经"既然可以作为"法"和"常"来解释,那么可以作为日常言行的法则的古书就都被蒙上一个"经"的名字了。其实这只是一般的解释。今文学派和古文学派对"经"还各有不同的解释。

今文学派以为"经"是孔子著作的专名,在孔子以前的著作不得称经,所以只有《诗》《书》《礼》《乐》《易》《春秋》才可以称"经"。

古文学派以为"经"是一切书籍的通称,不是孔子六经的专名;"经"只是订书的线,凡是线装的书都可以称经。章太炎属古文学派,所以说"经即线是也;所谓经书,无非是一种线装书之谓"(《国学演讲集》)。

所谓今文是汉初用隶书写的经书文字,书中多用本字;所谓古文是在孔壁中发现的用大篆(一说是科斗文)写的经书文字,书中多用借字。两种不同字体、不同用字的经书都有人研究,后来发展成学派对峙。今文派认定孔子开始才有经,解经重在微言(精当而含义深远的话)大义(经书要义),以适应巩固封建的"一统"需要,古文派主张六经在孔子前就存在,解经重在章句训诂,以辨认其中经过窜改增加而不足为据的地方。清代学者继承古文经学家的训诂传统并有所发展。段玉裁、王氏父子、章太炎、黄侃等是古文学派的学者,所以他们对"经"的说法就反映了古文学派的主张。

事实上,随着时代的演进,后代人所称道的"经"的范围,已经由孔子删定的"六经"扩展到以孔子为中心的其他书籍,如《孟子》《尔雅》等等。特别是段玉裁在十三经之外,还增加八经,称为二十一经,便是最典型的。这八经是《大戴礼记》《国语》《史记》《汉书》《资治通鉴》《说文解字》《周髀算经》《九章算术》,把历史书、文字书、数学书都包括进去了。

经的名称最早见于《国语》。经的数目向来不一样,有所谓四经(四术:《书》《诗》《礼》《乐》)、六经、五经、七经、九经、十二经、十三经、二十一经之称。经之范围虽逐渐扩充,但世以十三经为限。

"经"和后边要谈到的"史"的关系十分密切。古文学派认为"六经之文,皆周公之旧典","经"就是"史",只是经过孔子编订一番而已,有所谓"六经皆史"的说法。章太炎就说"'经'本'史'耳,'史'与'经'无甚区别"。然而今文学派认为"六经皆孔子托古改制之书,实为后王立法"(康有为《孔子托古改制考》),而且认为古文经都是刘歆(西汉末古文经学派的开创者)伪造(康有为《伪经考》),不可相信。这样自然也就谈不上"经、史"关系了。

实际上,不论今文、古文,都有其史料价值。孔子编的也好,后人编的也好,都以古代材料为依据;其中除了清代学者查考证实确属伪造的那一部分之外,都可以作为研究先秦历史的基本史料。同时"文史"从来不分家,文学离不开历史,也离不开经书。经书里还有许多古汉语史料,经学更是给古汉语的研究提供了可靠的例证。

对于"经学"的说解,应持实事求是、择善而从的态度,不可存有古今文派的偏见。"芄(wán)兰之叶,童子佩韘(shè)。虽则佩韘,能不我甲。"(《诗经·卫风·芄兰》)《毛诗》(古文派)释"甲"为"狎",陆德明《经典释文》引《韩诗》(汉初燕人韩婴所传,今文派之一)也作"狎",使证据更为确凿,就是适善而从的实例。"终南何有?有纪有堂。"(《诗经·秦风·终南》)"纪"和"堂"长期来人们没有能够解释清楚。清代王引之研析了整部《诗经》,发现凡说山有某物都是指草木;又考虑到同篇前一章"终南何有?有条有梅"的"条""梅",也正是指树木;进而再参证了《诗经》的异文《韩诗》，发现《韩诗》"有纪有堂"写作"有杞有棠"，最后便得出很有说服力的结论说《诗》古文的"有纪有堂"就是"有杞有棠"，这也属于适善而从的实例。前面说过今文经多用本字，古文经多用借字，推求本字自然也应重视今文经的"异文"。类似现象尚多，就不一一赘述了。

择善而从与存有偏见的"党同伐异"是截然不同的两回事。远在西汉，五经十四博士经说各守家法，古今文派互相攻击，"党同门，妒道真"(刘歆《移书让太常博士》)，经学家门户之见很深。到了东汉末年，郑玄笺《诗》注《礼》，才沟通古今成一家言。但当时也有人反对他，王肃说经就与郑玄专唱反调，于是经学中又出现郑王之争，其门徒亦各守宗主。这种党同伐异之风是极其要不得的。

总之，今古文派逐渐发展为学派的不同，治学的重点和研究的方法以至对经书的解释、对具体社会历史问题的看法也都各不相同。经学中这种今古文派的对峙一直持续了将近两千年，对我国的学术以至语言文字都有一定的影响。"五四"后经学乃至章句训诂之学的门户之见尚未扫除干净，彻底清除党同伐异恶习，大力提倡择善而从，亦为当务之急。

接下来略谈一下"史"。

原先民间不可以私自写"史"和传授"史",记事和掌史由专职的史官负责。后来"史"由官职名称用为"史书"的通名。

"史"和"经"都以"陈述事实"为主,所以它们素有前面提到过的"六经皆史"的说法。晋代以前,史学还没有被看做独立的学科,晋代以后史学由独立而日益发达。今天从某种意义上说,"经"只能是"史"的附庸了。我们固然不应把"史"叫做"经",但是不妨把"经"叫做"史"。梁启超说:"中国于各种学问中,惟史学为最发达;史学在世界各国中,惟中国为最发达。"(《中国历史研究法》)这是事实。其所以如此,当与中国长时期的特殊政治经济条件分不开。

我国古代史书内容多是"混合物",里面什么学问都有,简直是百科全书。因此,梁启超又说:"中国古代,史外无学,举凡人类知识之记录,无不丛纳于史。"(同上)这话也不假。黄侃提出必读几部史书,其重要性与必要性,是不言而喻的。黄侃提到的四种史书,在史部中是有其代表性的。先不谈《资治通鉴》和《通典》,仅以《史记》和《汉书》而论,其学术价值已非同小可,早为同类史书中之上乘。

对《史记》的注释历来相当重视,现在看到的最早的旧注是刘宋裴骃的《史记集解》。它主要利用封建经典和各种史书来注释文义,释义中吸收了前人的重要成果。唐朝司马贞作《史记索隐》("索隐"是阐发隐微之意),既注音,又释义,比《集解》前进了一步。唐朝张守节花费了毕生精力,写了《史记正义》,比《集解》《索隐》又有所深发和进展。司马贞的《史记索隐》和张守节的《史记正义》对《史记》所作注释的共同点,都是较多地集中在人名地名的考证和史实的考核上。《史记集解》《史记索隐》《史记正义》的注释,人们公认为《史记》旧注的代表作。往后注释考证《史记》的撰述还很多,它们在史学、文学上的价值不能低估,在章句训诂上的价值同样重大。

至于《汉书》,喜用古字古词,比较难读。东汉时候的人已经感到有很多地方读不懂。在这种情况下,人们便提出了为《汉书》作注的要求。东汉末年已有服虔、应劭为《汉书》作注。到了唐代,颜师古汇集了前人二十三家的注释,纠谬补缺,完成了《汉书》新注。清代王先谦还作《汉书补注》。即便如此,人们也还不大容易都读通。黄侃曾经指出:"王先谦《汉书补注》,不知何人为之圈断,每页竟错至五六处之多,此不通小学之甚。"古书通读之难,于此可见一斑。

以语言而论,总的说来,《史记》是总结继承秦以前特别是战国时代的书面语而定型化的代表,代表了上古比较通俗的书面语，对后代影响很大。它不像《汉书》往往用古字，造句也较古奥。《汉书》则从另一个侧面反映了上古书面语言现象及不同作者的语言风格。《史记》《汉书》对唐宋散文多有影响，欧阳修、曾子固尤工《史记》笔法。韩愈则沟通《史》《汉》，直薄《春秋》，为八家之巨擘。

再接下来谈"子"。

前面谈"经"时讲了"经"的词源和词义，谈"史"时并没有讲"史"的词源词义，这是因为"经"的词源词义的理解涉及到古今文派对"经学"的不同见解，而"史"则无此关涉。至于"子"的称述问题，比"史"复杂，读"子"不能对"子"的原始含义一无所知，这儿有必要联系"子"的词源词义作若干说明，而后再作适当推阐。

《说文解字注》："子本阳气动，万物滋之称。万物莫灵于人，故因假借以为'人'之称。象物滋生之形，亦象人首与手足之形也。"可见"子"的语原是"人"，"人类"。后来引申为初生的人，又引申为人的尊称与美称，做官的人、有德的人都叫"子"。古时政教合一，"师"就是"官"，于是称"师"为"子"。后来官学变为私学，"子"仍旧用来作为弟子对老师的称呼。先秦子书多由门人后学辑录而成，所以书中称"子"，书名就用"某子"。一般说"子",就是"诸子"的简称。"诸子"常指古代许多哲学家,因此"子学"也称"哲学"。但是"诸子"所叙述的内容不都是属于"哲学"的,所以还是沿用旧名称"子学"。

"子"与"家"有狭义与广义的区别:"子"代表属于某派的一人,"家"是同派的若干"子"的总名,如孔子、孟子等是儒家人物,老子、庄子等是道家人物。

"家"原是"家学"的简称。周代重"世禄"制度,官、师代代相传,"家学"表示学术出于一家的意思。后来官学变为私学,学术虽然不是出于一家,但只要传某派学术的都称"某家"。这样的"家"自然不是原先的含义了。至于现代称述的"文学家""史学家""哲学家""数学家"之类,"家"已经向"类语缀"(类词缀)转化了,更非原先含义。

了解上述诸端,自可理解"诸子百家"含义了。所谓"百家"之"百",用为虚数,以言其多。

"百家"指各个学派。诸子的学派,古时候叫做"家数"。家数究竟多少,未有定论。通常有六家和十家的说法。六家是"儒、道、墨、法、名、阴阳",十家则是在六家之外再加"纵横、杂、农、小说"四家。

《汉书·艺文志》依据西汉刘歆的《七略》分诸子为十家,随后又说"其可观者九家而已",于是又有"九流十家"的说法。十家中去掉哪家呢?历来以为去掉小说家。《辞海》也说"十家中除去小说家,称为九流"。现在一些文献学书也不加分析,人云亦云。去掉小说家的观点可能是据《汉志》说的话而加以推断的。《汉志》说小说是"街谈巷语,道听途说者之所造"。可是我们从《庄子·外物》"饰小说以干县令"的话中,可以看到当时游谈之士当中,不能个个都与六国诸侯晤对,有些便只能向各地方官说本地方的事,所记言谈,有点像后来的县志所录之类,不会是毫无可取的。就连孔子也说"虽小道,必有可观者"。这样看来,不宜去掉小说家。若定要去掉一家,那倒不如去掉"阴阳家",隋代以后历代史志都不提"阴阳家"可为佐证。但是,话又得说回来,邹衍等人阴阳五行之说,认为人类社会发展也受金、木、水、火、土支配,具有朴素的唯物主义因素,有其积极意义,终不宜去掉。由是观之,《汉志》"九流"之说未必精当。

研究诸子,一般以《汉志》所定十家为准,其实也不应拘泥而受到束缚。理由是《汉志》是从图书分类的观点出发编撰的,而不是从先秦诸子人物活动和思想学说的具体情况出发作全面考察的。这一点常为一些专家学者所忽视。既然如此,就难免有如下的不足之处:

其一,有的人物有学说主张,但没有著作流传,因而《汉志》就没有录下来。比如杨朱当时名声很大，有所谓"杨、墨之言盈天下"，应该是重要的一家，可是他没有著作流传下来，《汉志》就没能录他的书。杨子颇有独特见解。荀子有性恶论，孟子有性善论，告子有性无善无不善论，杨子则有性恶善论。仅有片言只语而无著述，其说也少为人所知。更有甚者，今人以"杨朱"与"庄周"姓名有双声迭韵关系（"杨、庄"迭韵，"朱、周"双声）而声言"杨朱"与"庄周"原是同一个人，这固然是无稽之谈，但我们不禁为杨子之言淹没不传而慨叹。

其二，有的人物《汉志》把他列入某一派，而在《汉志》以前却另有说法。像韩非这样的人物曾受学于儒家的荀卿，但韩非的思想后来有发展；《汉志》把他列入法家，可班固以前的司马迁则说韩非之学"归本于黄、老"，那么虽属法家，又未尝没有和道家相通之处。

其三，诸子重视行动实践的成功与失败，兴趣不在于著书而成为学者。孔子讲"仁"，可就是"述而不作"。李悝写过一部《法经》，但他在魏文侯时的种种改革措施值得研究的范围却很广，远远超过《法经》的限度。显然，着力于行动实践而顾不到著书立说，有其当时历史因素，本无可非议；晚世某些"学者"既无视行动实践而又以"述而不作"自诩，则不可同日而语。

明确以上三者，不局限在狭小的家派里，当有利于了解先秦百家争鸣的丰富内容。

还得指出，诸子学说从先秦到西汉是兴盛时期，东汉以后渐趋衰落。在兴盛时期，子部的书放在经部之后，在渐趋衰落时期，封建统治阶级攻击为驳杂不纯，旁门左道，置于史部之后。其实，所谓驳杂不纯，却是跟儒家传统观念不相同的各个学派的思想财富；所谓旁门左道，却是儒家看不起的丰富多样的生产斗争知识。因此，学习研究子书，对儒家思想的倾向性自应有充分的认识。而具体了解诸子，则应从其语言入手，通过语言的剖析以观全貌。

随后再谈"集"。

集部主要是文学方面的书籍。

汉代没有集的名称，文学书籍归到《七略》的"诗赋略"里去。《隋书·经籍志》集部分为楚辞、别集、总集三大类。清代《四库全书》增加了词曲和诗文评，扩大为五类，而戏曲和唱本还没有包括进去。黄侃提出的集部二书：《文选》是现存的最早的诗文总集，《文心雕龙》属于诗文评。

《文选》这部由萧统编的代表六朝诗文的总集，多引经据典。黄侃说当时文人争用典故，"以一事不知为耻，以字有来历为高"。(《文心雕龙札记》)有些语句即便看上去并不古奥，实际上也都是用典。比如《哀江南赋序》："日暮途远，人间何世；将军一去,大树飘零。"第一句出自《史记·伍子胥列传》的"吾日暮途远",借用来表示年老而路途艰辛;第二句出自《庄子·人间世》,表示慨叹;第三、四句用东汉冯异故事以寄托新义(冯异每次论战功,独自坐在树下,表示谦让,被人称为"大树将军";这里"将军"指自己,并不是说自己像冯异那样谦逊,"大树飘零"又只是用来比喻部下溃散)。《文选》这部书唐代李善竭尽全力说明其出典,引用材料达一千六百多种,唐以后补正李注的还有数十家之多。仅此引书一千六百多种,不只为研究训诂、整理文献提供了可贵资料,而且使许多已经失传的古书的搜辑、现存古书的校勘等工作也有所依循,它在考据学、文献学、校勘学方面都颇有价值。

早在隋代,就有过研究《文选》的"选学"之称,曹宪就是当时的"选学"名家。今天对《文选》的重视尚嫌不够,当然谈不上"选学"。《文选》比较不好读,但我们不能因噎废食;有不少人对《文选》的评论不那么恰当,我们亦不应因袭偏见。

《文心雕龙》这部自成系统的古代文学理论专著,其具体内容、理论价值及历史地位,自不待言。它不仅是古代文学理论专著,也是古代修辞学理论著作,甚至可以说是第一部修辞理论著作。这部书批评了当时片面追求形式的文风,是难能可贵的;而它自身又不免受当时文风的影响,这就美中不足了。特别是反映在词语的运用上，蒙上了一层玄学的神秘色彩，因而往往使人感到意义朦胧而不可捉摸了，例如："文辞"说成"文明"就颇为费解；"辞为肤根"的"肤根"更为历代的注释家所"不可解"，这是无可隐讳的。

"集"还有别集。别集是汇集一个人的著作，自编的不多，大多数是别人编的。明代张溥编录《汉魏六朝百三名家集》并撰写"题辞"，今人万曼《唐集叙录》都可作为读别集的参考。别集很多，其中说废话的文章不少。有那么一些送行、寿序、墓志铭之类，大多是言之无物的应酬文字，则可不读。

读古籍要知道经、史、子、集四部，但其卷帙浩繁，谁都不可能通读。清代所编《四库全书总目提要》，是四部分类法中影响最大的一种。该《提要》凡两百卷，以经、史、子、集四部为纲，更分类属，每类又分著录存目两项。著录之书，都有钞本，存目之书，则为四库所不收。每书撮举大凡，详列著者姓名、世次、爵里，并条举其得失。但要把这部《提要》读一遍，也得花费相当多的时间和精力，有人在《四库全书总目提要》之外，还编有《四库全书简明目录》。这个《目录》只载著录书名和卷数注某朝某人撰，其下并略志梗概，共二十卷。它和两百卷的《提要》相比，分量已减少了十分之九。可是人们仍有负荷繁重之感，近人杨立诚则编《四库目略》，将经、史、子、集分为四许威汉（一九二六—二〇一六），浙江苍南人，著名语言学家，曾任上海师范大学教授，著有《训诂学导论》《汉语词汇学引论》《汉语学》等作品十余部。

册，更加简括。但所举书目仍如四库所列，一般读者不得其要领，且无尽览之必要，于是韩非木又编《四库之门》，在四库中择要提示若干种书目，让读者"按图索骥"地去读原书。读黄侃所列二十五种根柢书，参照上述诸编，既突出重点，又对古籍全貌的了解有脉络可寻。

（节选自《语林探胜》，中州古籍出版社一九九七年版，原题为《丛论古籍·章句·训诂——兼论古书的阅读与研究》）

阅读

高崎

保加利亚的八岁女孩子活格具有一双眼睛分别读两本书的能力。这是阅读现象的最大奇迹,我无法达到。但是,我的阅读习惯也是奇怪的:从小时候起,取到一本文学杂志,我本能地撇开小说,专门寻找诗歌的页面来细看。而且,啧啧有味,仿佛诗歌是前生结识的卡塔赫纳童话:打开那里的全体鸡胗里一眼就发现了金粒。

同时,我喜欢从最后一页看起,倒抓过来向前逐页而看。这些习惯据说不少读者(王蒙,也属一个)也有。不知他们是如何想法,我感觉到这样阅读新鲜,不容易厌倦。未必置于最后的将是最差的作品。我阅读时不关心作者。只关注作品,发现作品出色,才注意记住作者的姓名。如果发现作品质次,或病态的句子,我不管作者是否大师,都在文章的具体处打上大叉,或者将它们改动。文学家尽管是注重文采的，但也毫无理由不讲究用语的规范。而且，我的记忆力有个古怪的倾向：对著作的作者、篇名，没有强记，却能过目不忘。然而对恋人的唠叨，经常忘却着。

小时候，我的阅读还有一个独自的习惯：将下巴扣住课桌来看书。读着期间，会不自觉地将嘴巴挪向书角，再将书角蚕依着。每次如此，完全不知不觉地。一学期下来，书本只剩下一条脊骨。学期的最后，那个大胡子的老师找到父亲说："他，没书，怎么能读呢？"我接上口："书，全吞在我肚子里了。"这句话而今回想起来倒有双关的意味。大人们大笑了。我并不知道他们笑什么，当时的我只怕父亲的痛揍。我还强辩："真的，这是真的。"还有行动与成绩对付了这个笑声。小学六个年级下来，诸位班主任对我的读书与评语上唯一的优点是共识的：记忆力强。

阅读时，我不像有些读者视书之后，书页清白一片。我认为这样阅读，虽然爱书如惺惺惺，但并没有真正读进书。我主张"雁过留声"：即一边读着一边记上随感。对好坏的段句，记上为什么是好的，怎么样坏的，加种种自己读这些篇章又可补充新的观感。不断触动，不断充实，不断记录。这就是学问。对优异作品，我的眉批特别周详，形同随笔。我满书涂鸦，毫不在乎。但是，我爱用纸张将书籍的封面包装起来。封面簇新，一尘不染。——这是我对书唯一的保护。

我以为背诵其实是死读。我主张对佳句，或劣句，要运用"分析"。分析它们的长短所在和技巧，吸为己用，这似乎是对书的活读。这比背一些篇章的意义强得多。我主张对书的"悟"，而不是生吞活剥。

　　我喜欢读外国作品的杂志或书本。这些书籍最重要的一点是，极大地注重对艺术与技巧的追求，这一切对一个作家尤为需要。我常常为那些大师表现的艺术质地感佩不已，甚至忍不住阅读再三，并且贴身，眉批，推崇。如阅读里尔克的《旗手之歌》，为他的才华纵横所折服，心想：这是我至今看到过最为出色的文采之一。相见恨晚，它使过去自己认为的知名作家的杰作黯然失色。一边读着一边心中感叹。进而索性又重抄一遍。——这是我对作品至爱的表达方式。我甚至叹息到我们不少作家与它的写作距离。我太迟才认识博尔赫斯、康拉德、里尔克、德莱塞、海德格尔、米沃什、阿莱赫姆、麦金纳尼，还有那些能够制造蝇王的小岛氛围、从而设计出人类的哲理思辩的小说大师的宏伟的构架，以及恒星式作家们。阅读之际，我仿佛重逢他似的，只作一厢情愿的交流。不以生死为界限。他们静静的文字闪耀着永不退热的才性的光辉、哲学和智慧。人类是在他们的大脑寻找智慧的雪线。这些令人感动与绝望的才华与睿智，启迪我，也推动了我。我可以谛听他们，也可以与他们辩论。他们如果不回答，但我管自发言。

这个阅读习惯可能是奇怪和自以为是的：我喜欢寻找一篇原作的几种调。然后接写自己的句子。我觉得这个写法很特殊，又不坏，这几乎是"抛砖引玉"的写作技法。看来有些荒诞，实质是可行的。类似和曲时音乐主题的衍化。这是我阅读的另一个作用：导向自己的写作。

我经常读到令我由不得发笑的章节，我至今还没有读到一本会让我垂泪恸哭的书。

我不主张泛读过多平庸的书籍。我习惯于精少的阅读。我甚至常常通过剖析大师的一个句子，加以敲击、开拓、联系，指出这个句子的精妙的几个方面，得出这个作家的写作结论。我曾将这方面"理解"介绍给一个年轻作家，致使他的写作大受启发，文质骤变，作品频频奏响。如前述，我觉得文章不在于读多，而在于悟读，以少胜多。

大堆的文学教程材料中，诗人李小雨告诉我的两句话印象最深：其一，读书要寻找最感动的位置，接着研究这个片段为什么促使你感动，运用什么手法？然后去汲取。其二，要注意词字具有色彩、分量、质感和音乐感。——这据说是其父亲李瑛曾经赐传给她的——因而，写作时要时时注意把握。

女孩子活格可以每只眼睛各看一本书，这的确是她的优越。

高崎(一九四五—二〇一三),原名高其士,浙江苍南人,著有《复眼》《洗礼以来》《圣迹》等。

可是我用两只眼睛看一本书,并非全是坏处:许多地方双倍的眼力将深入得更沉着些。那么,这才是善读的真正意义所在。而不是某些小康人家闲叠书本成墙,白白耗费了空间与装饰的价值,仍旧一无所有。

(原载《沧海》二〇〇五年第二期)

我的读书

叶宗武

我的读书，很杂乱。没有专心吃苦要想做一门学问的意思，完完全全是一种消闲、一种排遣的做法。纯粹为了从中寻觅一种乐趣，仅此而已。因此，笔记之类当然也就没有计划做。

其实，说"读"也不很确切，大都是"看"。只不过习惯了说法罢了。小时候看小人书，图文并看。看关公，看赵云，看苏武牧羊，看岳母刺字，就心中十分倾慕忠、孝、节、义之人；看曹操，看陈世美，看宋江杀惜，看林冲误入白虎堂，对奸诈小人、欺世枭雄就万分痛恨，就万分切齿。

偶尔也"读"。那是觉得非读不可。如"雾凇沆砀……惟长堤一痕，湖心亭一点，与余舟一芥，舟中人两三粒而已"，如果不读出来，就觉得不能过瘾，就觉得没有劲，就觉得真是有点对不起张宗子老夫子了。

偶尔也记。只是没有专门的笔记

本，只不过读到美文，随手在书上圈圈点点而已（或者随手在一张什么纸上记记），当然，书是自己的书，句子是绝妙的好句子。如"姑娘们真孔雀"等等，就默记于心了。再如"有两株树，一株是枣树，还有一株也是枣树"之类的，就熟记于心了。

遇到好心绪，遇到不好心绪，只要躲进自己宁静的书斋，天下便是自己的"一统"了，有"借书满架"就立刻跟自己亲近了；有一排一排漂亮的书脊就频频嵌进自己的眼帘了。在这样的氛围里，还没有拿到书就足以使自己平和了心态，舒散了怀抱。什么人情冷暖世态炎凉商品伪劣烟酒假冒利欲熏心斯文沦丧贪污物价腐败吸毒嫖娼卖淫桑拿浴三陪女保龄球凶杀案书真贵药多假……连同牢骚全都见鬼去了！然后，随手从书架上抽出一本《世说新语》，然后，"乘兴而行，兴尽而返，何必见戴"！

最不能忍受的是，无书的日子。若设在一个没有人聊天，没有电视看、无法消磨时光的环境里，找不到书读，千方百计弄到的一张包东西的旧报纸也早已翻遍了每个角落，这个时候，孤独寂寞就从四面八方逼迫过来，压抑过来，这种精神的折磨真是无法言喻的！

我的读书，大多也在"三上"。

枕上读书，真是惬意极了。逢到双休日，今日光阴归己有，没有人来打扰。或者夏日的清晨，或者金秋的黄昏，先把窗户叶宗武,号老铁,一九五〇年出生,浙江苍南人,曾任苍南文联副主席,著有《月亮是不会没有的》。

开开,让清新的空气进屋,然后舒展舒展身体,然后随手从"书似青山常乱叠"中抽来一本或者汪曾祺或者贾平凹或者弗洛伊德或者巴乌斯托夫斯基,然后斜倚在枕上,然后进到书里"不知东方之既白"了。

厕上读书,万不能亵渎了神圣的文章,万不能读《知味集》《书香集》之类的。此时只配读《厚黑学》《丑陋的中国人》,只配读"市侩集""廉耻集",此时大可将污秽之文、污毒之人,连同污浊之物"排污"了出去!

案上读书,先要窗明几净;先要沐浴净手;先要沏一杯香茗;先要"入定",然后开始慢慢品尝——真是人生一大享受。当然,书,是好书,读着读着就能与许多高尚的人对话了,就很超脱了起来,就书呆子十足地俯视整个大千世界了。

有书真好。

(选自《月亮是不会没有的》,时代文艺出版社二〇〇三年版)

一次偶遇后的转向
——《走向未来丛书》带给我的读书方向

周功清

我喜欢买书，我喜欢乱买书，更喜欢乱读书。之所以这么庞杂，我觉得跟三十多年前的一次偶遇有关：二十世纪八十年代中期，我犹在县城读高中。一次从新华书店门前经过，书店有展示橱窗，会将一些新书展示在那里，用于宣传。不经意间一瞥，突然发现这次陈列的是一大片黑黑白白的书，细看，原来这些书封面都是以黑白两色装饰，画的都是抽象图案，看不出是什么。我没有在意，管自己走过去了，也没管这是什么书，但那大片的黑白图案的封面设计却很清晰地留在我的脑海里。

再次遇到时，已是在大学。八十年代末的时候，我购买了其中的几册，知晓这些书属《走向未来丛书》。读了这几本书，兴趣大浓，这里面涉及的跟我之前的知识结构大异。我算是喜欢读书者，从小能接触到的，是传统书籍，诸如《三国演义》《水浒传》《西游记》之类；到高中时，比较喜欢文言文，买了一些《古文观止》《李白诗选》《千家诗》之类，也接触了一些外国的小说，总之，都是中规中矩的。这次却大不一样，如《GEB——一条永恒的金带》，将数学家哥德尔、画家埃舍尔、音乐大师巴赫之间用一条永恒的金带维系起来，它揭示出数理逻辑、绘画、音乐之间存在着共同的规律，由此构成了奥秘的思维、人工智能和生命遗传机制的基础。在阅读时，书中那一幅幅渐变的图画将人绕进去，慢慢变成了截然不同的物品，然后又绕回去，当时的我是看得眼花缭乱，心中却惊奇不已。这书浑不似以往所了解的写法，它将艺术、哲学、科学熔为一炉，在里面自如地展示三者之间的融汇之处，奇异的构思令人神往，虽然我当时并不太理解，毕竟我是文科生，在大学里读的也是中文专业。后来，我又读到了更为完整的版本《哥德尔、艾舍尔、巴赫——集异壁之大成》，再一次较为深入地了解宇宙、自然界和人身上所存的"怪圈"，这怪圈与各层面间相互缠绕有关，从而揭示了宇宙万物中存在的同构性，"阐明了哥德尔定理证明过程中最重要的两个思想，即哥德尔编码与自我相关"(乐秀成《序言》)。又《现代物理学与东方神秘主义》，这本小书试图阐明东方智慧的精神与西方科学本质上是协调的。现代物理学朝着一种趋向于东方神秘主义所持观点非常相似的世界观，两者之间有着惊人的平行之处，让我直呼不可思议。

这几本书无疑使我大开眼界，但在当时读过也就读过了，便放下了。没料到，这个开端竟然改变了我的知识结构。

大学毕业，分配回老家乡下的一所中学任教。喜欢买书的爱好还是没有变，因为有了工资，自己可以支配的钱有了，所以买书比起以前多起来，但县城里没啥好书，而平时到温州去的机会也不多。为了能买到好书，我开始向出版社、各类书店邮购图书。平时订了《读书》杂志，从中了解新书动态，了解更多的经典作品。这个时候，恰是在九十年代初期，各类思潮叠起，许多新的观念进到中国，可供选择的书也更多了，《读书》杂志上也陆续有关于《走向未来丛书》一些介绍和评价，我开始在四川人民出版社邮购图书，其中以《走向未来丛书》为主，并且慢慢将全部的书目购全。在阅读中，逐渐了解到当前最前沿的学科信息：人工智能、信息学、计量社会学、科学哲学、系统理论，对许多交叉性的学科有了初步的接触，经济学限于知识结构，自然不能完全理解，但至少大开眼界，对于研究方法更为心仪，其中以对《走向未来丛书》主编金观涛的著作最感兴趣，包括他的夫人刘青峰的作品，有《在历史的表象背后》《让科学的光芒照亮自己》《西方社会结构的演变》《悲壮的衰落》《整体的哲学》《人的哲学》等等，大多拜读了。他们运用全新的研究方法，采取别致的视角，得出出乎意料的结论，当时非常折服于他们用系统理论研究中国历史，爱屋及乌，后来凡看到两人的著作，就一股脑地买下来，由阅读他们的著作，变成收藏他们的书。我甚至认真学习金观涛的"历史演化系统理论"，并运用这种理论在一九九七年时给苏童的系列小说《红粉》写了一篇评论《上帝之网》。

《走向未来丛书》的出版，影响了八十年代的大批人，据说总发行量达一千八百万册，虽然大多是小规模的原著，以及编译之作，意在介绍新兴的学科，却极具启蒙性质。查建英说："《走向未来丛书》试图用西方的科学和现代理性观念来系统地重新梳理中国传统和现实。"四川新华发行集团评丛书为全国有影响力的精品书推荐词："丛书出版让国人耳目一新，眼界大开，引领中国出版潮流，定时代之格调，影响了不止一代中国人，尤其是思想上对国人的空前激荡无可匹敌。"我之受启迪，却是在九十年代后期；所收藏的全部七十四册书，涉及众多学科，我也仅读过部分，《走向未来丛书》虽然不是大著作，也不是后来所遇到的深度作品，但他对我的知识结构、价值取向、读书方向、治学方法均有较大的影响，丛书里所选著作的作者，也成为我这几十年来关注的重点，许多作者成为我藏书的重要对象。

九十年代末，我逐渐对乡土文化感兴趣，接触了历史学、宗教学、人类学、社会学、民俗学、民族学等学科，在我的数千册的藏书中，这些学科的书籍几乎占据了六分之一，而后来所阅读的诸如《走向未来丛书》中的《空寂的神殿》《震撼心灵的古旋律》《探索非理性世界》《画布上的创造》《西方的丑学》，都是我极感兴趣的话题，其涉及的历史、文化、神话、当代艺术等领域，都有令人耳目一新的感受。我所收藏的历史类著作偏向于西方著作，而神话学、人类学者弗雷泽、斯特劳斯、马林诺夫斯基的著作更成为主要阅读对象，国内的则收藏了不少叶舒宪的著作，他的《探索非理性世界》一书引起我对他的关注，这位中国现代神话学的顶梁柱，文学人类学（原型批评）的开创者，上海交通大学讲席教授，著作可谓等身，我购置了叶先生大大小小的十几种著作，以及他主编的《神话学文库》《中国文化的人类学破译》里的著作。后经仔细查询，他的著作我还远远没有购足。二〇一九年，我又有幸结识叶舒宪先生，因所主编的《苍南童谣》一书获得中国民间文艺"山花奖"，苍南县以此为契机，成功申报"中国童谣文化之乡"，而评委过来时，其中便有叶舒宪先生，他是中国民间文艺家协会副会长，本次带队前来考察。作为陪同者，我在这几天里一直与各位专家在一起，于是趁机将家藏的几种叶先生的著作带过来，请他签名。他有些惊奇，在每一册上均作认真题词、签名，并表示家里还有许多著作,如果这边需要,可以寄些过来。

阅读学术著作,我们一般更注重了解其学术的严谨性,行文的严密性,但同时也会苦恼于这些著作语言的枯燥,甚至有些著作专用术语使用过多,理解起来更为困难。《走向未来丛书》注重引导读者去了解西方大家之作,这些作品研究方法之绝伦,往往令人神往,而其结构安排之精巧,语言之优美,使我将许多学术著作视作文学作品来读。如读列维·斯特劳斯的《忧郁的热带》,第一句话就说:"我讨厌旅行,我恨探险家。然而,现在我预备讲述我自己的探险经历。"作为一部人类学著作,写得却是如此有个性,使我认识到学术著作并不应该是佶屈聱牙,面目可憎。读过《共产党宣言》,尤能背诵其首句:"一个幽灵,共产主义的幽灵,在欧洲徘徊。"对于这部政治学著作,我之所以能记住首句,实在是马克思作为一名学者,其语言却是令人着迷。梅林说:"就语言的气势和生动来说,马克思可以和德国文学史上最优秀的大师媲美。他很重视自己作品美学上的协调性,而不像那些浅陋的学者那样,把枯燥无味的叙述看成是学术著作的基本条件。"而弗雷泽的《金枝》以罗马内米湖畔一个手持利剑的逃奴昼夜徘徊着在守卫戴安娜神庙旁的一株圣树,提防有人折去树上的一根金枝,就能获得与他决斗而取代他成为"森林之王"的奇异现象作为开篇,谈到了这是古代流传下来的一种风俗，从而引出了的许多民俗事象。弗雷泽借助这个奇特而神秘的古老习俗，将读者引入其中去探索其起源，并将目光遍及世界各地，收集世界各民族原始信仰的众多事例，运用历史比较法进行系统梳理，从中演绎出一套完整的体系，并对交感巫术的由来与发展作出了令人信服的阐释和展望，所以有些人干脆将此书定义为文学作品。该书在向读者介绍民俗事象时，对整书的结构做了精心的安排，那层层叠叠的个案形成一个又一个的主题，共同构成了交感巫术理论大厦，形成宏大的结构乐章，整部作品一点不输于文学作品。而荣格的心理学作品，则是在远古的神话，流行的巫术，中国的道教，欧洲的炼金术中探求心理学的奥秘，提取一个又一个的原型，直接追寻集体无意识，期间充满着神秘的奇思妙想，读来令人神往。我逐渐明白，学术的研究并不仅仅意味着理性的思考，严密的推理，也是非常需要想象力的。语言的生动性，结构的精巧安排，缜密的推理，都是不可缺少的。

所以，《走向未来丛书》对我的读书及写作影响匪浅。本来，对于生活在小城镇的我来讲，知识结构不可避免会比较狭窄，加上自幼喜欢古文，读的是中文专业，这可能就会使我的知识结构更倾向于传统性，加上后来多喜欢做乡土文化的调查，所阅读的，关注的重点也大多是中国古代典籍，但由于比较早就读

> 周功清，浙江苍南人，现供职于苍南县教育局，著有《藻溪的记忆》《太平龙迎新春》《蒲城海防遗存》等。

过《走向未来丛书》，接触了一些前沿学科，使我的思想里更容易接受全新的研究方法，特别是西方学者研究中国的著作，更为关注他们的全新视角，试图能从中得到一些新的启迪。

那次高中时期的偶遇，可以说转变了我读书的方向。

书的生命

林森森

任何东西都有生命，书也不能例外。

但凡读书的人，对书往往会有一种占有欲，占有的最高境界是"待到坐拥书城时，人在丛中笑"，那种收获，那种成功不言而喻。为了实现这种占有欲，往往是拼命买书，买书的速度比看书的速度快是读书人的基本常态，慢慢地堆积成山，犹如"黄金散尽为收书"的豪迈和气概。也可以顺手拿书。图书馆文化馆之类的地方经常会有一些活动，这些活动里常会有作者带着新书分发，此时，看客们大都可以见者有份，人手一本，拎了一包回家。当然还有一种就是当回清仓图书的搬运工。一些大本头的书，往往是单位的清仓货，要么贱卖，要么直接赠送，这给藏书者有了占有的机遇，可谓不劳而获。凡此种种，读书之人似乎都会有过相同的经历。

大学毕业那时，看到人家满墙是书，也暗下决心立志实现。每次搬家，书柜是家具中的第一要务，定要做得好、做得多，能满足书不断增加的需要。搬家一次，书柜做（或买）了一次，再搬一次，又做一次，一次比一次大，最终实现满墙书柜。再经过多年"奋斗"，也终于实现了满墙图书，算是"坐拥书城"。当书填满了全部书柜的角角落落时，我发现书还会在不断增加，居有屋兮读有书，吾复何求？但书柜可不能随时变大了，因为书柜是与房子相配套的，多大的房子才可能有多大的书柜，把房子里的所有空间做成书柜，这也是我在家庭里做不了主的一件事，最多只能是局部扩张，无法全部占领，毕竟，还没能达到与书同存亡的地步，此时，书也就成为了一种负担，人也到了无立锥之地。每次家务，那些未能"入驻"书柜而只能随意堆放的书就会成为被唠叨的对象。

　　渐渐的，我似乎明白，藏书不是对书占有的最佳方式，只有通过阅读才是对书以及作者的尊重，也给作为一名读书人的人生平添许多精彩的画面。

　　何兆武先生有篇文章叫《读书须有宗旨》，里面有一段话让人印象深刻："图书馆的目标应该是什么？是让图书流通，让更多的读者来读书，读者来得越多、看得越多，这个图书馆的社会效应就发挥得越大。可惜我们的一些图书馆有点像藏珍楼，把书像文物一样保护。能不能让普通读物都开架呢？也许这是一件值得考虑的事情。图书馆不是藏珍楼，它的目的是要使书流通，使更多的读者能够更方便地阅读到。"给我的理解，当读者面对书开始阅读时，你才真正唤醒书的生命。

为了让书的生命得以唤醒，前些年我在努力地去实践，把一些看法和做法硬是灌输给身边的人。这种灌输虽然也是一段艰辛的历程，甚至在有些方面最终以失败告终，但仍然觉得无悔于那段为了书之生命的选择与实践。

提倡无障碍读书。目前所有的读书方式都是存在障碍的，正如何兆武先生所说的那样，国外图书馆非常自由，你可以一天到晚泡在里面，看什么书、看多久，基本上不受约束，国内图书馆好像还不能做到这一点。比如说，一些书库普通读者是进不去的，只能写个借阅条；一次还只能三五本，让工作人员帮你进去找。确实，甲地的读者无法到乙地的图书馆里借书，因为你的身份无法办理乙地的借书证。有了借书证，一次也只能借到规定数量的图书。借到了图书你也得在较短的时间里送还，万一破损什么的还得赔偿，反正在借书的环节上会有诸多障碍。一次，作家张翎跟我提起她在加拿大的借书经历，她问图书馆的工作人员一次可以借几本时，得到答案是没有这方面的规定。如果图书馆里没有这本书，你可以留下电话，图书馆会帮你去购买。设想，如果我们的图书馆里的书库能够自由进出，就跟逛书店那般自由，左翻翻右翻翻，从清晨到夜半，只要你有精力，只要你有需求，没有任何的羁绊，这是一件多么美好的事情！

提倡书的流通。有人说得好，每一本书的价值，都体现在读者对它的理解，如果没被阅读，再好的书，也是没有任何存在的意义。我对身边的藏书者说，现代社会已经不同于古时，专业图书馆是帮你藏书的机构，互联网是帮你藏书的空间，你可以不用承担藏书的重任，甚至还可以省去你的藏书支出，把书捐献出来吧，不要对书独自占有，不要让书尘封在死亡的角落里，让它成为读者的伙伴，跟着读者流浪。因为每次当读者对它翻阅时，就意味着它新的生命的开始。我也对书店的经理们讲，把书打开吧，让"囊中羞涩、摸摸口袋没有半毛钱"的孩子们去翻阅，因为长大了的孩子就是读书的群体，也是今后书店里能够消费的上帝。所以，当发现单位的仓库里堆积着许多书而且无人问津时，我就在走廊的某个角落设立了开放式的书柜，并在其显眼的位置写上"如果喜欢、可以带走"的字样！这让许多喜欢而又怀疑的人不断地征询，待得到我确认了的答案时才小心翼翼地取走自己最为喜欢的那本书，此时我也为这本书找到了喜欢它的主人而满心雀跃。

提倡书是人们的消费品。人们需要食粮，一种是物质的，如大米、蔬菜那般；一种是精神的，如书籍、艺术作品这类。人们在消费物质食粮的同时，也不能忘了消费精神层面的食粮。现在有很多人搞慈善，成立社会组织开展慈善活动，给人捐款捐物，帮助弱势群体。许多社会组织在街头巷尾设立他们的服务窗口，如有人烧伏茶，免费给路人饮用；有人每天清晨为行人提供米粥，为行人提供早餐。诸如此类，都是在为人们提供物质食粮。我想是否有更多的人去筹办私人图书馆、私人阅览室，免费提供给人读书的精神食粮呢？更何况，你在消费书的同时，不断地赋予了被消费的书的生命。我曾问过一位书友，你为什么疯狂地买书呢（因为他每次去逛书店或书市，都是一摞一摞地买，可谓购书狂人）？他说，阅读的需要，知识更是需要更新。我问，这几十年来买了不少的书，搁哪儿呢？他回我，每年都会进行清理，送人，有时一次送个几百本的。我问，为什么呢？他说，消费过了，不必拥有，很多书也可以成为他人的消费品，否则就会成为你的负担。是的，书的生命其实可以按照次数来算，每阅读一次，书的生命就多了一次，否则，当你将它束之高阁时，就意味着它的生命停止甚至消亡。

　　莎士比亚说得好："书籍是全世界的营养品。生活里没有书籍，就好像大地没有阳光；智慧里没有书籍，就好像鸟儿没有翅膀。"是的，以书为伴，让阅读成为一种生活方式，我们拥有林森森,浙江苍南人,现任苍南县人大常委会主任。

的,将会是强健的精神筋骨,我们收获的,也将会是丰盈的精神生命。只有不断地赋予书的生命时,我们的人生才会更加充实与美丽。

二〇二一年五月三十日

藏书琐忆

苏兴华

　　一个人总不会无缘无故地喜欢上一件事，我喜欢书，能坚持这么久，也是一种缘分。对书的喜爱源自于小学毕业那年，为了准备升学考，母亲给我买了两本书，一本是《数学升学试题题解》，一本是《小学生作文选》。母亲从没上过学不大识字，因镇里新华书店一熟人推荐才买下这两本书。这对刚涉世的我影响是深远的，特别是作文选给我打开了视野，使我了解同龄人丰富有趣的生活，在以后我对文艺的爱好，也跟书的影响是分不开的。

　　我自己最早购买的书是《自习画谱大全》第三册山水树石卷，此书为画家马骀所著，书的扉页上题签"马骀画宝"是著名画家高野侯书写。当时花了一元二角的零花钱买下，在那时也可算是一笔巨款。我还在书扉页的空白处题跋上这样的一段文字："读初二时开同学会，次天于新华书店有幸得之。暑假翻阅于新屋，闻窗外雨声，十分惬意，故记之。"我现在喜欢画山水画或许就与此书有关。

　　当时小镇里的书店并不大，虽然书不多好书更少，但还是非常吸引我的。但对我影响最大的是旧书摊，我藏书之旅其实是从旧书摊开始的。读中学时候，学校旁边过桥就是电影院，电影院前面是一块空旷的水泥地，小摊小贩有时就在那摆地摊卖东西。我最喜欢那里的旧书摊，上午一下课，或因下雨没有出操的课间，便飞快地跑去看看有没有旧书摆在那里，看看有没有自己喜欢的旧书，并托摊主下回带自己所需要的书。没有上课的周末也会在规定的时间到那里转转，看有没有在摆摊，或许能淘到一些喜欢的书籍。那时喜欢美术，偶得几本美术类书籍，便如获至宝，就好像是武侠小说里的主角获得武功秘笈一样。现在梦中还时常出现这样的情景。后来工作分配在县城当了教师，书店、旧书店便是我常去的地方。有时下午下课后，早点吃完饭，与几个学生相约一起到学校旁边公园山下的旧书店淘书，这个旧书店淘完了，便再过桥沿河边走再穿过马路，又到双台街的旧书店淘书。这样的日子无忧无虑，淘书更是快乐的事情。

　　虽然家境一般，但说要买学习用书，母亲总是一口答应。母亲认为花钱买书总比花钱买吃的好。这样在大学时，从生活费中省吃俭用，买书就更自由些了。一年内曾经跑遍整个杭州各区大大小小的新华书店。每次寒暑假回家，总带回一皮箱满满的书。书很重，提不动箱子时，觉得书买得太多，一回家里，又觉得书买得太少。大学毕业那年，那时还没有快递，将书打包托运，只寄到鳌江托运站，母亲叫我二哥帮忙从龙港过渡到鳌江，再将书挑回老家，至今记忆犹新。

现在还有这样的习惯，每出差到一个地方，首先最先想去的就是书店，在书店待上一天也不会觉得太累。当然我最喜欢的还是逛旧书店，每新发现一家旧书店总是激动无比。如果运气好，能意外淘到绝版的或缺册的书。我收藏的上个世纪八十年代人民文学出版社出版的《唐诗选》上下两册，品相都很好，就是在不同旧书店淘到的。

就这样，不知不觉中买书竟然成瘾。自己喜欢的书，如果当时一时决定不下，没有买回，晚上越想就越睡不着，第二天一大早跑去买回才算完成一桩心事。有一次母亲从老家来看望我，看我书架上那么多书，她说以前买书是为了能考上大学，现在工作了还买那么多书干什么呢？我说，为了更好地教书就更需要买书看书，母亲也认可，就没说什么了。

买书成瘾后，我辈拿工资的，不免常常囊中羞涩，虽然喜欢买书看书，但计划内买书的钱花光以后，再想买也就不能那么大方了，但往往又碰到喜欢的书，犹豫再三，还是狠心买下，总发誓今后一定要少买，就这一回奢侈。但后来往往又要重新发誓，保证以后不买，如此循环。毕业工作后领了工资，有了自己可自由支配的钱，那时自己给自己定了个规矩，那就是每个月拿五分之一的工资买书，算是计划内的。当然，若遇到有好书，超出的部分便是计划外的开支。当年单位宿舍的居住面积，连带阳台共计二十八平方米，里面最基本的配备是一张蓝色单层小铁架床，一个白色木质书架，一张暗棕色的办公桌。从老家搬一些书过来，平时又不断地买书，书自然就越来越多了。只能又向学校申请了一个书架，因为单位人员不多，书架有多余的，学校领导每每都能满足我的要求。几年下来，小小的房间里竟然有了五个书架排列在两边的墙壁上。甚至有一次冲动地想买一套中华书局出版的《二十四史》，跟书店的老板问好价格了，但想想将这一套整回来有两百多本，家里实在放不下，只能作罢。

　　结婚后，妻子对我买书的癖好不支持也不反对，偶尔也说，书已经太多了，家里已经放不下了，人家要戒酒戒烟你要戒买书。有时我在外面买书回来，怕妻子唠叨，往往先将书放在外面的角落，再找个时机将书拎进里屋，这样书桌上、床头上的书便又逐渐多了。一次我提书回来，正好给她碰个正着，她说又去买书了吧，不要以为我真的不知道，一看书桌上的变化，其实我都知道。搪塞几句也就过去。但也有例外，有时她也会说去书店买几本书送我，着实令我感动。还有一年龙港书城开业，妻子说要陪我去龙港书城看书，使我大吃一惊，我说不怕我买书吗？妻子说好的书当然要买，但不要买那么多，那么多你看得掉吗？买书是一回事，看掉看不掉又是一回事，这或许是众多喜欢书的人的一大心事吧！其实大多的书都是随手翻翻，也不用正儿八经地看，但有些理论书不比小说仅供消遣，需要慢慢啃，怎能是一个看字了得？不过只要我想要的书，跟妻子说出此书的几大优点，并强调必要性和重要性，妻子也是很赞同的。

有一年暑假应邀参加福鼎市图书馆藏名家书画展，在展览上看到一幅人物画，上题跋一联：戒酒不成又戒烟，囊中尚欠买书钱。心中很有同感。酒是不大会喝也就不存在戒，烟以前抽过，有烟瘾想戒总是戒不掉。

工作后总会有些应酬，便有了抽烟的习惯，开始并没有什么烟瘾，好像是可抽可不抽的状态。后来有一个暑假，一个亲戚的孩子跟我学画画，不收学费，就送了几条香烟作礼物。这样抽一包拿一包，感觉库存还很多尽管抽，不像以前抽完一包买一包，钱还要省着用，就会有控制。就这样一段时间下来，这几条烟抽完，不知不觉就上烟瘾了。一个月除了预留些开销买烟、买书，还有生活开支、朋友聚会等，生活便就不宽裕了。知道烟不是好东西，但已经离不开它。因此想戒烟，便开始了漫长的戒烟旅程，吃糖、吃零食各种方法都用，真的很难戒，戒几小时、一天两天，或三天一周的都没有办法把烟瘾戒掉。平时烟瘾上来，总找好多理由去买烟抽。加上有时朋友聚会，喝点小酒本就很想抽，朋友递烟没几句，便又抽起来，那么很自然地就前功尽弃了。有一位德高望重的好友也欲戒烟，闲聊中，他推荐了一个办法，就是把所有预留的积蓄都花光，比如去买个高级的照相机什么的等等。没钱买烟，烟瘾自然就会戒了。这个理论上是很美丽的，虽然好友也想戒烟，但还是戒不掉至今照抽不误。尽管这样，但说者无意听者有心，此话对我很有启发，后来每当领工资的那天，就花了大笔钱买了一批心仪已久的书，那剩下的钱只能够在学校就餐。这样三个月下来，记得非常清楚，开始还需要糖果什么的替代，后来突然发现自己不需要糖果替代，真的是不想抽烟了，抽了八年的烟瘾终于彻底戒掉。这次戒烟彻底成功，至今二十多年都没想抽烟。能把烟瘾戒掉，买书应该算是一大功劳。

　　买书的好处就是给自己的精神有寄托，灵魂有去处。人生的烦恼、工作的挫折、生活的琐事，一到书本里其他一切便都烟消云散，终于明白书本是最好的精神食粮。有时看看刚淘的书，随手翻翻，便忘记了一切的忧愁。记得一次到温州淘书，扛了两麻袋的书回来时，已经是万家灯火，出去吃完饭，又有朋友相约聚一下，回家已是深夜，便洗洗睡。但躺下去就是睡不着，总觉得还有一件什么事情没做。最后想起是刚淘回的书还没有再看一下，最后起床，打开今天刚扛回来的麻袋，将书取出一本一本放好，俨然就像将军在检阅士兵一样。看看新买的书，心情特别舒畅，最后才心满意足安心入睡。

有丰富的藏书，心情自然舒畅。但有时却又不禁惆怅起来，书很多的麻烦就是搬家，我最怕搬家。

当年因为书多，自己这间寝室放不下。看到这个情况，一个新来的同事很是好心，让我可以整理一批书存放在他那里。便理出十多麻袋的书存放在他那间寝室的前面。本身大家居住的空间都不是很大，但是还能将房间挤出一块空地给我放书，这真是令人要好好感谢的。后来陆续有同事调出，学校教师宿舍便空了一些出来，终于学校也同意再给我一个房间，因为当时的领导也是一个爱书之人。

天下没有不散的筵席，九年之后，我的工作调到了现在的单位。

那就要搬家了。书很重，书多的人搬家的苦楚应该都是经历过的。新的单位很不错，也有教师宿舍，面积、布局跟原单位的差不多，先是安排了一间，后来再得半间。当然这空间显然还是不够用的，只能开辟第二空间。买来木材木板，在前面半间的和另外半间的空中上面再隔出一层，来了层空中楼阁，终于使这么多的书有个着落。

可好景不长，过了几年，学校招生班级多了，住校生人数也多了起来，学校只能决定住校的老师限时搬出，又要搬家了。暂时还没有找到新的住处，这么一大批的书只能先暂时寄存在县城一个亲戚家的一楼车库。因一楼车库潮湿，又没有常通风，因此有点霉味，便又叫车将书搬到妻子的老家存放。因书有点受潮，便在院子里晒书，引得隔壁邻居好奇围观，说是人家石灰地院子是晒稻谷，你家却晒书。这个晒书壮观的场景是很少有机会看到的吧！

当然这边也开始筹备买房，人不可居无定所，安居才能乐业。买房看房这繁琐的事情，都由家人去操劳，几经奔波劳累，终于买下属于自己的房子。自然又要将书搬回来。新买的房子是五层半的落地房，居住面积比以前大了很多，终于可以在五楼有了一间专门的书房。因为书已经太多了，妻子也多有抱怨，因此结婚后便自觉限制买书，能不买则不买，尽量少买。尽管这样，书还是源源不断地进入自己的书房。慢慢地书架上面也再叠了上去，地面上也堆起来了。甚至走廊上、床头柜上、床苏兴华，浙江苍南人，现为苍南县职业中等专业学校美术教师。

上也逐渐堆叠起来。真是书似青山常乱叠，古人藏书应该也是如此，不然怎么能写出如此美妙传神的诗句？

看看这些堆在地上的书严重影响了生活起居，妻子后来实在看不下去了，便决计又腾出一个房间给我作书房。去年年底在淘宝上购买了五个六层简约铁艺书架，来处理堆在地上的这批书籍。妻子帮忙分类整理，重新摆放搬上搬下。书很重，搬书真是个累活，不过这种活，虽累并快活着。经过好多天的处理，书终于都上架摆好。妻子看看这新摆好的满屋子书，说了句还是蛮好看的。我也满心欢喜，对于爱书人来讲，觉得这句话是天底下最最好听的话了。北魏李谧有："丈夫拥书万卷，何假南面百城！"何假即何必的意思，这句话的意思是只要有万卷书，又何必做管辖百姓的统治者呢！清代官员沈德潜也曾自题对联："种树乐培佳子弟，拥书权拜小诸侯。"小诸侯喻指有一定权势的官吏，拥书之人也可比独占一方的小诸侯了。藏书之人独拥这么多书，其自豪感也可见一斑。看来书除了能给我们阅读学习外，作为房间的装饰也是绝对的不错！

虽然最怕搬家，搬家也搬过好几回，但麻烦的事情也总会过去，还是好好享受目前的安逸吧！对于买书藏书这事，如果让我从头开始选择，我想我还是会选择这么做。对于爱书之人，这也可以说是无怨无悔。

四十年读书糊涂账

吕作用

我不算读书人。真正的读书人嗜的不是书,而是读书的状态,古人说"灯窗辛苦十余年,刺股囊萤自勉旃"即是。我也喜欢书,但常常是买来摆在书架上,久久不读。买书不全是为了读它,更想拥有它,并自我安慰道:说不定什么时候要读呢。但书架上的那些书,没读过的总比读过的多。随着书越来越多,这个差数也越来越大。年轻的时候,颇讨厌那种只买书而不读书的人,鄙为"附庸风雅"。哪想到,一二十年之后,竟变成自己最初讨厌的样子。于是不得不反思:我究竟是如何"堕落"到这一境地的?

我于上世纪七十年代末期入读二条溪小学。那是一所村小,五个年级,一共六七十个学生,三个教室,三位老师,可谓贫困山区一种独特的共享方式。记得上一年级的时候,全班有二十九位同学,到了五年级,只剩下十个人。学校的设备只有课桌椅,而且大多缺胳膊少腿,课外书就别想了。因此,那时我所理解的书,就是课本。不过,七八十年代盛行连环画,俗称"图书",也叫"小人书"。我的课外阅读就是从连环画开始的,《西游记》《三国演义》之类,还有《地道战》《铁道游击队》等等。在那个年代,"小人书"也是奢侈品,只能偶尔读之,因此从来没有痛快的阅读经验。小学时代另一种勉强可归入课外阅读的是看布袋戏,只要哪个村在唱戏,我必然跟着大人混进去,沉浸在说唱的情节中。几年下来,竟也知道了不少章回小说的内容,什么《兴唐传》《薛仁贵征东》《再生缘》等,不过这只能算"耳食"。

  我初中阶段的课外阅读依然十分缺乏。除了连环画,似乎有了杂志,不过也只是《故事会》《山海经》一类通俗读物。印象里初中读过几本古典小说,都是假期从读高中的堂兄那里借来的,有《封神演义》《水浒传》及《红楼梦》,因为阅读速度慢,到开学都没读完。初中还有过一次难得的购书经历。大抵初三时,到县城参加数学竞赛,考完之后,班主任郑老师带我逛灵溪老街的一家书店,让我自己挑选一本书,作为奖励。我在书店里翻阅了大半天,实在不知道该买什么书,最后相中了一本初中数学习题集。

  少年时代的"不读书"有两个后果:一个是阅读兴趣没有得

到培养，另一个是阅读技巧缺乏训练，尤其是速度上不来。

  培养阅读兴趣这个事到了高中才得以亡羊补牢式的实现。上世纪八十年代堪称新时期的启蒙时代，全社会都弥漫着对知识的渴求气氛。当年的矾山中学很活跃，学生组织社团，创办文学刊物，老师也很支持。为了跟风，我开始随一些"小文青"同学找书读。同学缪君酷爱《辽宁青年》，我也跟着读《辽宁青年》。教英语的张老师是个诗人，简直让我崇拜，于是向他借诗集。有一阵子，学校图书室清理旧刊，以极低的价格出售各类杂志，我和几位同学买了不少文学类刊物，包括《收获》《十月》《小说月报》等，大家交换着读。也是在那个时候，我知道了当代文学中那些大佬的名字，比如王蒙、张贤亮、刘心武、梁晓声、莫言、阿城、北岛、舒婷等。那时还特迷恋读现代诗，觉得能写诗是一件很酷的事情。一开始或因张老师的缘故，后来又受好友梁君的影响。梁君住在灵溪郊野的乡村，那段时间，他家的"耳堂"住着诗人高崎先生，因近水楼台，他便开始读诗、写诗。我属于"次密接触"，也装模作样地"效颦"起来。后来还去了几次他家，向高先生求教写诗法门，高先生大抵也开了一些书目，不过我大多没有读。我对现代诗的认知一直处于"朦胧"阶段，从来没读懂过，至今亦然。

  有了阅读启蒙，便有了"名著""经典""好书"等概念，这些概念让我自觉与当时颇为流行的武侠小说和言情小说划清界限,并"立志"多读名著。有一次向一同学借了一本《复活》,结果读了一个学期才读完。后来常常设想,如果当时也"随俗"读武侠小说,是否阅读速度会得到锻炼呢?

彼时对我的阅读产生影响的还有两个人。一位是正在浙农大读大学的堂兄,他经常给我写信,谈大学校园中的方方面面,这唤起了我对大学生活的无限向往,同时也因为他的推荐,读了一些书法类的书。另一位是邻村学长蔡君,在丽水师专读中文,他直接把自己的教材《中国历代文学作品选》借给我,此书就像一部"秘笈",顿时向我打开了文学世界的诸多窗口,我只在窗外瞄一眼,便觉"功力倍增"。后来我才知道,那不过是受到大量新知识冲击时产生的一种幻觉。高中时还有一件事值得一提,即买书的"启蒙"。矾山当时有一家"丽松书店",有不少人文社科类书籍,当然大多数超出了我的购买力,可是有一套《五角丛书》,我断断续续买过好几本。此外还买过一些文学类的畅销书,比如席慕蓉的诗集,还有杂志,比如《读者文摘》,等等。

现在想来,高中的"启蒙"还是有意义的。正如钱理群先生所认为,一个人的精神底子往往以早年的文学阅读为基础。我高中阶段的阅读正是以文学作品为主,虽然零零碎碎,不成体系,但多少有了点感知。然而就时间而言,这个"启蒙"来得太迟了。

或许出于爱好文学的缘故，考大学时，我所有志愿都填中文系。然而阴差阳错，最后上了温师院政教系。九十年代初的温师院尚有一点理想主义的余绪，刚上大学，又有一颗"读万卷书"的狂妄野心，加上专业要求，在温师院期间倒也读过几本书，班主任徐旭东老师、书法张索老师、中文系的张靖龙老师等都给予过阅读指导。大体说来，还是以读文学作品为主，尤其是现当代文学，从左联作家到新月派诗人，从鸳鸯蝴蝶派到反思文学，没有预期，囫囵吞枣。古代文学只限于唐诗宋词和明清小说，但读得不多，看看热闹而已。外国文学也会读一点，但我不习惯翻译体，不得要领，读不出味道来。大学同学中聚集着一批青年才俊，杨、方、孙、梁、夏、徐、李诸君，笃志博学，我受他们影响，也会读点社科书籍，但大多浅尝辄止，有的读不懂，有的没兴趣，从而错过了学术性阅读的最佳时机。总体上看，我大学阶段读书的数量也十分有限，"读万卷书"的想法终究是个笑话。读书的动机主要出于"求知"，但也有附庸风雅的成分，有时甚至是出于面子，怕聊天中大家在谈一本书的时候自己一无所知的尴尬。但这些阅读经历至少使我巩固了读书兴趣，或者说对书的兴趣。

参加工作后，这一兴趣便融入了日常生活。因为有了薪水，我开始经常性地买书。每到灵溪、温州总要去逛书店，偶尔去杭州、上海等大城市，也要找家书店待上大半天，往往买一二十本书，背不动，通过邮局寄回来。那段时间受好友杨君、吴君的影响，买了不少文史类的书。有段时间喜欢传记文学，从钱钟书、柳诒徵、熊十力到梵高、斯蒂芬森、林肯，有段时间迷恋思想史，从徐友渔、朱学勤、秦晖到王元化、顾准，再到潘恩、卢梭、洛克，胡乱买，随便读，均不成系统。就像游击战，"打一枪换个地方"，从来没有在哪一个领域深入过。

九十年代后期开始想考研，又买了各种英语书，至今家里还有成套的《新概念英语》《许国璋英语》《双向式英语》《中级美国英语》《走遍美国》以及《懒人背单词》一类的单词书，还订阅《英语世界》China Daily 等，但大多看不懂。大概有六七年的时间，我执拗地和英语纠缠着，学不好，也不放弃。我报考过三种专业，最初是国际政治，后来又转为现当代文学，最后报了专门史，在准备专业课的过程中，认真复习过所报学校的指定教材，虽然都比较浅显，但也拓展了知识面。

在那段日子，我常常会装得爱学习的样子，业余总要带一本书，招摇过市。这一形象后来演化出两个版本：一种说我学习认真，手不释卷；另一种说我虽然天天手里拿着一本书，但从来不看。其实两种说法都不太准确。我的确未必认真读，只是觉得光阴堪惜，驻足登车时看几页，内心便不会太歉疚。

读书稍有条理是在上研究生之后。我研究生读的是史学理论及史学史专业，属于历史学科中的基础专业。似乎有统摄历史学的意思，却对任何国别史和断代史都不涉及。以中国古代典籍为例，我们专业的经典书目不是《史记》《资治通鉴》或者任何断代史，而是《史通》《通志》《文史通义》之类，外国的也不是国别史，而是《历史研究》《历史的观念》《新科学》等。我的老师汪征鲁、林平汉、赵建群、戴显群、徐新熹等先生都给我们开过不少书目，但大部分我只是蜻蜓点水般地翻阅一下，如《历史研究》等经典名著，硬着头皮通读完，也是一头雾水，知之甚微。在我读研期间，"百家讲坛"由百科知识逐渐变成历史专场，易中天等名嘴对电视观众进行着最广泛的中国历史大普及，颇有"凡有井水处便有人讲历史"的味道。令我尴尬的是，当有人知道我是读历史的，非得跟我讨论宋朝的皇帝、明代的太监时，我只能嗯嗯啊啊，甘愿当小学生了。

历史读不好，怎么办？考博的时候，我毅然调整了方向，改学美术史。中国美院有着深厚的传统和良好的学术气氛，我们的老师曹、范、洪、任等诸位先生都是享誉国内外的美术史家，学院中还有一大批优秀青年学者，学校每周都有学术讲座，不时有国际性或全国性的学术活动。我愣头青一般闯进这个学科，起先是无知者无畏，后来发现自己犹如井底之蛙。跨专业的劣势一览无余，在那么一个学术环境中，身边人的常识，常常是我的新知。为了尽快入门，我拼命听讲座，但这种"耳食"可以扩充知识，却无法学得扎实。于是又拼命读书，很多书都是初次涉猎，比如贡布里希的《艺术与错觉》这样的经典著作，我上博士后才第一次阅读。可是需要读的书太多，根本读不过来，因此很多书只是翻阅前面几章。这样的方式，阅读便不是一种纯粹的愉悦，更是出于专业学习的需要。好在美术史有其独特之处，看图成了正儿八经的事情，即便读文字资料，也离不开图像，虽然读图像的难度一点都不亚于读文字。

  我读研、读博的六年，由于进入专业领域，阅读成为"正事"，条理性和系统性有了，但那种"乱读书"的乐趣便大打折扣。尤其当阅读成为研究，以写作为鹄的，读书便成了在一大堆乱七八糟的资料中爬来剔去的行为。虽然研究性阅读带来了一种新的乐趣，即当你在阅读中发现一则"众里寻他千百度"的资料时，那种兴奋简直千金难买，但那种随心所欲"雪夜闭门读禁书"的快意早已了无踪迹。那时常常想，等什么时候不为专业所囿，要把小时候错过的书补回来。后来陪儿子读书，的确也补了一点，但成年人读青少年读物，肯定没有小孩子的那种感受，同样，现在读文学作品，也全然没有年轻时的感受。原吕作用，浙江苍南人，现为宁波大学潘天寿建筑与艺术设计学院副教授、硕士生导师，著有《傅雷的美术世界》《傅雷美术年谱》《艺史芳尘：江右近现代书画人物述略》等。

来，读书与年事紧密相关。

因此，近十年来，我读书的范围依然在专业领域。即使在寒暑假或者手头暂无研究和写作计划时，读书范围也与专业相关。阅读作为一种求知手段，它有一种神奇的魔力，就是当你懂得越多，会发现自己不懂的也越多，那么需要读的书也会越来越多。像我这样总是跟在别人后面的人，当略有所知，就会焦虑。而买书成了抚慰焦虑的唯一手段。虽然知道永远都无法读完书架上的那些"砖头"，但依然如西西弗斯一般，不停地往上面搬。这大概就是我买得多，读得少的主要原因。

总结四十年来的读书账，只能用"糊涂"两个字来概括。除了不成体系的书目，更有一大堆教训。比如说，发蒙得太迟，错过了培养阅读兴趣和阅读习惯的最佳时机；没有在合适的年龄读合适的书，因而老是在补课，却永远补不完；读书缺乏系统性，读不好就换专业，梧鼠五技，白首无成。

后生小辈，若读此文，切切以此为鉴，以此为鉴！

读书这么好的事
——写在世界阅读日

陈有为

四月二十三日,我们在过一个不为人知的节日——世界阅读日。一个女孩是这一天生日,我悄悄对边上的人说:"这孩子是读书的命。"我的话带着玩笑,或者说喜忧参半——读书是幸福的事,但在这个时代读书人是孤独的,尤其那些将读书视为宿命的人。

这是一个幼儿园教师自发组织的读书会,主题就叫"读书这么好的事"。幼儿女教师青春的脸庞,带着笑和阅读的喜悦。她们挨个介绍自己推荐的书。略显暗淡的空间里,有一条幸福的亮线在延伸。那场荐书会,完全可以视为当下阅读现状的一个缩影。

我想谈谈我现阶段对于阅读的看法和建议。

一是不要向他人推荐你所没有读过的书。我想推荐给大家的是美国教育家希利尔写的一本书:《希利尔讲世界地理》,当然还有《希利尔讲世界史》

《希利尔讲艺术史》，这是希利尔写给孩子阅读的书，我想读完之后送给我的外甥、侄女读的。这是我的习惯，我从不向他人推荐自己没有读过并且认为不值得的书。《希利尔讲世界地理》虽然是写给孩子看的，然而我读来依然饶有兴趣，那些我们曾经熟悉的知识，你可能还记得它的枝叶，但是我们往往淡忘了它整体的样子，还有那些被忽略的细节。这应该可以称作在知识中迷失。而希利尔的书恰恰弥补了我们在时间中遗失的那一部分。为什么我们有时候会为儿童的视角感到很吃惊，因为儿童有大至宇宙的视角，小至毛毛虫的触觉，这也就是希利尔这本书的有趣所在。而且这一本书有将想象物化的语言，它会谈挖穿地球需要多少时间，来阐述地球的直径和大小，这是我们的中小学地理教员所不具备的语言。所以我会将这一套书送给我可爱的外甥、侄女，直到他们可以阅读这一本书的时候。所有的书籍都在等待一个合适的时间被合适的目光检阅。

　　如果我们不阅读就将书推荐给他人，自然不会生动，也就缺乏吸引他人的力量。有一个女教师谈到一本双胞胎故事的书，她说我有错觉，以为这本书就是我写的，因为她自己也生育了双胞胎。这样的阅读是将自己放入到书里。她是那个上午谈论最好的几个人之一。并且如果所有的人都是依靠书的梗概和书评文字来向他人推荐书，那真正的阅读就从不会发生。一个人能够从一本书中受益的部分，都只是他有能力吸收的部分，并且每一个人获得的都不会相同。这是正确的，阅读没有"标准答案"。也只有这样，阅读才会有交流并让我们的情感、经验和智慧得到丰富的可能。

第二，从读你最有兴趣的书开始延展阅读之路。有些老师是刚刚开始他们的阅读，看不懂、看不下去之类阅读的障碍，这是正常的现象。没有哪些书是必读的，我们所能选择的是自己有兴趣的部分，并且从阅读中增益自己的兴趣，并且在阅读中发现或者产生意外的部分——原来我对这一些也有兴趣啊。阅读会拓展我们的视野和好奇心，到最后你会感叹我对书中的世界何其好奇，他们比我们的现实生活更有趣、更丰富。所以有时候我们在阅读一本好书的过程中，会发现自己越来越无知，你进入一个地洞，然后发现原来地下有那么多四通八达的交叉地道，都是你还没有去过的，而你原来以为地下只有一条直肠一样的地道。一个发言的人捧着米兰·昆德拉的《生命中不能承受之轻》说看不懂，是的，如果你没有准备，你是很难进入昆德拉肉欲和哲理交融的世界。好的书，并不因为读者的看不懂而有丝毫的逊色，它是为你们的未来准备的。

第三，要读那些安静的、缓慢的书，读那些看似无用之书。真正的好书，是平静的湖，是磐石，是缓慢穿过大地，清点过高山、丘陵、湖泊、沙漠、村庄和城镇的列车。所以阅读也应该是缓慢的、安静的。但是曾几何时，我们习惯性地去拿起那些轻快的和感官享受有直接联系的书，曾几何时占据书城排行榜的都是那些经学济世的书，那些充当人生指挥家、智慧引导者的书，"泻立停"之类的书。殊不知，这些《沟通的艺术》《如何做一个智慧的人》《给好妈妈的100条忠告》《一生不容错过的100个地方》之类连书名都可以杜撰的书，往往是经过无数人传递，而初始精髓遗失大半的书。我极小的时候就拒绝经过母亲的嘴巴搅拌后的食物，当然在阅读上我总是乐意去接受那些源头性、初始状态的知识。也许它们还是混沌的、粗粝的，但智慧的黄金往往蕴藏其中，需要阅读的人有一把顿悟的钻来开掘。有些书看起来似乎"无用"，实则阅读链条的前端，在读书的"食物链"上我们要做最低级的那一段。有些经典看似难啃无趣，却是千万书的源头。真正的阅读不是一件表面很快乐的事情，实则是寂寞的慰藉、忧郁的享受和无声的狂欢。阅读的滋养，是渗透至根部的浸润，是从最细微的末梢积累起来的强壮。

　　本城的bobo咖啡馆在阅读日的这一天开始做"阅读让我们相遇"的活动，让书作为媒介，把读书人吸引到一起。如果遇见未婚男女，他们的相遇，那咖啡馆实则在做最高级的媒，书籍为两个人的精神世界架起桥梁。是的，阅读的推广，需要推广陈有为，浙江苍南人，现供职于温州理工学院，著有《你没有理由不疯狂》《后青春》。

人有智慧的策划来引领。我们生下来的时候并不会阅读，而我们会阅读到离世的那一天，这是阅读的魅力。

二〇一三年四月二十三日

书之味

林用

学校老师要求儿子阅读朱光潜的《给青年的十二封信》，我顺手把二十多年前购得的朱光潜谈美一套书籍介绍给他。过几日，问他看得如何？回是书一翻就有味，煞了兴致。亲手翻过，是油墨香带点不经日晒的发霉味。不觉讶然，遂告之曰：这是岁月的味道。儿子哂然。就此，也点醒了我，书也是有诸般味道的。

一

那个时节，可不觉书有什么味道。轰鸣的机器转动声与茶叶簇新的香味翻卷起的是另一种味道。

隔壁黄大哥有次提议一起上山摘新茶可以赚钱，赚来的钱五五分。正好相中那本西游连环画之偷吃人参果，在小镇仅有的卖小人书杂货店内躺着，心下痒痒的，正愁着不知该向曾祖父讨要还是要向外祖父支吾着什么，这下可有着落了。脖酸颈痛、手麻肩木，依然坚持，后来实在不行，黄大哥怎么着也拿出罩着小弟的气概，帮衬着采啊摘的，终于过称，可以拿钱买小人书，那个心花怒放，捧着崭新的西游连环画，对话奇趣、摆弄神通、衣袂飘飘，早已忘却身外的世界。

翻开岁月风尘里的那几抽屉小人书，凑上前去再嗅一嗅，似乎还是逮不到什么味道。随意抓几本摆放在屋后的青石板上，吸引左邻右舍小伙伴的新奇眼光，他们凑集着看着、翻着，顺带着讨论人物的命运走向，还要端出家里的番薯饭，边嘟囔边指点，咂咂喷喷香，觉得特别有味。

二

要真说，书之有味，记忆中学校后门书屋斗大的那个"味"字，是挥之不去的。

拐过几条小巷，越过小石桥，就来到牌匾古色古香的"三味书屋"。老板是个矮胖中年男子，永远那么淡淡地，不热情也不冷漠，就像店内的生意，不红火也不那么冷清，总有几个学生能踅到这里来看书或是买书。在外头觉得格局很一般，入了店门才知此处别有天地。眼角一瞥、随手一伸，总能摸出一本较中意的书。文艺、文学、历史、哲学，尤其那趣味丛生的金庸小说评论连载，一本接一本地翻下去，如饮醇醪。

等到真要去探寻"三味"之涵蕴，才知这只是古人读书的感受比方，起先还以为跟孙猴子的三昧真火有一比，傻傻地要将之勾连起来。此时却怪道怎么读经史诸子才能有诸种味道，难不成读其他书却是没味。曾记得捧起金庸小说，大热天窝在小阁楼里，大汗淋漓，外部烦躁到感觉要膨胀头大如麻，可眼睛依然不肯离书上半寸。楼下的阿叔伯喜欢送个外号，雅称为"东楼小姐"。这是否也可占其一味？

布衣暖，菜根香，读书滋味长，寿镜吾先生三味书屋馆训，他对文人内心固守作形象化概括可存照一二。我却是痴在其里，迷于寻获，不觉醉了。痴在埋进书堆里，只闻得身外"猎猎"的翻书声，双脚牢牢钉在店内，母亲在店外守着三轮车几次三番呼唤，独独抬不起步伐舍不得走。迷恋于旧书屋里找寻新收获，翻过来寻过去，偶尔一瞥是本仰慕已久的陈端生《再生缘》，七言排律珠圆玉润滚滚而至，才子佳人的曲折动人故事就此如画卷般徐徐铺展开。有时检阅到线装竖排本，不标点，句读之节奏自己把握，一行一行扫视，浅唱低吟般弹奏着自己喜爱的曲段，不知身处何方。抬头望望自家书柜，青装绿皮、红纹条饰脊上赫然的各个出版社，留下淡淡的岁月痕迹，嗅着附着的往日温情之气息，不觉醉了。

三

时代流转，风物无声。

不知什么时候起，纸质的书慢慢褪去昏黄的年岁，静静地躺在某个角落，悠然地数着日月星辰。两眼随着频动的刷新上下扫视，在荧幕的光影跳跃中寻找曾经的书之味道。有过宏大的计划，遍阅经典小说，《百年孤独》经典开头"许多年之后，面对行刑队，奥雷良诺·布恩地亚上校将会回想起，他父亲带他去见识冰块的那个遥远的下午。当时，马孔多是个二十户人家的村庄，……"，正饶有兴致，拾起阅读的好由头，可紧盯着的屏幕却往往让人心驰神骛，不知邈远天际之外该如何重拾思绪；《生命不可承受之轻》一头扎进晦涩难解的哲理之中，先不虑其他，只管贴近长长的修饰语、顺着跳跃性的叙述慢慢抑扬起伏，轻与重、灵与肉，还是如此之陌生，难以窥探其真正堂奥。将目光重回传统文化又如何？《传习录》中王阳明语录体和论学信札大段大段展示，只言片句的文言表达，断断续续的，让人很难前后联结、思路贯通；《夜航船》一听名字就富诗意，水路漫漫、孤舟渔火、长夜寂寥，天南地北，四方五行，万象千年，正要耐着性子、仔细搜寻去，可次序不齐整，编排不统一，很难适应。久之，眼神干涩，倦意陡生。

还记得昏暗灯下，粗糙大手压实枯黄的卷册，低沉的闽南书句伴着通俗化讲解，间或用濡湿的手指粘起干燥的书页，沙沙翻书声在静夜默默聆听的空气中飘荡，温热的气息流贯在那陈旧年月的烟尘里。斯人虽已逝，可那令人难忘的氛围至今悠长，生硬的屏幕岂能知晓其中个味。

四

燥热的午后，儿子很严肃地问了一个问题：为什么《水调歌头·明月几时有》中月宫清冷能够与朝廷联系起来，一会儿朝廷一会儿人间的，让人好生费解。听完不禁莞尔。诗词不是这样死抠字眼，重在感性把握、体验品悟，披文以入情，同作者一起欢喜、痛苦、悲哀、幽怨，人悲人恸之后，方能称之为入味啊。

恰如冬日的清夜，万籁俱寂，滤去喧嚣与烦躁，心内悠悠荡荡的，正想凭藉着轻轻力与点点味，煮一壶香茗，氤氲中就着《红楼梦》的段落，"香菱听了，默默的回来，越性连房也不入，只在池边树下，或坐在山石上出神，或蹲在地下抠土，来往的人都诧异。……只见他皱一回眉，又自己含笑一回。"痴了、笑林用，浙江苍南人，现供职于苍南县文化馆。

了，就中奇趣雅致自当缓缓渗入你的血脉之中。

  也如走过阒无一人、弯弯曲曲的地下车库，重拾心情望向回家之路，原有的郁闷难舒突如冰层解冻般哗啦啦地豁然开朗，此时豪气陡起，"人生得意须尽欢，莫使金樽空对月。……烹羊宰牛且为乐，会须一饮三百杯"，唐诗下酒、苏子美意可追，击节抒怀，戳指连呼"岑夫子，丹丘生，将进酒，杯莫停"干了这三大白，"与尔同销万古愁"，畅意当是如此。

  静寂的街上，飘落下丝丝小雨。

原载《苍南文学》二〇二二年第一期

蠹鱼集

吴合众

薪尽火传

近几年心血来潮,集中读三联书店出的十三种十四册的《陈寅恪集》,"侯门一入深似海",不得脱身。大师学术之观点高山仰止,不敢置喙,读到书信集,倒有几分零星之想:

读书信集颇能见一个人的心性,盖写信时针对的只是收信之人,或谈文论艺,或针砭时事,或感慨身世,都能言所欲言,此间亦多情感流露。读陈寅恪书信集这个感觉亦明显,特别是给傅斯年的七十七通书信,相知既深,又为同侪,自然言无不尽。除了常见于他人笔谈中的文稿往来人员引荐外,更多一些私事相托。其中特别是涉及抗战八年间之书信,将陈流寓香港等地的困厄、焦虑、无望,展现无遗。事无巨细,锱铢必较,都可归结在衣食无着、贫病交加上，著书都为稻粱谋，甚至兴起"弟素忧国亡，今则知国命必较身命为长"的感叹，想到陈当时病目，往来于香港孤岛，每每苦于不能入睡，非麻醉使神经失去知觉，则全不能入睡，既苦且倦，读来让人掩卷长叹息。

又忆及当日读《陈寅恪先生编年事辑（增订本）》，蒋天枢撰（上海古籍出版社，一九九七年六月一版二印），感觉编年事辑虽无年谱长篇之详细，但对生平故实也算有个大体的铺排。先生之风，山高水长，读之拜服。其中录一则旧事颇值一提：一九六七年，岭南大学批斗事起。是年底，红卫兵要抬七十八岁高龄的先生去大礼堂批斗，唐筼师母阻止，被推倒在地。结果，前历史系主任刘节自愿代表陈先生去挨斗，会上有人问刘有何感想？刘答曰：我能代表老师挨批斗，感到很光荣！

蒋天枢作为陈先生及门弟子，编撰编年事辑外，亦整理出版陈寅恪文集，用力之勤，为后学所敬仰。后记中章培恒亦提到蒋天枢一事。一九五八年前后，蒋约其时为复旦大学中文系助教，入其门下的章培恒点校《诗义会通》。依照章自谓，实际上他只负责借了书，通读一遍。点校完后，出版社开了三百二十元稿酬的支票，蒋交给章让其取出，可以自己去书店采购局刻本《二十四史》或缩印本《四部丛刊》。余下的钱还蒋。章到书店一看，《二十四史》一百八十元，《四部丛刊》两百五十元，占了稿费大头。实际上是蒋天枢想买了送章,又怕章心里不安,故以合作点书名义赠之。其时蒋不愿曲学阿世,收入亦少,风骨如此,可见薪尽火传之内涵。

毕竟是书生

葛兆光在品评周一良先生学术生涯的时候,引自己私下问中外朋友得出的结论,说周是魏晋南北朝史第一,佛教史与敦煌学其次,日本史相对不如前两个领域。虽不是一锤定音,后辈读之也是足堪参考。魏晋南北朝史,周先生师从陈寅恪,南北朝史札记,已在前辈学人的追忆中几次看到,纳入必读书中,届时希望一读。书架中另外翻出一册《周一良:毕竟是书生》(周一良著,天津人民出版社,二〇一六年五月第一版,二〇二〇年四月第三次印刷),读来颇感慨。

全书忆往追昔,写交往,写自身,留下一段鲜活的历史。其中最大篇幅是自传《毕竟是书生》一文,前尘往事一一道来,特别是"文革"中被目为"反动学术权威""走资本主义道路当权派""反共老手""美国特务""老保翻天急先锋",五毒俱全,也是少见。之后命运变迁,突然成为"梁效"成员,以备咨用,周一良自己将之归于理想主义的信念,虽被后人诟病,但也算是深处历史洪流中的一种解释吧。葛兆光先生称之为"大多数知识分子的强国理想，一旦变为政治，不免看不到陷阱，陷进去就难以自拔"，算是至论。而为什么时代无法让周这样的人平静做个书生的追问，我想，可以堵很多局外人的悠悠之口。

当然，也有局中人慢慢走到局外的。江苏文艺出版社二〇一四年曾出了邵燕祥的《一个戴灰帽子的人》一书，是诗人的自传。诗人少年时即为地下党外围组织一员，自豪为红帽子。上世纪五十年代在反右派斗争中，被戴上右派分子的黑帽子。经过劳动改造，认罪检讨，被摘掉右派帽子，人前人后被称为摘帽右派，所谓灰帽子云云，即从此间而出。顾名而思义，从局中的红帽子，成了局外的灰帽子，全书所自述的就是这段戴着帽子的一九六〇年到一九六五年间事。大时代中投影上的个体之一道微光。此中有真意，欲辩已忘言。

到了二〇一六年，作家出版社出了个前传，《我死过，我幸存，我作证》，写的是一九四五年到一九五八年的经历，算是接上了整个"文革"前的经历。在一个史诗时代（借用王德威的说法），邵燕祥是自觉投入其中，以史诗笔法歌唱、欢呼的，热血青年，身处其间，自然难以逃脱时代给予的成色，亦在群体的狂欢之中，丧失掉个体的色彩和思考，都是难免。时过境迁，邵燕祥以死过、幸存、作证名之，应该是有阿伦特言下的"见证者"的况味的。那个时代,那些经历自不待言,在追忆之中,邵燕祥因为自己养成的写作习惯,将国际形势、国内大局、高层动态一一予以观照,给读者读下来,既是个人史,更是时代的历史,当然也是波澜壮阔的大时代中,渺小的个体成长史、觉醒史、抗争史。

但也是仅此而已,局中也罢,局外也罢,他们,毕竟也就是书生。

书之幸,民生不幸

读费孝通《江村经济》(戴可景译,北京大学出版社,二〇一二年十月第一版,二〇一七年十月第十四次印刷),发觉年轻时候的费孝通就用社会人类学的方法研究自己所熟悉的民族和村落,而不是着眼于特异的民族、乡村,出色践行了马林诺夫斯基提出的人类学必须"离开对所谓未开化状态的研究,而应该进入对世界上为数众多的、在经济和政治上占重要地位的民族的较先进文化的研究"的理论。在这本专著中,他注意到江村(开弦弓村)的家庭、职业、农业、土地、蚕丝、贸易等等各方面的现象,对一九三〇年代的中国农村做了一个横向的解剖,给人深刻印象。

而《乡土中国》(费孝通著，商务印书馆，二〇一一年十二月第一版，二〇一七年六月第七次印刷)一书，则是费孝通一九四〇年代，根据在西南联大和云南大学所讲乡村社会学的内容整合成册。对乡土中国差序格局、男女有别、家族、血缘和地缘的特点的概括，放在今日依旧有现实价值。

百年倏忽，一本书能在时光长河中存留如许久，是书之幸。以古喻今，至今富有生命力，则是民生之不幸了。

同样能引起这般感慨的是萧公权著的《中国乡村：19世纪的帝国控制》(张皓、张升译，九州出版社，二〇一八年二月第一版第一次印刷)。作为萧公权先生学术代表作，着眼的是十九世纪中国乡村，虽然时过境迁，但帝国的倒影还依稀存在。乡村地区的行政划分、乡村政治统治体系和运作方式，都眼熟得很。全书着力处的乡村控制体系，特别是保甲、里甲、社仓、乡约、讲习体系、宗教等等，在今日中国，都可以寻找到遗留的痕迹。至于这些控制体系是否发挥其设置的作用，萧公权先生并不盲目相信文献资料，严谨求证，大体以失效视之，以今追昔，大体也是如此。顶层设计者，以之可做反省勉励之棒喝。

信仰

　　林富士曾师从余英时先生,为台湾"中研院"研究员,写有一册《巫者的世界》(广东人民出版社,二〇一六年十一月第一版第一次印刷),应该是其博士论文研究的衍生。巫觋、童乩、卜筮、压胜等等传统文化幽暗之处,都呈现在读者面前。巫觋的社会形象和地位之流变,时间之流中从先秦、两汉、三国、两晋、南北朝一路逶迤到清,地域之广中从楚越到闽南再到台湾。巫觋在社会生活中的参与程度,各有各的不同,也各自有各自的特点,读下来光怪陆离,颇是好玩。当然,因为不是收录林富士先生所有的这方面研究成果,所以巫觋跟道士之别,佛道巫三者之交涉,田野的仪式观察都没有收罗其中,有过于依赖史乘文献之感,但身处江南自古多巫之地,书中的很多巫觋之风,诸如童乩就是来源于闽南语dang—gi,从小就有所知晓,加之原来以为是民间信仰或者道教信仰的一些活动,这般比对起来,其实也是巫觋之一种。其中许多不必深究,也多有会心处。

　　民间多信仰崇拜,从巫到妖,也是自然而然。

　　读美国汉学家孔飞力著《叫魂:1768年中国妖术大恐慌》(陈

兼,刘昶译,上海三联书店,二〇一四年六月第一版,二〇一六年三月第七次印刷)一书,可得一鲜活例证。

一七六八年,清乾隆三十三年,中国史家所固认的康乾盛世,在经济发展下,民生的压力却丝毫没有减轻,通货膨胀,社会资源分配不均,即使在帝国最为富庶的江南也概莫能外。社会的压力下,最终使得贩夫走卒、乡愚村妇因为叫魂的一些流言,就惶惶不可终日。加之一些别有用心的和尚添油加醋,终于酝酿成了席卷全国的妖术大恐慌。底层民众推波助澜,甚至借助妖术这个"扔在大街上的致命武器"互相攻讦,终于让妖术冤案遍出,无数无辜者(流民、乞丐)丧命。孔飞力教授在对这个底层妖术版本的剖析中,很快牵引出另外两个层次,一个是庞大的帝国官僚机制对妖术恐慌的应对,一开始的无视、息事宁人,最后在皇帝的责骂下,滥捕滥杀,欺上瞒下。另一个则是专制君主乾隆,在得知地方上的叫魂恐惧后,他很快将之上升到对清廷合法性质疑的层面,将叫魂妖术中的剪辫附会成反清,进而对整个官僚机制,特别是汉人官僚的不满,对满人官僚被融入汉人习俗的愤怒,成了最后全国性清剿的原因所在。

这种帝王心态,杨念群《何处是江南?清朝正统观的确立与士林精神世界的变异》(三联书店,二〇一七年八月第一版第一次印刷)一书有较精准的概括。清朝代明除寇,最终一统天下。在占有大一统山河的前提下，前清几代君王却不得不陷入王朝合法性的陷阱中不能自拔。康熙、雍正朝在"夷夏之辨"上的用力，乾隆在"治统""道统"上的努力整合，都是寻求以"江南"为士林文化隐喻的核心文化区的认同，或者说是突破"内诸夏而外夷狄"的遗民共识。这个过程的转化复杂而艰巨，既有前清诸帝在治统道统合一上的努力，也有江南士人博弈过程中逐渐丧失自身操守，最终沦为构建大一统意识形态协同者的作用。在这点上，士的精神被重新置入历史处境中，经历政治的复杂纠葛，最终完全被肢解、改造、收编，上演悲惨的价值沦丧之歌。这显然是很多论者所不曾关注到的，帝王和士子从紧张到协同，这种关系，也颇值得细细玩味。

一出叫魂闹剧，背后纠葛如此，谣言止于智者，谈何容易。

自我阉割

明亡清兴之后，道德意识出现了变化，道问之学更多地转向德性修养。一个明显的特点就是形上玄学的没落，礼治社会的思想逐渐形成。读书人以讲经会、省过会、日谱、人谱等形式，为社会道德提升提供自己的实践。王汎森著的《权力的毛细管作用：清代的思想、学术与心态（修订版）》（北京大学出版社，吴合众，浙江苍南人，现供职于中共苍南县委宣传部，著有《万物藏》。

二〇一五年九月第一版，二〇一五年十一月第二次印刷），梳理了这些思潮，让我突然想，诸如《弟子规》等民间道德规劝文本的出现，会不会跟这个思潮有关系？

当然，书中探讨更多的是康雍乾时期的文字狱、禁书及其在道咸以降的复出问题，在这个过程中，政治压力仿佛毛细管渗透到文化生活的各个层面，仿佛涟漪一般越传越远。这种压力不仅有从上到下渗入到每个角落的压制，也出现了民间的自我压抑和自我删节，它们共同构成了权力作用的两个层面，影响着文化走向。诚如《序论》所言，这个过程中，王汎森"重点并不放在中央的政策与作为，而是放在受众"身上，强调"被影响者、被支配者们隐秘的、无所不在的消极性的创造力"，以凸显"每一个'影响'不见得只是单纯的由上而下的支配而已，它们往往既是'支配'，又是一个又一个'创造'或'再制造'。人们也可能尽其所能地'创造性'地减少或回避影响与支配，而其最终的结果却每每吊诡地扩大了官方政策的实际作用，形成一股席卷每一个角落的旋风"。而这，也让书中所论在今天依旧有着现实意义。

童话书絮语:很久以前……

徐斌

因为语文教学和阅读推广,这些年,我收藏了较多童话书,发现童话其实跟随着我们一起长大,它就像是一个神秘的套盒,你永远不知道下一次打开它时,在你面前的是什么样熟悉又陌生的面孔。

一、民国版三大童话书

以"全集"的形式将安徒生童话介绍给中国读者,徐培仁的译著是最早的,他翻译的《安徒生童话全集》共三卷,全书有二十一篇童话,于一九三〇年九月出版。我收藏有《安徒生童话全集》,二卷木,黄风译,全书有六十篇童话,无前言、后记,版权页印有康德九年(溥仪在"伪满洲国"使用的年号,即一九四二年)六月二十五日印刷,博文印书馆发行,每册定价国币一元八角。

启明书局在民国二十五年（一九三六）和民国二十八年（一九三九）分别出版《天方夜谭》和二卷本《格林童话》，我在孔夫子旧书网上购得。

白话文运动以前，《天方夜谭》《格林童话》译本基本上都是采用文言译法，我收藏的启明版是白话译本，前者方正译，后者张亦朋译。

启明书局一九三六年成立于上海，创办人为沈志明，他是中华书局的创始人沈知方的儿子。

二、印度古童话

很多文章在论及童话时，谈到德国童话、英国童话、非洲童话、俄罗斯童话，却往往忽略了在童话体系中还要一个重要的分枝：印度古童话。一九二九年世界书局出版的赵景深《童话学ABC》中多处写到印度童话，这应该是我国最早研究童话的书。

其实，世界上所有民族里产生童话最多的是印度，现在流行世界各地的童话很少不是从印度传出来的。成书于两千年前的《五卷书》，就是一本译本多、影响大的古印度童话集。季羡林先生翻译的《五卷书》是唯一的中文全文译本，自一九六四年到二〇〇一年三版后绝版，二〇一六年由重庆出版社再版。中国很多家长和中小学语文教师对此书并不了解。

我收藏了两本印度古童话书，一本是一九五五年中国青年出版社的《印度童话集》，冰心译；一本是一九七三年人民文学出版社的《卡里来和迪木乃》，季羡林作序，都很值得一读。

三、世界童话名著连环画

几年前，我几乎在每场阅读讲座中，都会向小学家长推荐浙江少年儿童出版社十卷本《世界童话名著连环画》，这套连环画最初于一九八八年出版，八卷本，我各收藏了一套。

之所以向家长极力推荐，是因为这套书首创"连环画＋文字"呈现童话故事；由叶君健作序，陈伯吹审定，任溶溶为作家撰写小传；选取六十九位世界名家一百一十九个世界经典童话故事，可以说是我国目前最全面，最有体系的童话集，非常适合小学生阅读。孩子们现在看的电影《精灵鼠小弟》《纳尼亚传奇》《小熊维尼》都可以在书中找到原型。有一次讲座后，一位七〇后的家长骄傲地发微信给我说："徐老师，我小时候就是读这套童话书长大的。"

最近，有家长朋友发信息给我问，徐老师，为什么十卷本的连环画这么贵，要一千元一套。我说，不可能吧，两年前我买的是一百八十元左右一套，还买了好几套送朋友孩子呢。我上网一查，果真十卷本《世界童话名著连环画》如今价格翻了好几倍，新书没货，二手书最便宜的也要八百元。看来这套书是真的好。

四、叶君健译《安徒生童话》

对于安徒生童话，我情有独钟，它是真正体现童话从民间向文学童话演进的作品，我们从小就熟读《丑小鸭》《卖火柴的小女孩》《皇帝的新装》，故事真、善、美。它也是世界上译本最多的书之一，我收藏了几十种版本，包括民国版、台湾版、香港版等。

在众多版本中，我最喜欢上海译文出版社，叶君健译，一九七八年版十六卷本《安徒生童话全集》。《海的女儿》开篇"在海的远处，水是那么蓝，像最美丽的矢车菊花瓣……"，翻译细腻，语言像诗一样美。它是那一个时代孩子的记忆和怀念。二〇一七年北京卫视和东方卫视首播电视剧《生逢灿烂的日子》中郭小洋读的《海的女儿》，就是该版本。

全集中安徒生早期童话的木刻插图，是根据他同时代画家比得生的画稿刻的。这些画稿现在都保存在安徒生博物馆里。

安徒生中年以后所写的童话，就再没有比得生的插图了——可能那时他已经不在人世了。

台湾远流出版社四卷本，叶君健译《安徒生童话全集》，也是我很喜欢的版本，直译自最权威的丹麦文版本，被誉为世界上最好的中文译本。它是篇目最完整的全集，比其他任何一种语言的译本更齐全，每篇童话后面，都附有叶君健有关故事的写作和出版背景，以及"画龙点睛"式的简要解说，帮助读者增进对故事理解的深度和广度。

中信出版社于二〇一八年也出版了三卷本叶君健译本。书中有世界插画大师杜桑·凯利、卡米拉·什坦茨洛瓦夫妇绘制的一千余幅插画，印刷装帧精美。

五、分夜体《一千零一夜》

古代阿拉伯地区有一位国王叫山鲁亚尔，他生性残暴嫉妒，因王后行为不端，将其杀死，此后每日娶一少女，翌日晨即杀掉，以示报复。宫相维齐尔的女儿山鲁佐德为拯救无辜的女子，自愿嫁给国王。山鲁佐德用讲述故事方法吸引国王，每夜讲到最精彩处，天刚好亮了，使国王因爱听故事而不忍杀她，允许她下一夜继续讲。她的故事一直讲了一千零一夜，国王终于被感动，与她白首偕老……我们读的《一千零一夜》为什么没有一千零一个故事，因为你读的是假《一千零一夜》。

市面上各种版本的《一千零一夜》其实都是删减版故事体《一千零一夜》，经过支离破碎的改编，按故事内容取题、编排，全书仅有几十个故事。前些年，我一直买不到全译本，从台湾购买的繁体字分夜体《一千零一夜》，远流出版社，李唯中译，十卷本，目录按"第一夜"到"第一千零一夜"编排，这才是真正的原版全译本。

南海出版社于二〇一九年也出版了李唯中译，分夜体十卷本《一千零一夜》。

六、卡尔维诺版《意大利童话》

这是一套阅读价值被低估的童话书。我曾向二年级小学生推荐此书，几个星期后，家长告诉我，孩子爱不释手，反复阅读。

意大利是文艺复兴的发源地，也是欧洲童话的故乡，童话在意大利的产生远比其他欧洲国家要早很多。卡尔维诺是意大利当代最具有世界影响的作家，于一九八五年获得诺贝尔文学奖提名，他筛选濯洗散落在意大利民间乡野的传统和神话，著作《意大利童话》，还原它们本来所具有的干净简朴的面貌。

因为卡尔维诺,《意大利童话》站在了与《格林童话》同样的高度。我读的《意大利童话》是二〇一二年译林出版社出版的三卷本。

七、《夏洛的网》

《夏洛的网》是我非常喜欢的一本童话书,因为这本童话书浅近而深刻,伤感而温暖,真实而不残忍,快乐而不浅薄。很多人只知道这本书优秀,却不知道其实这本书在美国童书出版社史上有着非凡的意义。

在《夏洛的网》等书面市之前,美国童书界与整个西方世界都有一个共通的信念:孩子是需要受到庇护的,要隔绝日常生活中的严酷现实。关于死亡的话题,关于孤独感与疏离感,关于父母与子女之间的冲突等敏感话题在大多数情况下是被完全回避的。孩子在书中读到的总是快乐和无忧无虑。《夏洛的网》一九五二年出版之初,曾受到批评界强有力的反对。如今,有学者推介《夏洛的网》是美国最伟大的十部儿童文学之一,它不仅仅是童话,更是一部主题为生命和死亡的严肃作品。

我收藏的《夏洛的网》是我国最早的译本,康馨译,一九七九年人民文学出版社出版。

八、《两个伊达》

日本松谷美代子的童话《两个伊达》给我留下深刻的印象。这本书一九六九年出版，畅销不衰，是一九七九年国际儿童纪念特别安徒生奖优秀作品，被选为日本全国学校图书馆协会选定图书。

这本书目前各大平台网站都没有，应该是出版社没有再版。前几年我买了接力出版社，彭懿译的复印本，后来在孔夫子旧书网买得中国少年儿童出版社，一九八五年出版的原版书，高兴了好一阵子。

经典书读完影响一辈子，畅销书看完热血一阵子。

九、无插画不童话

"坐在船上，或者跟着船到处游逛。待在船里，或者待在船外，这都无所谓。好像什么都无所谓，这就是它叫人着迷的地方。"这是英国童话书《柳林风声》中最后一幅插画的场景，也是英国最优秀的插画师亚瑟·拉科姆生前的最后一幅作品。

"插图"，《现代汉语词典》解释为"插在文字中间帮助说明内容的图画,包括科学性的和艺术性的",插图的作用绝不止于说明文字内容,它是童话书的重要组成部分,能激发读者对故事的渴望,呈现故事细节。

一九五五年,英国人马尔蒂尼奥尼编选了插图本世界儿童文学名著,半个世纪以来,滋养了一代又一代的孩子。三联书店于二〇一五年出版了这本书《世界儿童文学名著名图宝典》。

历来,优秀版本的童话书都有精彩绝伦的插画,接力出版社"国际安徒生插画奖"得主罗伯特·英潘手绘插图的《爱丽丝漫游奇境》,新星出版社插画名家根纳迪·舍恩菲尔特绘制插画的《俄罗斯最美童话》都是优雅精美的童话书,值得珍藏。

我在推荐童话书时,不仅注重出版社、翻译者,还关注插画师。

十、童话永远都在自我更替和变革

一个女孩、一只狼在森林里相遇……

《小红帽》是家喻户晓的童话故事,内容看起来似乎天真、平凡,其实不然。三联书店新知文库出版了一本关于这则童话的书《百变小红帽》,书中梳理了《小红帽》数百年来的各个版本,故事剧情不断被改变,从性爱寓言史到家庭教育史,到女徐斌，浙江苍南人，现供职于苍南县教育局灵溪学区，著有《在教育的原野上放牧》。

权主义史。

我的书架上有浦睿文化出品的二卷本《最美不过童话》，作者是英国杰出作家菲利普·普尔曼。他研究、整理了两百年内数十个版本的《格林童话》，精选最爱的五十则童话，加以重述，在每则童话后面都加了附注，追溯故事的起源、历史背景、流传至今的原因。

所以说，童话是流动的文本，永远都在自我更替和变革。

我的读书记历

章苏凤

读书的宗旨是什么，每次想到这个，我心中都会想起北宋大儒张载的四句名言"为天地立心，为生民立命，为往圣继绝学，为万世开太平"，这也是冯友兰先生最为推崇的"横渠四句"。这四句名言，言简意赅，气象宏大，被世代读书人和为官者捧上神坛，成为无数有志国人的最高理想和精神坐标。但对于大多数人来说，实在是过于高大上，只能心向往之。

对我来说，读书的作用是：修身，齐家，育人。大学毕业正好二十年了，回想一下，记事以来，一直陪伴我的是什么，是书籍。父母同学亲友有时几天或者几年不见，但不能一日无书。回顾了这么多年来读书买书的经历，我觉得可以归纳为三个阶段：读书，藏书，玩书。

一、求知若渴的读书阶段

我一九七七年出生于龙港章良村，那时我们这个小农村是很少见到教科书之外的闲书的。甚至连教辅用书都很少，幸运的是那时村里开了一家旧书店，而且店主与我父亲关系甚好，因此可以经常去他店里看书。虽然说这家店在现在看来不值一提，但是，当时进去第一眼看到时，真被震撼到了，只接触过教科书的我，什么时候见过那么多的书。现在想来，我现今的藏书念头是不是在那时就开始萌芽了。

那个年纪的小孩普遍对有图画的书比较感兴趣，我第一本看的就是连环画《射雕英雄传》，"为国为民，侠之大者"，从此郭靖成了我心目中的第一大侠，再也没有什么人物形象能取代他的位置，乔峰亦不能。甚至以后看《神雕侠侣》时，曾一度非常讨厌杨过，而一旦看到有郭大侠出场的章节就热血澎湃，看到他以修炼大成后的降龙十八掌与欧阳锋的蛤蟆功两败俱伤，看到他以"上天梯"轻功直上襄阳城墙而被金轮法王打断，上城后一箭射断蒙古大军帅旗而丝毫未现骄傲之色，看到他为救杨过独斗蒙古四大高手而不落下风，实是觉得，当代大侠，舍他其谁！

许是隔得久了，当时看过的书也大多忘了，记得当时有套连环画《唐宫恩怨》，非常好看，悲剧结尾，后来才发现改编自梁羽生先生的《女帝齐英传》。除了这些，其他能看懂的书也看，对我来说，在没有什么娱乐的八十年代，还有什么比看书更有乐趣的呢！但是，只是阅读实在难以解馋，如果能自己拥有岂不完美？于是把好不容易省下来的零花钱，全用来买连环画故事会了，那时书价很便宜，一毛一本，我大约收藏了一百多本，至今三十多年过去，已遗失殆尽。

　　高中阶段，我遇到了黄世中老师，也是对我影响最大的一位语文老师。他是温州师范学院教授，主要研究唐宋著名诗人李商隐和陆游，上课旁征博引，幽默风趣。记得有次测试文言文，我考了最高分九十七分，被老师作为例卷分析，这让我对语文的兴趣大增，此后每次考试我的语文成绩几乎都是全段最高，可见古人说的不错：信其师而亲其道。那时我只知读书，从不知藏书是何概念，后来听说黄老师还是藏书大家，乃温州十大藏书家之一，当真是高不可攀。然后觉得我也应该藏点书，于是花了十多元去书店买了一本中国四大名著之一《西游记》，岳麓书社出版的，十六开精装厚厚一册，这算是我真正意义上藏的第一本书吧。

　　高中三年，我读完了金庸先生的全部武侠小说，还有港台一些名家的小说，但武侠小说毕竟是通俗文学，有些文人甚至认为他们难登大雅之堂。但我不这么认为，那时的我，凭着兴趣而读，只读喜欢看的东西，也不认为阳春白雪和下里巴人有高下之分。曾经看着同桌兴致勃勃地看《雾都孤儿》《双城记》，想想自己从没看过外国名著，也买了两本：《简·爱》《呼啸山庄》，整整花了一个多月才读完，比较一下自己曾经读过的中国四大名著、《儒林外史》《老残游记》等，觉得读着好累，远没有中国小说好看。

对我来说，读书的黄金时期是大学阶段。高中学业压力大，没多少课余时间，大学时间多，社团多，再加上温州师范学院有一个很著名的图书馆"逸夫图书馆"，据说藏书五十万册，我们本科生一次最多借六册，隔天可以还。所以大一大二那两年几乎天天泡在图书馆，先是迷上还珠楼主和张恨水的小说，看完了他们的全集后目光集中在中国古典诗词和现当代文学，鲁迅先生的《呐喊》《朝花夕拾》，周作人的散文集，沈从文的《边城》，巴金的《家》《春》《秋》，茅盾的《子夜》，《张爱玲选集》等等。文学的世界，对于一个文青来说，实在是太奇妙了。

虽然读的是生物系，但班里有两位同学，也是文学爱好者，高考语文都是一百二十分以上的水平。很多时候一到周末，我们三人结伴或坐公交车或步行，游荡于温州市区各大书店，从埗儿路的图书批发市场，到公园路的新华书店，或其他特色书店。有时也未必一定要买书，对于爱书人来说，逛书店的乐趣，在于享受逛的过程，当然大多时候也会按自己的兴趣买上几本，我喜欢文史类图书，有位同学喜欢书画类书籍，另一位喜欢武侠，他老是怂恿我买三联出版社出版的《金庸作品集》，共三十六册，初版定价四百九十九元，这可是我两个月的生活费，买不起，只好先买《连城诀》和《雪山飞狐》两本，却不知金庸小说版本水太深，盗版横行，大学毕业后才发现，这两本正规书店买的书，也是盗版的。这两本书我到现在还留着，也算是对当初流连于温州各大书店的见证。

记得大二时温师院图书馆曾经有一批不再馆藏的书籍放在一楼售卖，价极其便宜，一元或者几元一本不等，那时我们三人天天去淘。我买的最多，其中有民国版本的《四书集注》，一些新文学旧书，总共一百来本，装了好几个纸箱，大学毕业回家时，打包回家的十多个包里面，大多数是装书的。这些书现今大都不在了，说起来倒是让我哭笑不得，大学毕业后我任教于金乡高中，一天回家时发现床底下干干净净，装书的几个箱子都不见了，一问之下才发现被我妈当废纸卖了，得了几十元。我能说什么呢，这其中可是有些民国旧书啊，而且都是我辛辛苦苦淘来的。所以我从小收集的连环画、文史书籍，大学四年买的所有图书，统统再见了，只有被我带到金乡的那批书，有幸保存至今。也因此知道，书，在不爱书不懂书的人的眼里，就是废纸一堆。

二、网上淘书二三事

二〇〇二年，孔夫子旧书网上线了，它改变了所有爱书人的生活。二〇〇五年的某一天，我发现了，注册了，从此迷上了网上淘书，逛孔网论坛。那时孔网论坛非常活跃，人气很旺，尤其是讨论关于《红楼梦》(石头记)的版本，更是热闹非凡。有一次一位书友发了一个售书帖，是一个《石头记》的古抄本影印本《戚廖生续本石头记》，售价六百元，当时就想，《红楼梦》前八十回我高中大学看过好几遍，怎么不知有这个版本。浏览一番才发现是自己浅薄了，只知道看书，对书籍的版本一无所知。原来《石头记》的古抄本有十多个版本，这只是其中之一，且不说还有活字本的程甲本程乙本以及其他清刻本。原来版本是这么复杂有趣的，然后觉得我也应该拥有。于是不久之后，《脂砚斋重评石头记》庚辰本（一九九三年人民文学出版社出版）、甲戌本（二〇〇四年上海古籍出版社出版）、己卯本（二〇〇五年上海古籍出版社出版）陆续摆上我的书架，都是线装影印本，当然，有更早影印的版本，比如庚辰本有一九五五年文学古籍刊行社影印的，也有一九七四年人民文学出版社影印，甲戌本有一九六一年台湾影印的，都太贵了，动辄几千几万，我一个工薪阶层只能望洋兴叹。

后来，我又陆续购进其他各种版本《红楼梦》，有线装、精装、平装，影印本、排印本不一而足，一眼望去，满满几排全是《红楼梦》相关书籍。收藏就是这样，一山望着一山高，自己喜欢的东西别人有的，总也想拥有。记得在二〇〇七年，有一天逛旧雨楼清风阁论坛时，在"金庸江湖"版块看到康健金兄的一篇帖子《金庸作品大陆八十年代版本》，里面历数了大陆八十年代各出版社出版金庸小说的情况，并配有书影。才发现初中最早看的宝文堂版《天龙八部》名头甚大，好多金迷都是看宝文堂版长大的。可惜宝文堂当时没有出全三十六册，只出了三种：《天龙八部》《倚天屠龙记》《鹿鼎记》。其他还有时代文艺、安徽文艺、百花文艺、湖南文艺、浙江文艺、鹭江等出版社都出版过金庸小说，不胜枚举。不过除了百花文艺的《书剑恩仇录》，都是没有经过金庸先生授权的，所以说他们是盗版也无不可，但毕竟是正规出版社出版，还是有收藏意义的。看了康兄帖子后，我登录孔夫子旧书网，品相优先，疯狂扫货，几天之内，下了几十个订单，自此开始金庸小说收藏的第一步。此后几年我陆续购藏了三联版《金庸作品集》一版一印、一版六印、二版一印、袖珍版、限量版软精装；文化艺术出版社繁体评点版；广东朗声新修软精装版、平装版、文库版、口袋本和线装版；台湾远流出版社黄皮版、典藏复刻版；远景出版社白皮版；香港明河出版社袖珍版；宝文堂复刻精装平装版；日本德间书店精装版。有时下班回家，看到各书架上的金庸小说，顿觉踌躇满志。

这些版本内容姑且不论，文字大同小异。但就收藏价值来说，还是三联软精装版价值最高。此书一九九九年印刷，限量六百套。不知为何，二○一○年左右才大量出现，那时大约两千元一套即可买入，我二○一二年左右才发现，已经涨到五千元左右，咬咬牙购入。几个月后看上一套好书，囊中羞涩，忍痛六千五百元卖给一宁波书友。该书友亲自到我家提书，待其走后我才发现遗漏了一本没带走，后来又给他快递过去了。几年后，一天浏览金庸专柜，觉得版本收藏美中不足，金书收藏怎么能没有三联软精呢，于是花了三万多从一书友那又购入一套，十年不到，该书涨了十多倍，后来想想，这也是收藏的魅力之一吧。

作为一位高中教师，每天除了备课上课改作业以外，若没有什么事，便上网淘书。除了孔夫子旧书网、布衣书局，还有什么网站能淘书呢？在二○一二年左右，无意中点开一个网页，竟也有书在那拍卖。原来是日本的雅虎拍卖网站，我点开的是代拍网。从此如同发现了新大陆一般，开始了从日本拍书的生涯。雅虎的中文书籍不多，主要是线装古籍文史碑帖一类，这些正是我最近感兴趣的收藏方向。我不能做到如有些书友那样只进不出，工资还要养家糊口，所以只能以书养书。这几年从雅虎买的最多的有日本二玄社复制的书画碑帖，文史类图书。有时也会买到一些国内少见的稀缺书，比如二〇一五年从雅虎拍了一部清刻本（雕版印刷）《燕山初集》，线装三册全，经查，国内可能无藏。二〇一五年拍了一部陈垣一九二三年初版《元西域人华化考》油印稿本，此书刻本常见，油印本国内少有，颇可珍惜。二〇一八年拍了一部《旧唐书》一百六十册两百卷全，乾隆四年（一七三九）武英殿刻本。用的是太史连纸，这么一部大部头，经过两百八十年，还能保持完好，实在是少见，此书天地宽阔，墨黑如漆，纸白如玉，每次翻阅时，心中想着这是两百八十年前的古物，在我之前也不知有哪些古人曾经触摸过，翻阅过，顿时有了一种与古人隔着遥远时空对话之感。

不管什么收藏，讲究的是人无我有，人有我优，初版高于再版，一印优于后印。物以稀为贵是千古不变的真理，所以为了迎合一些藏家，毛边本、限量版、典藏版、特藏版等应运而生。毛边本，一般指装订成册的书籍或杂志不加裁切，使得书边不齐，毛茸茸的，洋溢着别样独特的自然朴素之美，非常别致。有的"毛边本"是让读者在买回去阅读时自己动手裁切开来的，这让读者对于"毛边本"更有一种亲切感。鲁迅是毛边本的早期爱好者和提倡者之一。一九三五年四月十日，鲁迅在致曹聚仁的信中写道："《集外集》付装订时，可否给我留十本不切边的。我是十年前的毛边党，至今脾气还没有改。但如麻烦，那就算了，而且装订方也未必肯听，他们是反对毛边的。"

三、读书与育人

读书藏书这么多年，存款不见增多，藏书虽然有进有出，但却逐年增多，以致书架不堪重负。我没数过自己的藏书到底有多少册，在这个阶段，关注的已经不是量，而是质。学生也知我喜欢买书，家里寝室里书很多。有时上课为了活跃气氛，也与他们谈谈书的版本装帧，买书的趣事，有一天在高二文科班上课，我说了一个在孔夫子旧书网拍书的趣事：香港董桥先生七十岁时，他的朋友为他出了一本书《董桥七十》，海豚出版社出版，小牛皮精装毛边，作者签名钤印，限量编号一百本，放在孔网拍卖。按中国人的习俗，一、八、十八、五十八、六十八、八十八、九十九、一百这几个编号比较吉利，都是靓号。我也想获得其中一本,但一号不敢想啊,肯定被那些董桥迷抬得很高,果不其然,一号最后拍到五千多元,那些搞收藏的人果真不差钱啊。我后来想想,这个ID在孔网这么多年了,算是有些名气,指不定以前拍卖时抢过别人的书而莫名得罪人家,这次万一人家过来报仇恶意抬价呢,于是注册了个马甲去拍,果然顺利地拿下六十八号。学生听了大乐,下次上课还要我讲书的故事。然而,我是教生物的,怎能主次不分。于是灵机一动,想到家里有些读过的书不如拿来作为奖励,总比奖励金钱更为风雅有趣。于是每当期中或者期末考,我任教的班级每班都设立优秀奖和进步奖几名,获奖者皆可得到我的藏书,名次高者可优先挑选。礼虽然轻,但既能对学生学习有所促动,又能增加阅读量,提升自身素养,何乐而不为呢。有时上课心血来潮,学生回答深得我心,也会奖励他一本书。给学生的赠书有时我也会在扉页写上几句题词,以资鼓励。

  书,毕竟是用来读的,但一位真正的读书人读书必讲究版本。对我来说,拿到一本书,首先看其装帧,线装、精装还是平装。精装的话是纸面还是布面还是皮面,若是皮面精装,是真皮呢,还是仿皮。西方真皮精装书由来已久。在中国,以前在"文革"期间,能出真皮精装书籍的只有两位著名人物:鲁迅和毛泽东。但是近年来,越出越多,凡是作家出书,只要出版章苏凤，浙江龙港人，现为龙港中学生物教师。

社愿意，谁都可以出真皮书。商家逐利，可见一斑。看完外表，其次看版权页，看是什么出版社，什么时候出版，一版一印还是后印，印量多少，定价多少等等。然后才是读序和内容。若是线装古籍，必先观其牌记，如"清光绪己卯宏达堂刊本"，就可以看出雕版年代，然后看字体，刻工，纸张，半页几行，行多少字，白口还是黑口，有无鱼尾，四周双边还是单边。内行看门道，外行看热闹，就是这般。

明张岱的笔记《陶庵梦忆》里有句话让我深有同感"人无癖不可交也，以其无深情也"。我喜欢有癖好的人，爱读书，爱金石书画，爱运动，爱旅游，爱喝茶、爱厨艺、爱音乐，爱收藏，都好。最怕百无一爱，那就是言语无味、面目可憎了。此生有良妻稚子，有书陪伴，余愿足矣。

(原载《温州教育》二〇二〇年第十期)

爱书二三事

吴小黄

我的身边有不少爱书的朋友,他们对书的痴迷让人感觉就像在谈恋爱,想一本书会辗转反侧,得一本书会欣喜若狂,失一本书会垂头丧气,暗恋、热恋、失恋甚至是虐恋的桥段,无时无刻不在上演。

古今中外都有这类爱书如命的人,我几乎也已经踏进了这个行列,虽然没有"如命"一般的极端,但也是处于危险边缘,书犹如"第三者",霸占了我一大部分时间,我爸曾开玩笑说:以前是"书跟妈抢儿子",现在是"书跟老婆抢老公"。如果要用几个字概括我跟书的关系,我想应该是"读""淘""囤"。

读

书是用来读的,这是它的基础功能,也是存在的最重要意义。我跟书的缘起，也要从"读"说起。

有人说读书是乐事，一卷在手可以废寝忘食。可是在漫长的学生时代，我一直把读书当作苦事，一看见书本就哈欠连连。原本以为这辈子都与读书无缘，但没想到之后的另一段学习经历，让"课内书"读不动的我，却与"课外书"走到了一起。

那时正值精神空虚迷茫的大四，我把择业方向定在了进入体制，通俗地说就是考公务员。备考的日子是无聊的，每天除了做题，就是上网买题。十年前网络购物的便利性远不如现在，尤其是购买书籍资料，大部分人还是会选择去实体书店。一些购书网站为了打开市场，变着法子搞促销，图书全场五折，赠送"满100-50"购书券都是常有的事。这些大力度促销对于当时没收入的我来说是很有诱惑力的，所以每次买资料就会想办法凑够促销金额，如果凑不到那个数，便会选一些文学读物"凑单"。那段时间，每次从快递盒里拿出的材料总是非常混搭，除了《申论真题》《行测真题》，还夹着《平凡的世界》《活着》《追风筝的人》等经典文学作品。

虽然看那些"课外书"对考公务员的帮助很小，但却成了我备考间隙最好的放松和消遣。甚至到最后考试结束了，学习材料没看完，凑单的书被读完了。也许热爱阅读的种子就从那时候埋下了。

我对读书的媒介不是很挑，纸质书和电子书都接受，不过相比起来，纸张的触感和油墨的香味让人感觉更踏实，因此对纸质书会偏爱三分。有些即使读过了电子书，看到纸质版也会忍不住买回来再翻翻，每月不算多的工资，有一大把要花在购书之上。外出最常去的是书店；最常打开的APP是"京东""当当"等可以买书的网站；最期待节日是"4·23世界读书日""6·18购书狂欢节"这类网络购书节，买书不但有大折扣，还能叠加各种优惠券。

都说成年人的快乐往往是短暂的。对我来说，每次得到一本书，再读完它，能收获一段很长的快乐历程，这是其他事情都无法比拟的。

淘

再后来，书买多了，看多了，我逐渐形成了自己的阅读喜好，不再依赖于网络推荐书单，开始到线上、线下各种地方搜寻自己真正想要的书。这是一种有趣的买书形式，也叫"淘书"，或说"寻书""猎书"。

淘书的过程是美妙的，很多名人轶事也跟淘书有关。比如鲁迅，不但是写文能手，还是"淘书狂魔"，有个叫琉璃厂的地方，是旧时北京的重要图书集散地，鲁迅在北京的十四年间，竟去了四百八十次之多，采买图书、碑帖三千八百多册；有的淘书经历堪称冒险，比如一九四五年的沈从文，冒着枪林弹雨从书店买到一本《漆器考》，在书上写下"从枪声盈耳中购来"；有的甚至深刻影响了后人，现在市面上流行的程高本《红楼梦》，其中后四十回中的十回，就是乾隆年间的红学爱好者程伟元在一个书摊上淘到的，之后就有了他和高鹗对《红楼梦》后四十回的整理补全，并最终出版，流传百年。

我对淘书的最早记忆来自灵溪镇望鹤路上的一家旧书店，店老板是一个五十岁左右的中年男子，平时喜欢到处淘旧物。旧书店前半间卖的都是他去农村淘到的老物件，后间比较杂乱，放着几个老书柜，专卖旧书。书价根据重量确定，一般在两到四块之间，在书价越来越高的当下，可以说是良心价了。自从发现这个宝藏旧书店，我每天中午下班都会路过，一头扎到旧书堆里逛半小时，买上几本，再回家吃午饭。最吸引我的是在这家店经常能买到绝版书和签名本，印象最深的是一套《苍南百家姓》，共十卷，市面上很难找到，没想到老板陆陆续续收全了，最后被我悉数收入囊中。

淘书的过程充满未知性，可以漫无目的随便淘，也可以定下目标精准淘。如果要悠闲地随便淘，可以去一些旧书市、旧书店，像寻宝一般，碰碰运气，指不定能捡到"漏"了。如果想精准淘到某本书，线上找应该是最好的办法，这其中"孔夫子旧书网"是圣地一般的存在，若一本书连孔网上都找不到，那只能回去烧高香祈求哪天哪位活菩萨能上传一本，或者在某个冷摊上能有缘遇见了。

说到孔夫子旧书网，不但是个淘书圣地，还是个经验交流宝地。有次在上面闲逛，无意中看到了一个关于"如何通过网络去国外淘书"的帖子，摸索了半天，竟学有所成，跌跌撞撞到日本一家拍卖网上买到了村上春树的签名本。当然，村上春树的签名本孔网上也有卖，只不过从孔网买肯定比自己历经千辛万苦淘来会少了许多的乐趣。

很多爱书人说淘书会"走火入魔"，甚至会走入"淘而不读""买过就是读过"的怪圈，就像某位藏书家说的："搜猎书籍的过程往往是最大的乐趣，拥有了反而淡然了。"确实，书的魅力不止于其中的内容，爱书人对书的热爱除了其中的思想，还可能是装帧、版本、名家签名等等，他们通过各种手段得到了自己想要的那本书，就已经大功告成，这时候书的内容如何其实已经不重要了。

囤

爱书人大概都知道一句书圈名言,"买书如山倒,读书如抽丝",讲的是买书速度远超读书速度的"囤书癖"现象。有"囤书癖"的人不在少数,社区网站"豆瓣"上最火的读书小组就叫"买书如山倒,读书如抽丝",专门指导书虫们如何更便宜地买到自己心爱的书,光组员就有五十万之多。网上有不少文章分析了此类现象,甚至给"囤书癖"冠以科学的解释,有说这反映了当下人们的求知欲和求知行为,有说这其实也是一种满足购物快感的"买买买"行为。总之,囤书的过程就像松鼠囤松果,让人幸福感满满,反倒是想起囤的书最终可能读不完,让人心生焦虑。

我也是严重"囤书癖"患者,深有体会的是,入了"淘书坑"的人迟早也会入"囤书坑"。以前是买一本读一本,后来是买两本读一本,到最后是买 N 本才能读一本,而且这个 N 会越变越大。家中的书就像雨季里水库的水,越积越多,书柜里书的摆放方式也一直在变,为的就是空间利用最大化,最后实在放不下了,只能买新书柜了,甚至听说有些高级玩家还会专门弄一间房子来放置书籍。

囤书并不是把书扔到书柜里就完事了。我对书的品相有着极高要求，家中的书最多时有一千两百多本（套），想要把他们照顾好并不轻松。

　　苍南潮湿的气候是纸质书的噩梦，尤其是常在春天出现的回南天，就是发霉"警告"，几次回南天下来，书可能就长霉斑了。最好的解决办法就是物理隔离。对于没有塑封的书，我会用自封袋装起来，这跟塑封有同等效果，另外还会在书柜里放几包除湿剂，等于是上了防霉"双重保险"。除了防霉，还要给书防晒，书晒久了容易发黄，我的做法是在书柜玻璃上贴黑色遮光纸，造一间"小黑屋"，虽然柜子美观性变差了，但防晒功能提高了。

　　把书囤好不是易事，还有一件事更让"囤书癖"头疼，那就是搬家。如果要给"买书如山倒，读书如抽丝"后面再加一句，我想应该是"搬家如丧命"。三年前我经历了一次搬家，那时家中已有六百多本（套）藏书，由于对搬家公司的暴力搬运方式不放心，所以我选择自己动手，在没有楼梯的六楼上下搬运书籍。这过程中还要忍受家人的数落，"上网看就行了还买这么多""搬来搬去麻烦，不如卖掉算了"，等等。搬完家的感想是：以后不买书不行，不搬家倒是可以。

　　搬过一次家后，我一直在想：家里的书要何去何从？之所吴小黄，九〇后，浙江苍南人，现供职于苍南县某机关。

以思考这个问题，一方面是家里的书实在放不下了，即使在新家专门定做了一个能放一千本书的大书柜，但也只备短暂之需，以当时的囤书速度，可能一年就不够用了；另一方面，对书的品位要求越来越高，开销越来越大，可是工资却迟迟未涨，再买下去可能真的要吃土了。

带着问题询问了一些书友，得到的答案是统一的——以书换书，就是把一些书卖了，再买其他书，这样既可以省点买书钱，又可以腾挪出放书的空间，可以说是双赢。于是，原本把每本书当成宝贝的我，最终还是向生活妥协，在孔网上开了间小店铺，把读过的或者不再感兴趣的书摆上货架。

几年下来，店铺卖出了不少书籍，只不过得来的钱又被我拿来淘书、囤书，无奈得出结论：买书的钱是永远不够用的。

二〇二一年六月二十八日

买书记历

周承拉

与书结缘

"天下第一件好事还是读书。"这句话常被人挂在嘴边。我们且不查证它的出处,单看文字就博人眼球。"天下第一件好事"真是"读书"吗?人们不禁要打个问号。倘若如此,这等好事岂不人人都要抢着去做?可从当今社会来看,并非人人抢着去做。曾经"读书无用论"的语调风行一时,现如今依旧可以见到它的"身影"。这种论调正是当下一些世人心态的反映。再来咂摸"读书"一词,我们可以理解为不单单是学校的知识学习,姑且可以把它看作一切文字方面的阅读。生活中有人为了读书会向名家求取"书单",并奉之为圭臬,此后日日夜夜苦心经营而收效甚微,为何?因为他们没有找到属于自己的读书门径,而在门外徘徊,不得其门而入。可见,"读书"并非易事,要想做成"天下第一件好事",委实要花费一番工夫,找到一条属于自己的读书门径。

  我有意识地去寻找读书门径是在高中。当时得地理位置之便,学校就在书店边上,自然而然我就成了那里的常客。大多数是在午后,我徜徉于一字排开的教辅类书架前,在一番寻觅之后,总是期待获得一本"学习秘籍"。然而每次"入宝山而空回",只能"搔首踟蹰",败兴而归。渐渐地,我对寻找"学习秘籍"失去了兴趣,把目光转向了教辅以外的"杂书"。犹记得是一个中午,吃完午饭后我径直向书店奔去。随性而为,眼手并用,我走到哪儿看到哪儿。当目光离开书架转而抬头之际,一本墨绿色脊背的书定住了我的眼睛。出于好奇,我用大拇指和食指紧紧地把它攥住,从书架中抽出。"现代汉语语法研究"这八个字熟悉而又陌生。说它熟悉是因为"现代汉语""语法""研究"这三个词单看易于理解,放在一块儿,顿感陌生。翻开封面,又生一丝惊喜,目录中所呈现的文章《说"的"》《关于〈说"的"〉》《"的"字结构和判断句》摄住了我的心灵,一个"的"字竟有这么多文章可写!我迫不及待地翻阅,想一探究竟。看了第一篇,我似懂非懂,只觉得作者把"的"字的各种用法说了一遍,细细揣摩后,感叹于作者敏锐的洞察力,能把平时司空见惯的"的"用精练的语言加以规律性总结。限于学识能力，我并不能完全理解文章。后面的两篇文章也只是草草浏览一遍。合上书本，方看到作者的名字——朱德熙。心想，这个人真厉害！临近上课，我随即买下了这本书。这也是我第一次正式接触语言学这门学科，也是这次经历，在我心中埋下了学习语言学的种子。

高中三年，每次逛书店我都会特别关注语言学类书籍，看到感兴趣的就毫不犹豫地买下，囿于当时的经济条件，价格昂贵的书只能舍弃，便宜的则收入囊中。三年下来，我陆陆续续买了一些语言学类的书籍，尤其措意朱德熙先生的著作，他严谨的学术精神和精炼的文风对我产生了深刻的影响。虽未入读书之门，却已窥见室家之好。

四年书情

因高中与语言学结缘，大学毅然决然地填报了汉语言文学专业。负笈四年，我先后学习《现代汉语》《古代汉语》《语言学概论》等语言学主干课程，体会到了汉语的博大精深。在课上，老师会介绍相关语言学类经典著作，我按图索骥一一购买下它们。例如在学习《现代汉语》"语音"这一章节时，我买了《语音学教程》《汉语语音史教程》《实验语音学概要》等书，这些都属于"21世纪汉语言专业规划教材"。我根据书后的参考文献，又买了其他书籍。我遵循的买书宗旨一是能够帮助提高专业学习能力，二是有利于拓宽学术视野。到现在我还秉持着这一宗旨。在大学四年的学习生涯中，我根据老师介绍的参考文献逐渐备齐了专业学习所需书籍，不说很全，但基本涵盖。

到了大二，我"死性不改"，照旧做着买书的经营。学习《古代汉语》课程时，文字学、音韵学和训诂学的书都成了我猎取的对象。学习古代汉语要阅读古代文献资料，选取古代文献资料时则要讲究版本的优劣和点校质量的好坏。例如学习文字学时，《说文解字》是必读的一部经典著作。阅读时要用版本可靠、点校精良的本子。经一番比对后，我买了中华书局影印本《说文解字》，书后附有音序和笔画检字，查找某一字极为便捷。此外，我还买了各类韵书，如《集韵》《广韵》《中原音韵》等，大都选择中华书局出版的。经过近两年的积累，各类语言学书籍已经占据了寝室的书桌。此后，我的书桌底下，衣柜之中，尽是它们的身影。这就是我早期的买书经历，有点类似于"资本的原始积累"。有人会问，这么多书你看得完吗？我会坦率地回答："看不完。"那为什么还要如此疯狂地购买？一是作为学习查阅的资料，想用可随手拿取，免了上图书馆寻找的奔波之苦。二是兴趣使然,犹如抽烟,买书也会上瘾。一日不买尚可,两日三日不买亦可忍受,一旦见到心爱之书,则瘾从中来,非买书不能解也。

到了大三,我开始备考敦煌文献学方向的研究生,并冒昧地给所考学校的老师发去了邮件,询问考研参考书目事宜。令人惊喜的是老师很快给我回了信,还在信中给了详细的解答。"敦煌文献主要是魏晋以迄北宋初年的抄本,其中充满了当时流行的各种俗字异体、口语词汇以及佛教词汇,所以要想深入探研敦煌文献的实质内涵,首先得熟悉其中的语言文字及与佛教相关的一些基本知识。"这一段关于敦煌文献的解说给我指明了备考的方向。为了提高敦煌文献阅读能力,我开始购买老师推荐的书籍。例如敦煌文献语言学方面的《敦煌变文字义通释》《敦煌俗字研究》《敦煌俗字典》等,敦煌文献校释方面的《敦煌变文校注》《敦煌变文选注》《王梵志诗校注》等,以及其他敦煌文献概论性书籍。就在这一年,我把重心放在了敦煌文献语言的学习上,这方面的藏书也日渐增多。由于诸多原因,我的考研事宜最终搁浅,但对敦煌文献语言的学习从未停止过。

我的大学四年,成绩平平,买书伴青灯。毕业时将藏书整整装了二十来箱,同学戏称"当代孔子,搬家尽是书"。也就在那时,真正体会到了吕叔湘先生所说的"书太多了"的深刻含义。书多已然是事实，唯有从书中获益，方对得起四年锱铢所得。四年买书经历，要是说有什么收获的话，那就是形成了具有个人特点的读书门径。拿到一本书，我首先看目录。目录是纲，纲举目张，可以窥见该书的全貌，明晰书的知识结构。二是看序言。序言一般会对该书写作缘起、体例、知识体系作简要介绍，这对读者想要快速了解该书十分有益。三是看参考文献。阅读参考文献可以厘清该书的学术脉络，帮助你由一书而知他书，为你打开更广阔的学术视野，一举而多得。最后是看后记。后记可算是一本书的精华部分。它是作者在经历紧张的学术历程后的一次全身心放松。文风一洗正文的拘谨，读来生动活泼，如嚼橄榄，口舌生津。在后记中，你可以得知作者的学术师承、心路历程，读来耐人寻味；你抑或能看到学界的一桩逸闻趣事，可一哂而过；你还可能心生敬畏，感慨于作者的"字字血泪"。难怪还有人专门研究"后记"，为之著书。

买书为教

毕业后，我营了高中老师的生涯。出于教学的需要，我买书重心再次发生了改变。语文教学关键在于让学生学会准确地理解运用祖国的语言文字。因此，汉字字理的阐发是语文教学中的重要环节。古文字是汉字的源头，疏通源头才能流长。这一阶段，我开始阅读古文字学方面的书籍，把汉字的字理知识运用到教学中去。"兵马未动粮草先行"，买书自然得跟上。这期间，《商周古文字读本》《古文字学纲要》《古文字趣谈》《甲骨文简明词典》等著作——被我购入。随后一些大部头的古文字书籍也逐一购得。在文言文教学中，尤其是在进行文言字词教学时，我学以致用，以字为抓手，让学生知道文字的本来面貌，在学习中体会中华文化的博大精深。文字是中华文化的根柢，根不固则不能叶茂，学生也行之不远。这是古文字方面的书籍带给我最大的益处。

学生也时常问我，读书有用吗？我竟一时无法回答。"读书无用论"的影子再次出现在我的脑海。我只能用"无用乃大用"这句话作为解答。这不正与我买书的初衷相契合吗？买时看似无多大用处，用时则起了大功效，正验证了"无用"乃"大用"之理。

从高中算起，直至今日，买书、读书、藏书伴我走过了一段青春岁月，屈指一算十五载。我比不得那些买书藏书大家，他们追求珍稀古籍，讲究版本装帧，热捧签名毛边，而我单单为实用而买,为生活中的一丝书香而奔波。

  书中日月长,买书路漫漫。拉拉杂杂说了这么多,权当是对我买书读书的一次梳理记录吧。

> 周承拉,九〇后,浙江苍南人,现为苍南县灵溪中学(苍南县三禾高中)语文教师。

西泠观书志

梁 航

去岁暑假,赴西泠春拍。预展时,办一委托小标,出示押金单,即可调阅稀世珍品,眼福不浅。看看图录与手机中的图片,这些真本犹能存些印象,姑将小感分条志之,永矢弗谖。这些无甚学术价值的文字,只是发人一噱而已。

一、《嘉泰普灯录》

南宋版浙刻孤本,海内数百年无人得见。内容却煊赫之甚:"五灯"之五。一眼望去即是日本回流。

此书流传至日本后,改为线装,托在日本纸上。虽非原貌,日本纸也有两三百年了。品相保存尚可,虽有虫蛀,基本不伤字。内有前人朱笔痕迹。

纸质好,为黄麻纸,较薄但不发脆,颇有韧性,质感类皮纸。仿佛八百年来,纸张纤维水分毫无流失。手感细腻,振之索索有声,一如米襄阳所载右军《笔阵图》纸。

字作欧体,刊刻精良,相当硬朗,殊不同于寻常带着些书呆子气的宋经字体。

此本封面有福井晋墨笔题签:"宋椠嘉泰普灯录,卷第二十七,棣园晋题。"是为福井氏崇兰馆旧藏之证。

图录著录为杭州净慈寺刻本,首页刊有"平江府报恩光孝禅寺臣僧正受编"。

另:书中"达摩"作"达磨",大抵是音译尚未统一之故。

此书最终以人民币一百八十四万元成交。

部分内容:

首山答佛法大意
楚王城畔水东流,南地禅僧北地游。
眼目直教从□辩,权衡争奈出常流。
金篦为子挑除翳,驴上穿靴背打毬。

案:此诗不传,然首山此语颇著名,典籍足征:
不见僧问首山:如何是佛法大意?首山曰:楚王城畔汝水东流。便有人悟去。归堂。(《古尊宿语录》卷二十八)

僧问首山佛法大意。首山曰:楚王城畔,汝(或作"有")水

东流。(《僧宝传》卷二十一)

所录大抵只有第一句,故此诗弥足珍贵。

二、《大比丘三千威仪》卷下

南宋湖州思溪藏本,日本回流,较初印。

品相好甚,基本保留原貌,外壳日本装,上有日人墨笔题书名,书法甚佳。打开后,由于外壳较脆,险些合不上。

纸张二指帘纹,较厚,犹有北宋遗风。字体稚拙天真,间架是欧体法度,笔画却有北碑遗风。

宋代的藏经,精致不若后世,但是其粗糙、厚重而不失法度在美学层面着实让后世藏经难以望其项背。一个虫眼、一点污痕、一叶衬纸,都大有趣味。

此经以人民币四十八万三千元成交。

三、《大方广佛华严经合论》卷四

北宋福州开元寺毗卢藏本。仍旧是日本回流,内页有日本三圣寺印记,函套有日人字迹:"昭和十二年十二月一日,苏峰先生鉴此。"

纸张极厚，为染黄皮纸。后印，粗糙，多虫蛀。

有些虫眼只蛀一层，露出底下白色的日本纸；有些则两层都被蛀透。足见此书命途多舛，修复之后仍罹虫蠹。翻阅此书时，时有蛀碎的宋纸残片落下，那些昏黄的纸张就躺在玻璃柜台上。我突发奇想欲拾取几片作纪念，可惜不好下手。最后这些残片被工作人员扫走，自此沦落于尘埃中。

此经虽后印，然墨色极黑，黑得难以置信，有摄人心魄的深邃。想来刷印此经时，印版上笔划已失却锋芒，但宋代刷印时残留的凹陷感历经近千年，在托裱后仍然鲜明。这种木板刷印独有的立体感给人的感受难以言表。

书中某页角落，夹着一只蚊子的全尸。夹得颇紧，想来这蚊子死在这里也有些年头了。不知这是哪朝哪代的蚊子。

蚊子随着宋经，被拍出近六十万元——蚊子之幸乎？我非蚊，固不知矣。

四、《昙无德部四分律删补随机羯磨》

此宋版浙刻单刻经，行间有假名批注。

品一般，厚楮纸本，存二折半。托裱不牢，衬纸部分脱开。揭纸谛观，觉衬纸亦非五百年间物。

此本是我所见第一种楮纸本。

颇好玩。起拍价只六千元，奇低。我办的电话委托即为此件，第一口即我所叫。可惜这漏捡不着，这两折半以两万元成交。

五、《雪岩吟草甲卷忘机集》

密韵楼景宋刻孤本。顶级棉连纸，顶级底本，顶级写手，顶级刻工，顶级蓝墨，顶级装潢，大名品毋庸赘言。

此本保存尚可，唯稍有褶皱。

民国景刊本，纵精巧至极，终究难以令人耳目一新——上手的效果与在图录上看，差不太多。

内页有上海图书馆藏印。

部分内容：

结庐在人境，而无车马喧。
问君何能尔？心远地自偏。
采菊东篱下，悠然见南山。
山气日夕佳，飞鸟相与还。
此还有真意，欲辩已忘言。

案：此诗实为写刻序言落款的楷书大印，并不显眼，但与通行本殊不同。

宋时此诗已多异文，如：

"采菊东篱下，悠然见南山"，因采菊而见山，境与意会，此句最有妙处。近岁俗本皆作"望南山"，则此一篇神气都索然矣。古人用意深微，而俗士率然妄以意改，此最可疾。(《东坡题跋·题渊明饮酒诗后》)

六、水拓《瘗鹤铭》

《瘗鹤铭》为历朝摩崖石刻至著名者。

此本并不传承有序，书内题跋印鉴均非金石名家，题跋内也未提及此为水拓，忽就蹦出这么个大名头不免使人怀疑。

所谓"水拓"，是指北宋末年《瘗鹤铭》摩崖因山崩而坠江，待秋冬水落碑石出水时的拓本。某些石块难以捶拓，每年得以毡蜡的日子也不多，故而传世罕有。清代残石被打捞，嵌于石壁中，故晚拓本并不罕见。

此拓纸张较厚，墨气氤氲，拓工普通，然原刻仙骨全在，远胜俗手剜剔后的精拓本。据校碑字诀，"未遂吾翔"之"遂"字，"辶"底部长捺波笔基本完好，"吾"字上半部"五"字清晰可见，为水前拓本无疑。

装潢并不精美，外观也并不悦目，仅仅保存完整，但其内在价值并不因此而被看轻。此本以三百九十六万七千五百元成交，为二〇二〇年碑帖拍卖成交记录第一名，足见真正善本不需要名手加花。

七、《麓山寺碑》

此拓为南宋拓残本。略有填墨，然未填处墨色极好。现存散页一摞，品相尚可。有木夹板一副，板面开裂，当为有清故物。有广州博物馆小签。

有金冬心题内签，墨色如漆，疑为宋纸所书。

甫上手时，便诧异于淡青的墨色，与翁方纲所云宋时拓本往往施墨过重相去甚远。纸张纤维极粗，加上考据字有填墨，便对此件存疑。摄取照片，发给沪上无尘书屋鉴定。没传过去几张图，渠云：

"不用发图，这本上手看过，以前。"

"南宋。"

以无尘书屋的学识与严谨，想来这件相当开门。

后见"松烟拓本圣教序"，墨色与此本并无二致，且为宋拓梁航，二〇〇七年出生，浙江苍南人，现就读于温州中学。

名品。始知浅薄。

后记

伊汀州有极著名的一联："变化气质，陶冶性灵。"

以穷书生的财力，善本一册亦难以负担，遑论万卷。西泠预展时，一年两度一日两日的赏玩，便足为一年三百六十五天中灵气恣肆汪洋的九十分之一。

故而，纵使这些丛脞细碎仅仅敝帚自珍，愚不甘渠止为敝帚。所谓"人珍我弃，人弃我取"，意在斯乎！

二〇二一年三月十三日

辑五

鱼尾

《宋元学案》与平阳学统

陈肖粟

《宋元学案》是一部记述宋元时期学术思想及其流派的学案体学术史著作，系明末清初黄宗羲所著，成十七卷并序而卒。其子黄百家续作，又成八卷，后由全祖望、杨开沅、顾諟等补述，全祖望逝世前一年（一七五四）完成，未刊行而卒。原稿归鄞县抱经楼后人、全祖望高足卢镐（曾任平阳教谕）收藏，后为之刊刻。道光十八年（一八三八），王梓材、冯云濠受督学何凌汉委托，整理讹误，编成《宋元学案补遗》四十二卷。光绪五年（一八七九），翻刻于长沙，成通行本的一百卷《宋元学案》。《宋元学案》是了解和研究宋元时代学术思想史重要典籍，其中大量篇幅记载了永嘉诸儒学案及温州学者的资料。《宋元学案》卷三十二《周(行己)许(景衡)诸儒学案》中，全祖望提出了"平阳学统"的命题。《宋元学案》卷六十一单列《徐

(谊)陈(葵)诸儒学案》,一本作《平阳学案》,是了解和研究宋元时代平阳学术源流和文化思想史的重要资料。

平阳"界山濒海",自晋代建县后,经济开始发展,但文化上仍是一片荒芜,所谓"晋唐以前,志载无考"。据民国《平阳县志》载,平阳学宫始建于西晋太康年间。北宋末经邦、经正陈氏兄弟受业程颐,"得大儒为依归,平阳之学由是兴焉"(孙衣言语)。及宋室南渡,温州成为南宋朝廷的后方基地,平阳为温州属县,地处浙闽咽喉,一时人文鼎盛,著述繁富。

北宋后期,出现程颢、程颐洛学和张载关学。温州周行己、许景衡等"元丰九先生"在太学学习王安石"新学",又从程颐受业接受洛学,之后在温州传播洛学。程颢和程颐的思想,人称伊洛之学,即洛学。程颢比程颐更注重个人内心的体验。程颢思想是后来陆九渊"心学"的源头,程颐思想则是后来朱熹"理学"的源头。程颐于元符三年(一一○○)编管涪州赦归之后,平阳陈经邦、经正诸兄弟前往求学,《河南程氏遗书》记有程颐和经邦、经正的问答语录。陈经邦、经正前往太学就学,蔡元康、潘安固也入太学,是周行己、许景衡"学侣"。大观三年(一一○九)经邦登进士第,时新党执政,洛学再度受到打击。陈氏兄弟隐居平阳南雁,设会文书院教授生徒,传播洛学,全祖望认为:"平阳学统始于先生兄弟,成于徐忠文公宏父。"经邦、经正在平阳传播理学有开山之功,徐谊则发扬光大,最终形成"平阳学统"。

一

《宋元学案》卷三十二《周许诸儒学案》中,陈经正、陈经邦、陈经德、陈经郛并列为伊川(程颐)门人,系濂溪(周敦颐)再传弟子;蔡元康、潘安固列为周行己、许景衡"学侣"。《周许诸儒学案·陈先生经正》(陈经邦、陈经德、陈经郛合传)载:"陈经正,字贵一,平阳人也。与其弟经邦从伊川游。谢持正之见伊川也,贵一实介绍之。经邦成大观进士,字贵新。贵一、贵新皆有问答,见《语录》。其二弟经德、经郛亦私淑洛学者。平阳学统始于先生兄弟,成于徐忠文公宏父。贵一尝曰:'盈天地间皆我之性,不复知我之为我。'"其中"周许学侣"《上舍蔡先生元康》:"蔡元康,字君济,平阳人也。"《潘先生安固》:"潘安固,字仲硕,平阳人也。"此《学案》后部分有"平阳续传"徐谊(另单独作《徐陈诸儒学案》)、刘轸刘天益父子。刘轸为白沙(今属龙港市)人,系民国时期著名学者刘绍宽族祖,著有《诠心指要》。其子刘天益,曾以布衣应贤良方正直言,上书万言,极陈时政,著有《筠坡集》。

陈氏先生兄弟之后，平阳有萧振、宋之才、陈桷诸人都研习理学。萧振、宋之才都是政和八年（一一一八）进士。萧振，萧江人，许景衡女婿，"少受业于许氏"，绍兴二十七年（一一五七）逝世于成都知府任上，"民聚哭于道"，遗著文集二十卷。《周许诸儒学案》列萧振为许景衡门人，作"别附"，《学士萧德起振》："萧振，字德起，平阳人也。横塘许忠简公婿，故少受业于许氏。成重和进士，为婺州兵曹。……晚年起知成都府，颇有惠政。以敷文阁学士卒官。"

宋之才，平阳宋桥人，从学程门大弟子杨时（号龟山）。《宋元学案》卷二十五《龟山学案·文简宋云海先生之才》载："宋之才，字廷佐，瑞安人。举进士，教授京兆府。每言士负卓荦材，皆可入圣贤之域，患速售尔，故深务韬养。积十八年，不易初官。召试，除正字。丁母忧，服除，入为校书郎，迁考功郎，言不可以讲和，忘进取。历司业、权礼部侍郎，乞去，以敷文阁待制奉祠。所著有《云海敝帚》集五卷。"宋之才实则平阳人，晚年居瑞安。

陈桷，平阳蒲门（今属苍南县）人，徽宗政和二年（一一一二）年探花，五世显宦。《宋元学案》卷四十六《玉山学案》列其孙陈岘为玉山汪应辰同调："陈岘，字寿南，温之平阳人。以祖遗泽补官，调邵武南尉。淳熙十四年，以博学宏辞科赐第，历迁秘书郎。……著有《东斋集》三十卷。"又载："陈昉，字叔方，宣奉岘之子。以父任知浦城县。盗起邻郡，先生措置得宜，迄不犯境。继而老弱阻饥，极力赈救，境内以安。真西山（德秀）荐之朝，与刘克庄等号'端平八士'，迁司农丞，累权吏部侍郎。……召为工部侍郎。景定初，……除吏部尚书，拜端明殿学士，致仕。卒，谥清惠。"陈岘孙陈均别见卷八十一《西山真氏学案》。

宋室南渡后，"温州多士为东南最"。孙诒让《温州经籍志》著录的两宋时期温州学者两百四十一人，著作六百一十六部，其十之八九在南宋时期。其学术思想，大都出于兼传洛学、关学之周行己、许景衡诸人，后又归于永嘉学派中主要一派——薛季宣（艮斋）的事功学派。薛季宣的事功之学，由其大弟子陈傅良及陈傅良弟子叶适发扬光大。薛季宣曾向程门学者袁溉受学，二十岁左右入蜀，入成都知府萧振幕下。平阳王自中、朱黼都属于事功派。

王自中，字道甫，号厚轩居士，归仁乡（今属苍南县）人，为永嘉学派早期重要成员，与永康学派创始者陈亮（同甫）齐名。《宋元学案》卷五十六《龙川学案》列为陈亮学侣。登淳熙五年（一一七八）进士，召对时力陈恢复唐代初期兵农合一的屯田制，作为抵御金国的长远之计，深得孝宗赞赏，欲将其超迁，为权臣所阻。官信州知府，"除苛尚宽，一洗积弊"，后老死平阳，葬仙坛山。其著作有《列代年纪》十二卷、《王政纪原》三卷、《孙子新略》三卷及《厚轩集》五卷,惜均逸亡。叶适在《陈同甫王道甫墓志铭》中予以评价:"志复君之仇,大义也;欲挈诸夏合南北,大虑也;必行其所知,不以得丧、壮老二其守,大节也。春秋战国之材无是也。吾得两人焉:永康陈亮,平阳王自中"。陈亮称赞其文章"韩筋柳骨,笔研当独步"。

稍后,永嘉经制之学由陈傅良(字君举)发扬光大,在瑞安授业时,其平阳学生有朱黼、章用中、周勉、陈端己、林大备、陈岩、陈志崇、徐宏、宋叔久等。《宋元学案》卷五十三《止斋学案》载:"章用中,字端叟,平阳人。先生从止斋最久,又因止斋之金华依吕东莱,之雪州依薛艮斋,由是显名。""陈端己,字子益,平阳人。从止斋学。""朱黼,字文昭,平阳人也。学于止斋,不事举业。尝著《纪年备遗》一百卷,《统论》一卷,始尧、舜,迄五代,若吕、武、莽、丕等皆削其纪年。水心为之序,且曰:'此书一出,义理所会,宝藏充斥。'人始知其能传陈氏学也。躬耕南荡山以老。"人称"永嘉先生",宰清乡杉桥(今水头)人。傅良弟子大都登第,叶适说:"而文昭蓬累,耕南荡上,山水叠重,声迹落落,人不知其能传陈公之业也",最后说:"后有欲知陈公者,于此书求之可也。"(叶适《纪年备遗序》)。其作《纪年备遗》,陈振孙《书录解题》谓其起陶唐,终显德(五代后周)。所传《三国六朝五代纪年总辨》二十八卷,内容"大抵愤南渡之积弱",宣传"报仇雪耻",对事功学说影响极深。现存有刘绍宽校勘的永嘉乡著会钞本。在朱黼之先,平阳研究史学著称的,还有盖竹绍兴二十一年(一一五一)进士林之奇,著《史评》《通鉴集议》;苏湖林霎,端平中(一二三四——一二三六)伏阙进书《安边史鉴》一百九十六卷。还有朱黼之侄朱元昇攻诸儒象数之学之《三易备遗》,至元元贞元年(一二九五),由其子仕可、仕立付印,《四库全书总目》收。盖竹人林千之,开庆元年(一二五九)进士,为朱元昇忘年交,序《三易备遗》,著有《云根痴庵集》。庆元二年(一一九六),周勉与兄励、弟劼同时进士及第,传陈傅良《春秋》之学,为其创办瑞安仙岩书院时学生。陈岩(一一五三——一一八八),字仲石。平阳丰山(今属鳌江厚垟)人。父瑾,字国器,陈傅良与平阳丰山陈氏甚有渊源,作有《祭丰山陈国器》文。叶适《东塘处士墓志铭》,即写陈国器,说:"昔平阳陈岩,学能造微,为陈君举、徐子宜密授。"其弟陈志崇次子师朴过继给陈傅良做儿子,刘克庄在《南窗陈居士墓志铭》中说:"其先由长溪迁于平阳,与止斋同谱。弟兄皆师友止斋、龙泉(指叶适,祖籍龙泉),而周旋徐公谊、陈公武、蔡公幼学之间……止斋爱之,以君仲弟师朴为子。"可见陈岩、陈志崇兄弟属于永嘉学派。陈志崇,字仲孚,人称"长斋先生"。

宋叔久，名攽，人称"西厓先生"者，民国《平阳县志》载："年二十五始发愤读书，尝主瑞安沈体仁家，朝夕往澍村，师事陈傅良，遂通《春秋》。"

叶适为永嘉经制之学集大成者，其平阳学生有邵持正、陈昂，另外丰山陈岩、陈志崇也是叶适的弟子。《宋元学案》卷五十五《水心学案》载："邵持正，字子文，平阳人，以父致仕恩为监。水心初讲学，先生即在学舍中。其后所至皆从之。"邵持正系丰山陈国器女婿。"陈昂，平阳人，其大父尧英尝三上书阙下，论恢复事，斥和议。高宗令宰相召问，长揖，直指宰相，奏罢之。又三上书政府，诋其误国者也。先生从水心三十年。"陈昂，腾蛟人，至元前后（一三三七——一三四六）被延为温州路学，著有《密庵集》多卷。叶氏弟子陈岩、陈志崇，叶适从弟子陈志崇之请，为其父国器撰《东塘处士墓志铭》，其中说："志崇词藻精丽，从余久。"还为陈岩撰《陈君墓志铭》。

二

永嘉学派形成，其另一派则以徐谊为首。《宋元学案》卷五十三《止斋学案》列徐谊为陈傅良学侣。全祖望说："时徐忠文公方起平阳，于永嘉诸儒中又别为一家。"徐谊在学术上既承陈经邦、经正兄弟，又受陆九渊的影响。徐谊，字子宜，一字宏父，谥忠文，昆阳沙岗人，乾道八年（一一七二）进士。《宋史》有传，称其"尝与绍兴老将接，于行阵之法，分数奇正，皆有指授，自为图式"。《宋元学案》卷六十一单列《徐（谊）陈（葵）诸儒学案》，一本作《平阳学案》。学案表中将他列为永嘉（陈傅良）、金溪（陆九渊）同调，后文中作陈陆同调。徐谊将二陈洛学发扬光大，在理学中正式形成"平阳学派"。《徐陈诸儒学案》金溪同调陈葵："字叔向，处州青田人。自少笃学，至老不倦。举隆兴进士，知平阳县，居官廉介。"绍熙三年（一一九二），陈葵任平阳知县。庆元（一一九六始）初年，徐谊学友舒璘又任平阳知县，与徐谊交甚密。两任知县为徐谊学友，对开创"平阳学派"极为有利。

徐谊学生颇多，著名的有赵希錧、丁黼（父泰亨）、黄中、彭仲刚。丁黼是南宋后期抵抗蒙元侵略的民族英雄，《宋史·忠义》有传，是徐谊任池州教授时的学生。赵希錧是宋宗室，曾从陈傅良读书，以后受业于徐谊，是徐门高足。彭仲刚，金舟乡彭堡（今属苍南县）人。《宋元学案》卷七十三《丽泽诸儒学案》又称："彭仲刚，字子复，平阳人也。乾淳之际，永嘉儒者林立，而平阳稍为别派，徐忠文公子宜以心学起，其说合于金溪；王信州道甫以事功之学起，其说合于永康，先生遍游其间。……绍熙五年，明、越大饥，特令先生为常平提举，盖且向用矣。是年（一一九四）病卒。叶水心曰：'子复之为学，以为非同声趋和所能至也，故不敢以意之为是，而独以力之能者试之。'"有《南监地舆记》传世。黄中为松山（今属苍南县）人，绍兴四年（一一九三）进士，廷对第三。《徐陈诸儒学案》称："黄中，字仲庸，平阳人也。成绍熙进士，为馆职，肆力于学。时徐忠文公方起平阳，于永嘉诸儒中又别为一家，先生从之游。尝与朱子往复论学，欲实地用功，不徒托之空言而已。学禁方严，先生校艺漕闱，发策云：'平居不以利禄入其心，培植涵养，如木有根，水有源，用之则回既倒之狂澜，不用则唱和寂寞之滨，亦足名世，任此责者谁与？'朱子见之，叹曰：'近年此等议论，令人叹服。'累迁起居舍人，兼侍讲，敷陈剀切。宁宗曰：'朕正倚毗卿。'前后三十余疏，当路不喜。出知袁州，徙泉州，进右文殿修撰卒。平阳弟子以先生为第一。"

象山之门高足杨简，慈溪人，人称"慈湖"先生。杨简曾师事徐谊，并经徐谊介绍从学陆九渊。南湖人薛凝之从学慈湖，《宋元学案》卷七十四《慈湖学案》列为门人。薛凝之作《伊洛源流谱》，其子薛据作《孔子集语》二十卷（《四库全书》有收）、《采薇天保末议》二卷、《宅揆成鉴》二十二卷。薛据之子收集两世遗文编成《二薛先生文集》，林景熙为之作序，称："永嘉自许少尹右丞(许景衡)、周恭叔太傅(周行己)、刘元承给事(刘安节)受业程门,为最先一辈,而义理之学,始于此矣。……薛氏之学,盖三百年。最后玉成公(薛凝之)学于慈湖杨敬仲(杨简)"。南宋理宗嘉熙二年(一二三八)状元周坦曾从学杨简,学成回乡,杨简赞云:"吾道南矣!"又有城西雅山人周元龟号苍岩,嘉熙二年(一二三八)进士,后知台州。其著述甚富,有《苍岩杂著》等七种百余卷。周元龟与杨简生卒同年(一一九八——二七三),分别任台州、温州知府,交情匪浅。

三

南宋后期,最早把朱熹理学引入平阳的是林湜。林湜(一一三二——二〇二),字正甫,原籍福建长溪,后定居平阳松山(今属苍南县),绍兴三十年(一一六〇)登进士第,少从学于朱熹。庆元党案时朱熹、叶适等五十九人遭贬,一时士大夫都讳言与朱熹的关系,而林湜执弟子礼不变,临终前还致信朱熹请教,以求解答疑义。林湜子林介,朱熹再传弟子,历任户部郎中、浙西提督等职。理宗绍定四年(一二三一),知临安府时,恢复学田,新建学宫,使当地学子大受鼓舞。另有徐寓、徐容兄弟,万全人,均是朱熹弟子。在绍熙元年(一一九〇)朱熹知章州时，徐寓往学，与朱互相问答，朱称赞他"务学求师""志尚坚确"。庆元元年（一一九五），又与永嘉陈埴、叶贺孙到武夷山向朱熹请教，直到六年后朱熹去世才归故里。曾手录师说《池录》二卷、《饶录》一卷（均见《朱子语类》）。万全步廊人蔡懋，下岭（今属苍南县）人林善补，皆从学于朱熹。庆元五年（一一九九），朱熹返闽还乡途经平阳，为宣和三年（一一二一）进士陈彦才诗题跋，拜访知交淳熙八年（一一八一）进士林拱辰树贤盖竹府邸，与门人林湜、陈埴、徐寓、徐容、蔡懋、叶贺孙、钱木之等到南雁探访会文书院，并题写"会邱书院"四字匾额。

　　宋元之际，林景熙、郑朴翁以诗名闻世，实则钟情理学，同乡同学又兼同志。《宋元学案补遗》将林景熙列入《龙川学案》，其文集有《霁山集》《白石稿》传世，《四库全书》收录《霁山文集》五卷。林景熙首肯朱熹"主正统"说，为学重"统续"。郑朴翁与林景熙同入太学，著有《四书要旨》二十卷、《礼记正义》、《续古杂著》二卷。二人与同乡周元龟渊源极深。林景熙撰其《墓志铭》称："先生嗜古，及交慈湖杨公简、鹤山魏公了翁，其学根义理，达事物。公所树立，父教也。自号苍岩。《杂著》八十卷。"林景熙晚年隐居城西马鞍山麓，辟建赵奥别业，教授生徒，即周元龟世居地。郑朴翁之孙郑如圭，字伯玉，号冰壶，后迁江口（今鳌江）。《东瓯诗存》载郑如圭：与同里史伯璿讲性命之学，伯璿每推重之。徐兴祖、杨子瑜、陈镐宰从之受业。年五十八卒，弘治《温州府志》卷十有传。明代平阳学者王朝佐《东嘉先哲录》称"文玑之学出于冰壶郑氏"。

元代儒学名家史伯璿，字文玑，号牖岩，钱仓人，誉称"东海大儒"，《四库全书》还收有其着《四书管窥》八卷、《管窥外编》二卷，其《总目》评为"深得朱子之心"。《宋元学案》将他和陈刚（鳌江蓝田人）、章仕尧（昆阳人）归于陈埴的《木锺学案》，称："史伯璿，字文玑，平阳人也。笃志朱子之学。时诸儒虽宗朱子，然饶氏《辑讲》、许氏《丛说》、胡氏《通旨》、陈氏《发明》亦多互异，乃著《四书管窥》，以辩明之。又取诸经史、天文地理、古今制度、名物考证为《外编》。"又"史氏门人：侍郎徐静斋先生宗实。徐宗实，号静斋，黄岩人也。永嘉史伯璿弟子。洪武中，官至兵部侍郎。所著有《静斋集》。其门人曰黄淮。……徐兴祖，字宗起，平阳人也，史伯璿高弟。洪武中，官训导。……张义选，字士铨，永嘉人也，徐兴祖高弟。"《木锺学案·陈潜斋先生刚》称："陈刚，字公潜，平阳人也。受业胡石塘（长孺）之门。石塘为西湖书院山长，见其勤，昼夜研索不倦，留之于家，与同寝食。遂尽得其学，称高弟，博通天人之奥。所著有《五经问难》《四书通辩》《述历代正润图说》《浑天仪说》《历代官制说》《禹贡洪范手钞》。其文宗西京，诗亦不屑六朝以下。累试不售。

后瞽，犹能作文口授，学者称为潜斋先生。其弟子著者曰章瑶、洪铸、林温、陈善、李时可、王清。"《木锺学案·乡贡章清所先生仕尧》称："章仕尧，字时雍，一字清所，平阳人也。笃志朱子之学。其门人曰彭庭坚、赵次诚、蒋允汶。"

至元末，陈高、孔克表承接平阳学统余绪。陈高，字子上，号不系舟渔者，金舟乡咸通里（今属苍南县）人，顺帝至正十四年（一三五四）进士。著有《子上存稿》十二卷，后经八世孙重编为《不系舟渔集》。《四库全书总目》评曰"文格颇雅洁"，"五言古体，源出陶潜，近体律诗，格从杜甫，面目稍别，而神思不远，亦元季之铮铮者矣"。其文甚有史学价值。孔克表，字正夫，元至正八年（一三四八）进士，入明应征，受辱于朱元璋，绝食而卒，遗著有《群书类要》《通鉴纲目附释》，宋濂曾为作序。撰有《选真寺记》一文，其碑刻被列为国家一级保护文物。俞德邻（一二三二——二九三），字宗大，宋咸淳九年（一二七三）进士，入元不仕，侨居镇江，著有《佩韦斋文集》十六卷、《佩韦斋辑文》四卷，收入《四库全书》，其序称："先儒有《笔记》、有《漫录》、有《燕语》，为书不一，皆义出《六经》，事兼百代，究帝王之则，启圣贤之蕴。"其子俞希鲁（一二七九——一三六八），字用中，编纂《元至顺镇江志》二十一卷，另著有《竹素钩玄》二十卷、《听雨轩集》二十卷。又有湖井（今属苍南县）郑东、郑采兄陈肖粟,一九四九年出生,浙江平阳人,从事地方志和党史研究,曾任《平阳县志》(1989—2012)副主编。

弟,游昆山、常熟,专研古文辞,其后人合编二郑之文为《郑氏联璧集》,深得宋濂美誉。元末,蒲门(今属苍南县)张著游学江苏,著作甚多,存世有《永嘉集》十二卷。程朱理学在平阳的传播,其经学的研究也保留有永嘉学派经世致用之思想。史学方面特别是向文献之学发展,成绩较为显著。

平阳文化自理学兴,明初在朱元璋高压统治下,平阳学统已近式微。清乾隆三十一年(一七六六),知县何子祥建龙湖书院。乾隆四十一年(一七七六),全祖望弟子卢镐来平阳任教谕,传黄宗羲、万斯同的浙东之学。西塘叶嘉榆从卢镐游,素志追慕乡贤史伯璿,但已难挽回平阳学运的颓势。清光绪十年(一八八四),为重振平阳文风,知县汤肇熙倡建文明塔和南雁荡山会文书院,但已渔歌唱晚。西学东渐,从鸦片战争开始直至中日甲午战争失败,中国开始走出理学的窠臼,以经、史、子、集为代表的"四部之学"转向理、工、农、医、文、法、商在内的"七科之学"。平阳宋恕是个先觉者,对于近代分科之学和思想启蒙有重要的贡献。从宋恕之后,平阳走出黄庆澄、姜立夫、苏步青、张鋆、陈嵘、刘绍宽、吴景荣、马星野、苏渊雷诸大家,开创了新的文化辉煌。

(原载《苍南历史文化》二〇一七年第二期,有删节)

平阳历代藏书家

张宪文

宋代藏书家

季光弼(一一二七——一一八三),字观国,平阳人。绍兴进士,知绍兴嵊县,卒于官。生平于书无所不读,《诗》《礼》《左氏春秋》及诸子古文,皆手自编写,寒暑无间。他别无嗜好,为专心著述,俸钱多用来买书。因爱故乡东山林泉之胜,遂筑室山下,楼名双清,轩曰静宁。著有《美芹》《唐宰辅编年录》及文集,今俱失传。(参楼钥《攻愧集》、民国《平阳县志》)

缪梦达,字上父,平阳(今龙港市)人。乾道二年(一一六六)进士,官至閤门宣赞舍人。其知德庆府去官时,作钱别诗,有"清无香翠遮诗眼,富有图书著担头"之句。著有《琼莞杂著》《晋康杂著》《女训》,并佚。其子元德,淳祐四年(一二四四)进士,官吉州知州，八年落职，归筑室于旧庐东，颜曰"朝阳书院"。慈溪黄震为之作记。著有《游淮集》，佚。(参黄震《黄氏日钞》、郑思恭《东昆仰止录》、陆进《东瓯掌录》)

陈守仁(一一八八——一二四〇)，字成甫，自号南窗居士，平阳人。父志崇，世称长斋先生，系止斋(陈傅良)同谱兄弟，师友止斋、水心，并周旋于同郡学者徐谊、陈武、蔡幼学之间。守仁幼承家学，尽记绪言。后诸老凋谢，惟徐谊岿然独存，守仁营屋城西，踵门卒业，尽得其传。拥书如山，经传子史百家，皆有抄本。子万福(一二一九——一二九八)，自号晋斋，淳祐九年(一二四九)、景定二年(一二六一)屡举于乡，而考进士不中，便弃舍举子业，与季弟节庵出壁藏数千卷，手自校勘，穷加究治，其学益深。入元，征为史官，不就。林霁山为作墓志铭，谓"横阳半山陈氏，渊源文献世其家，……名父子，难兄弟，哲夫懿妇，先后一门。"(参刘克庄《后村集》、林景熙《霁山集》、民国《平阳县志》)

胡芳，字秀实，平阳人。少颖悟，九岁能默诵九经。嘉定间，以神童登第，真德秀以为奇才。及壮，改名应授。为学渊博，尤长于《春秋》，乡荐居魁首，会试落第，遂不谋仕进。积书数万卷，课子自娱。晚年因丞相陈宜中、侍郎刘黻推荐，任国史馆编修官。致仕后，年八十，犹读书不辍。(参民国《平阳

县志》)

林千之，字能一，号云根，平阳人。开庆进士，官枢密院编修，出知信州。少以《三礼》从同县朱元昇族子元夫游，元昇与定忘年交。家藏图书法帖甚富，鉴裁精密，为士林所重。同县林景熙赠诗，有"大雅凋零尚此翁"之句。著有《云根痴庵集》，佚。(参朱元昇《三易备遗》林序)

元代藏书家

许此翁(一三〇一——一三五六)，字慈父，一字兹父，平阳(今苍南县)人。居许峰，择林壑佳处为"碧山堂"，贮书数千卷，与兄师古探索讲说，自号书隐。又于碧山堂侧筑凉亭燠馆，以接待四方贤士。至正十四年(一三五四)，家遭寇乱，藏书尽毁。(参苏伯衡《平仲集》、陈高《不系舟渔集》)

明代藏书家

郑思恭(一五六六——一六四六)，字允之，号太和居士，平阳人。万历四十年(一六一二)岁贡，授永康训导，迁蓝山教谕。归休后，闭户著书，有《易学金针》等二十六种。今仅传《东昆仰止录》《南雁山志》。明亡，剃发令下，思恭不胜悲愤，遂不食而死。永嘉梅调元挽诗云："一官掌故赋归与，八十余年万卷书。箧里《农经》抄草木，案头《尔雅》注虫鱼。……"（参民国《平阳县志》《梅赞臣诗集》）

清代藏书家

张綮毋，原名元器，号潜斋，平阳（今龙港市）人。系张南英次子。乾隆四十二年（一七七七）岁贡。少从钱塘桑调元学，工诗，同时瓯中作者莫敢抗衡。其《课子读书》诗云："我有架上书，丹黄遍手泽。百轴排牙签，皆是数世积。"所著《二乐堂文集》已佚。后人辑其诗曰《潜斋诗钞》。又刊有《船屯渔唱》，所咏多地方史实。（见民国《平阳县志》《潜斋诗钞》）

叶嘉棆（一七四四——一八一一），字秀林，别号篔林，平阳人。嘉庆四年（一七九九）恩贡。少受名师教育，肆力于诗、古文辞及经史百家之言。尤长于考据，旁搜古碑断碣，表章轶事，补地方志所未备。晚年，筑室文溪旁，聚书其中，取名"尚志堂"，专事著述。尝言："学以立志为先。志富贵，不足言矣。即志功名，亦当安命。惟志在道德，则于吾身有刻不可解之责。"凡著书二十余种，今存《叶文定公（适）年谱》《方国珍乱郡考》

《平阳县志补正》《筼林诗钞》。(参民国《平阳县志》、林培厚《宝香山馆集》、华文漪《逢原斋集》)

苏璠(一七七二——一八三四),字仲玙,号石缘,平阳人。平生好学多能,善作隶古,尤工篆刻。居雅山,筑大雅山房,聚图书,壁楣俱满,名流宴赏,远近毕集,常数月始散。瑞安林从炯《访石缘于大雅山房》诗云"借屋求观万卷书"。项维仁题其小环碧斋诗,亦有"才翁新辟小沧浪,如舫轩斋万卷藏"之句。(参民国《平阳县志》、林从炯《玉甑山馆诗钞》、项维仁《果园诗钞》)

华文漪(一七七七——一八二五),字蓑园,平阳(今苍南县)人。嘉庆六年(一八〇一)拔贡。平生喜为古文,能由桐城派上法唐宋八家,波澜纡折,亦神似震川(归有光)。尝于所居东偏,筑室贮书,颜曰"逢原斋",并自为记云:"孟子谓君子深造以道,欲其自得之。自得之,则居安资深,而取之左右逢其原,岂不信哉!"所著《逢原斋诗文钞》,福鼎林滋秀刻之行世。(参民国《平阳县志》《逢原斋诗文钞》)

黄青霄,号云谷,平阳人。同邑鲍台石芝弟子。赁屋丰山之麓,有斋如舫,名之曰"吟香",以闭门读书为乐。石芝为作《吟香舫记》云:"屋只数椽,量惟十笏。琅函锦轴,俨登米氏之船;箫谱琴评,恍入牙生之室。"著有《吟香舫诗钞》。(参民国

《平阳县志》、鲍台《一粟轩诗文集》）

吴承志（一八四四——一九一七），字祁甫，钱塘（今杭州市）人。光绪二年（一八七六）举人。自光绪十年（一八八四）至宣统三年（一九一一），任平阳训导垂三十年，视平阳为第二故乡，入民国，仍侨居岭门以终。吴氏学兼汉宋，自西学东来，又复讲求实学，尝主讲平阳龙湖书院，于士子多所奖掖，士习文风，为之一变。其所撰述，包罗文史，尤以舆地为专门之学，著有《山海经地理今释》《汉书地理水道图说补正》《今水经注》《唐贾耽记边州入四夷道里考实》《横阳札记》《逊斋文集》等书，均由其同年钱塘吴庆坻补松于丛残中缀拾整理，转委吴兴刘承干于民国十年、十一年间（一九二一——一九二二）刊行于《求恕斋丛书》中。祁甫为学官时，尝出资为诸生作奖励。岁歉，又捐俸置谷两万斤充仓储。他如修史伯璿祠墓，搜访乡哲遗书，编为《文徵》，任修《平阳县志》，俱有裨经济文教，为乡里称颂。生平雅好图书，积数万卷，所读多加批校。殁后无子，邑人为置产养其遗孀，以易其藏书，建培英图书馆于平阳宜山（今属苍南县）。中华人民共和国成立后，其群籍转归温州市图书馆收藏。（参民国《平阳县志》）

刘绍宽（一八六七——一九四二），字次饶，号厚庄，平阳（今龙港市）人。光绪二十三年（一八九七）拔贡。少时，尝从学于金晦、吴承志，因得博览群书，淹通时务。尝创办平阳县中学堂。光绪三十年（一九〇四），复东渡日本，考察学务，嗣佐瑞安孙诒让出任温处学务分处编检部主任，后任温州府中学堂监督。入民国，历任平阳县教育会长、永嘉县教育科长、籀园图书馆馆长。绍宽以治学而多蓄图书，所储称富。主籀园图书馆时，曾向国内广征群籍，多有所得。后又与孙延钊、刘景晨、梅冷生、高谊等征集温州乡贤遗著数百种，于图书事业，贡献良多。著有《厚庄诗文钞》《厚庄诗文续集》《东瀛观学记》《籀园笔记》《厚庄日记》等多种，并于民初主撰《平阳县志》九十八卷，见称于时。

黄群（一八八三——一九四五），字溯初，原籍平阳，后其父迁居永嘉朔门，遂为永嘉（今温州市鹿城区）人。光绪三十年（一九〇四）留学日本，卒业早稻田大学政法部。回国后任武昌湖北政法学堂教习。辛亥革命时，在杭州佐浙军总司令周承菼宣布浙江独立，后任国会议员。袁世凯阴谋称帝，解散国会后，遂南下上海，办《时事新报》，抨击帝制，宣扬民主。后与梁启超秘密经越南转赴粤、桂，策动两广响应蔡锷云南起义，推翻袁世凯。迨国事日非，他毅然脱离政界，从事实业，在上海创立通易贸易信托公司。为恭敬桑梓，并以巨资在故乡办了郑楼小学、瓯海医院和瓯海实业银行。抗战初期，汪逆叛国，他策划高（宗武）、陶（希圣）脱离汪伪，在香港《大公报》揭露了《日支新关系调整纲要》，给日、汪以沉重打击。后来为国事奔走于香港、重庆之间。一九四五年四月，病殁重庆。综其一生，在关键时刻，都大节凛然，是温州近代的重要人物。溯初生平雅好图书，他留学日本时，正值明治维新不久，日人视汉学为不足道，许多中国古籍，充斥市肆。他受驻日公使学者黎庶昌的启发，便恣意购求中土所失之书，先后得元永嘉王与《无冤录》等国内已无传本的乡贤著作多种，继而委托瑞安杨绍廉借抄玉海楼的地方文献，并广求私家珍秘，先后抄得乡贤遗著四百余种，其他刻本群籍也积及数万卷。一九一九年，他把朔门故居修葺一新，颜其藏书之所曰"敬乡楼"，四壁图书，与江光山色相映，平阳刘绍宽为他的《敬乡楼图》题诗云："蓼绥旧拟琅嬛地，玉海原非曹邻邦。更有敬乡成鼎足，楼连榕树树连江。"把敬乡楼看作堪与瑞安孙氏玉海楼、黄氏蓼绥阁相媲美的藏书渊薮。其后溯初奔走南北，居家日少，每以藏书为念，迨定居上海，便将全部藏书运至沪西寓所。不久，其朔门故居不戒于火，一夕尽成飞灰。他深幸藏书未及于难，便发愿要将所藏乡贤遗著刊印行世，以广流传。于是便邀老友刘景晨贞晦、刘绍宽次饶先后去沪，就其寓所从事校雠，自一九二八年至一九三五年，将吾温自宋元明清以来的乡贤遗著如宋许及之《涉斋集》、叶适《习学记言序目》、戴栩《浣川集》以至清代方成珪《干氏易注疏证》、孙锵鸣《陈文节（傅良）年谱》、宋恕《六斋卑议》等书三十八种两百八十七卷刊印为《敬乡楼丛书》四辑（一、二、四辑系刘贞晦编校，第三辑系列次饶编校），以之分赠社会名流和国内外各图书馆。后因其通易公司经营失败，他东渡日本，刊书的事，便中断了。更不幸的是一九三七年七七事变，淞沪战起，他贮藏在沪西的图书，也随着国难深重而多数毁于兵火。他念及"秘籍忽成尘""所失关全郡"（《敬乡楼诗·失书志哀》），深愧有负乡贤而至老泪纵横，好几天吃不下饭。事后，他托人将劫余图书自沪运归平阳郑楼乡间，交郑楼小学校长时任温州师范学校总务主任的胡定侯保管。刘次饶闻讯，不胜感叹，并有诗纪事云："搜罗遗著遍乡贤，取次刊成第四编。余帙幸能逃劫火，不知传世更何年。"一九四五年十一月，溯初夫人沙氏和嗣子达权遵遗嘱将劫余存温书籍九百廿六部六千四百四十七册全数捐赠籀园图书馆。点收时，录有《敬乡楼藏书书目》，其中有明嘉靖刻本《新安左田黄氏正宗谱》、明汲古阁影宋钞本《六书故》等珍善本四十一种，所抄乡贤遗著尚存一百四十种，这些书都用版印十二行界稿纸誊写，版心下镌"溯初藏书"四字，书内误字经瑞安杨绍廉用朱笔校正，写于书眉；每册扉页还由沪上书法名家姚华用篆字题写书名；第一页的大题下端均钤有"永嘉黄张宪文(一九二〇—二〇〇四),字公韬,浙江温州人,曾任职于民盟温州市委会和温州市图书馆,著有《张璁年谱》《仰云楼文录》《仰云楼诗词稿》等。

氏敬乡楼藏书""黄群过目"二朱文方印,都是敬乡楼准备陆续付印的本子。至今,发函开卷,溯初先生的敬乡爱国之情,犹跃然纸上,令人望而生敬。遗著有《敬乡楼诗》二卷。(参刘绍宽《厚庄诗文稿》、《敬乡楼诗》《黄溯初先生哀挽录》)

(节选自《温州历代书藏》,作家出版社一九九八年版)

民国温州著作：量多质精

洪振宁

辛亥革命以来，中国社会涌动着除旧布新的热潮。一九一五年，新文化运动兴起，一九一九年，五四爱国运动爆发。民主与科学得以提倡。出版的书刊，从内容到形式，趋新求新。十九世纪五十年代，铅活字排版和机械化印刷技术相继传入中国沿海主要城市。地方上印书，晚清多采用传统木刻，二十世纪初石印增多，如一九一九年，在温州编辑印行的《救国讲演周刊》，即采用石印方式。而一九二〇年，姜琦、郑振铎等人编刊《新学报》，三期都在北京、上海铅字排印，面目一新。新旧交替的过渡，从书本印刷的形式，也可以看出一个大概来。

自一九一二年至一九四九年，三十八年间的温州著作，《温州市志》统计的"著述"，有两百三十八家七百四十四种。其实，这只是一个大略的说法。需要说明，其中，晚清孙冶让、黄绍箕等人的部分著作，写于清代，印行于民国，《市志》以清代计入，以"著"的视角来划分计算，是有道理的。但严格意义上的书，有些情况还是需要考虑的，如杂志抽印本，是一篇文章；五十页以下，一般叫作小册子；稿本或抄本，是文化遗产，但并没有印刷发行，未得以传播。因此，以"出版印行"的视角看，民国温州著作品种的实际总数要少于七百四十四种。当然，近年来又发现了相当一部分，可以补进去。我重新统计的结果，只能得出一个大致数，有两百四十多家，七百余种。

图书编著亮点多多

民国时期，出版著作最多的温州人是郑振铎，著、译共有五十多种。单本书印刷次数最多的其中之一是李锐夫（李蕃）编著的《三角学》，一九三四年三月由上海商务印书馆初版，经教育部审定后，作为高中教科书，自一九三六年十二月到一九四八年五月，审定本印刷了九十七次。还有郑振铎的译作《飞鸟集》和《新月集》，至今还在印行。刘绍宽等人编纂的民国《平阳县志》，被誉为"近代浙江方志之佳作"。蒋叔南以照片为主，编图文本《雁荡山》三集，入中国名胜第十种，助推雁荡山旅游开发。苏渊雷自办出版社。叶溯中在正中书局任职，组织了一些温州人写书，使得许多温州人的著作得以出版。写作早而出版迟的，如："高陶事件"亲历者高宗武的回忆录《日本真相》，中文原稿写作于一九四二年五月至一九四三年二月，藏于美国，近年由夏侯叙五整理注释，湖南教育出版社二〇〇八年十二月出版，英文翻译本完稿于一九四四年八月，也藏于美国，近年整理为《深入虎穴：高宗武涉日回忆录》，广西师大出版社二〇〇六年五月版，又修订为《高宗武回忆录》，由中国大百科全书出版社二〇〇九年一月出版。

随着信息化社会的来临，电子版图书越来越多，而民国时期印刷的图书，因为战乱和"文革"，极其稀少，各地专题博物馆大量兴建，印刷本的图书也成为了一种文物。最为精美的书除《永嘉区艺术展览会书画纪念册》(一名《瓯雅》)外，当数一九四八年在上海印行的张光女士的画作《红薇老人书画集》，八开本，线装，珂罗版印制。黄群先生的《敬乡楼诗》，一九四七年石印本，当为书中极品之一。由上海合众图书馆总干事顾廷龙先生整理并手书，写了二十多天，写在药水纸上直接上机石印。抗战中用土纸印的书，至今有些已无法翻看，而商务印书馆印行的《大学丛书》，如郑振铎《文学大纲》、姜琦《现代西洋教育史》、洪式闾《病理总论》等，小十六开本，精装，用纸十分考究，插图绘制精美。

质量上乘至今重印

民国时期出版的温州著作,至今还在重印的,如王孝通著《中国商业史》,在他的《中国商业小史》的基础上重写,上海商务印书馆一九三六年十二月初版,收入《中国文化史丛书》,不到一年,已经五次印行,上世纪八十年代收入《民国丛书》,影印再版,多个出版社影印或重排出版。

收入《民国丛书》的温州著作有二十部:郑振铎的《中国俗文学史》《文学大纲》《插图本中国文学史》和《近百年古城古墓发掘史》;刘节的《中国古代宗族移殖史论》和《历史论》;朱维之的《中国文艺思潮史略》和《基督教与文学》;姜琦《现代西洋教育史》;苏渊雷《易通》;赵超构《延安一月》;高觉敷《现代心理学》;徐寄庼《最近上海金融史》;陈功甫《义和团运动与辛丑和约》;朱芳圃先生在温州写作的《孙诒让年谱》;周予同先生的《经今古文学》《群经概论》《中国现代教育史》《中国学校制度》,周先生注释的《经学历史》(皮锡瑞撰),新中国成立后一印再印,收入《民国丛书》,二〇一一年收入《中国文库》,二〇一二年作为大学用书,简体横排再版。

当年收入商务印书馆《万有文库》的民国温州著作有三十四

四六七

种（清代方成珪、孙诒让等撰的古代著作未计入）。近年收入《二十世纪中国教育名著丛编》的有王书林《心理与教育测量》、周予同《中国现代教育史》、姜琦《现代西洋教育史》、高觉敷《教育心理》及黄绍箕《中国教育史》。陈怀著作《清史要略》和《中国近百年史要》，收入《民国文存》。

另举一例，梅祖芳（梅仲协，一九〇〇——一九七一），永嘉城区人。中国近现代著名民法学家。早年在北京读书，又就读于法国巴黎大学，获法学硕士学位。一九三三年后在国立中央大学、中央政治学校、东吴法学院、建国法商学院等校执教。一九四九年去台湾，任台湾大学法学院民法教授，被誉为"民法三杰"之一。他的著作《民法要义》，一九四三年重庆初版，多次重印，中国政法大学出版社（北京）一九九八年六月新版，收入《二十世纪中华法学文丛》，二〇〇四年一月再出修订版。另一著作《法律论》，一九四三年重庆初版，一九四七年再印，收入程波点校《法意发凡——清末民国法理学著述九种》，清华大学出版社二〇一三年一月出版。

不少著作者不到三十岁

温州人勤勉，不断修订著作，如吴襄编著《生理学大纲》竟至修订六次。最初是抗战胜利前的最后一年,他在十分艰苦的条件下利用课余时间写作而成,一九四七年七月初版,一九四八年十一月修改出第二版后,被广泛使用。印行该书的有医务生活社、西南医科大学、第三野战军后勤卫生部、东北人民政府卫生部、商务印书馆等。作者第三次修订后于一九五三年十月出第三版;商务印书馆一九五四年十二月出版修订版,高等教育出版社一九五六年一月上海新一版;一九八七年五月第五次修订版,至一九九三年十一月出第六次修订版。而同一作者一年中连着出书三种的有俞爽迷,一九三六年编著《图书馆学通论》、著《图书流通法》、编《新闻学要论》;董每戡,一九四九年著《中国戏剧简史》《西洋戏剧简史》《西洋诗歌简史》。

温州人挺有才华,不少人不到三十岁就出书。如叶永蓁在鲁迅的支持下,二十一岁出版小说《小小十年》,洛雨二十一岁出版《壁字》;陈楚淮二十二岁出版剧作《金丝笼》,王剑生二十二岁出版《几何学 ABC》;金溟若二十三岁出版小说《残烬集》,郑经生二十三岁出版《劳生六记》,陈正祥二十三岁出版《西部亚洲地理》和《日本地理研究》,第二年又出版《印度地理》和《南洋地理》;蔡庆宪二十四岁出版《经济思想小史》和译作《世界经济史略》,洪瑞钊二十四岁出版《革命与恋爱》,杨奔二十四岁出版《描在青空》,金江二十四岁出版诗集《生命的画册》;刘叔洪振宁，一九五四年出生，浙江苍南人，曾任温州市社科联副主席，长期致力于温州文化与经济互动发展研究，编著有《温州文化史图说》《宋元明清温州文化编年纪事》《永嘉场纪事》等。

扬二十五岁出版翻译萧伯纳的剧著《一个逃兵》，李锐夫二十五岁出版《日球与月球》；洪式闾二十六岁出版《病理总论》中、下册，二十八岁出版译作《病理各论》，都进入《大学丛书》，十几年中不断重印，张淼二十六岁出版译作《战后欧洲土地改革》，洪焕椿二十六岁出版《怎样利用图书馆》，陈灼如二十六岁出版《晚宋民族诗研究》；林尹二十七岁出版《中国声韵学通论》，苏渊雷二十七岁出版《易学会通》，张肇融二十七岁出版《国际问题》，张禹二十七岁出版《台湾二月革命记》，潘澄濂二十七岁出版《伤寒论新解》，二十七岁的唐湜，出版诗集《骚动的城》，第二年又出版长诗《英雄的草原》；汪远涵二十八岁出版《现代国际知识》，姜庆湘二十八岁出版《中国战时经济教程》，陈适二十八岁出版《人间杂记》，吴景荣二十八岁出版译作《轻艇歼倭记》。赵瑞蕻出版《红与黑》的第一个中文译本，也不到三十岁。

(原载《温州日报》二〇一四年五月二十一日)

陈孟哲：新加坡青年书局创办人

记者 阳阳

五月十九日，新加坡青年书局创办人陈孟哲老先生以九十六岁的高龄离别人世。对于温州乃至中国读者来说，也许这个名字并不熟悉，但实际上他跟温州有着很深的渊源。因为一九二〇年陈孟哲出生于温州。一九二七年，随家人移民新加坡。一九五五年，在当地创立青年书局。一九八七年，为纪念其父陈岳书，为家乡温州大学捐资十万元，在学校设立"陈岳书奖学金"。陈孟哲一生都致力于出版事业，数十年如一日不遗余力推动新马一带的华文阅读风潮和书籍市场，在新加坡华文出版界留下了浓墨重彩的一笔。

从上海到新加坡

陈孟哲七岁那年随家人从中国去了新加坡，中学时代北上槟城钟灵中学就读，毕业后陈孟哲原本已考取了上海复旦大学，但时逢日本占领上海，当时上海等沿海城市的高校合并及西迁，陈孟哲也随同学校师生避难到了浙南的战时大学"英士大学"读书。

大学毕业后，陈孟哲回到新加坡，由于父亲陈岳书为上海书局创办人，从小在书堆中长大的他，对书本一直有一种特殊的感情，经营书店业对陈孟哲而言属于"家传"事业，最初在上海书局账房担任管理员，之后有一段日子担任上海书局经理。一九五五年，因为和家庭成员意见不合，当时三十五岁的陈孟哲离开了上海书局，随后在新加坡创办了青年书局。

青年书局创业后能够顺利找到立足点，并且还迅速壮大，很大的原因是陈孟哲碰对了创业时机。青年书局创立的一九五五年，正好碰到南洋大学开课，南大是当时东南亚的唯一一所中文大学。那时候，每到周末，许许多多南大学生就会从云南园到书店集中的小坡（对新加坡河上中游两岸的俗称）买书，当时许多华文书店经常挤满了南大学生。

大学毕业的陈孟哲知道大学生的需求，了解大学生需要一些什么书本，为了满足学生的需求，一开始他就从其他书店的货仓里搜寻到一些适合大学生但又很冷门、无人问津的书，南洋大学开课后由于学生们的需求，一下子就有了市场，青年书局就从那时候开始垫下了营业基础。在那些年，青年书局每逢周末假日，总是挤得寸步难行。

遇知音成就出版事业

热爱出版事业的陈孟哲不甘于只做门市业，一九五八年，他决定跨出门市业的局限。

当时的林有福政府曾经一度禁止中国五十二家出版社的出版物进入新加坡，这直接影响了当地华文书店的新书来源。当时，作家李汝琳向陈孟哲建议，不如出版本地作家的作品，并帮助他联络作家，邀请作家提供作品，在李汝琳的帮助下，青年书局开始了出版工作。这也便是青年书局当年开始出版丛书的原因。

青年书局首先推出李汝琳主编的《新马文艺丛书》，第一辑面市后反响很好，接着很快地又出版了第二辑和第三辑共三十六册；随后出版的《南方文丛》至今仍叫老一辈文化人印象深刻，文丛收录的名家作品都是一时之选，包括曾经旅居本地的中比混血作家韩素音的长篇小说《青山不老》、苗秀的《火浪》、韦晕的《浅滩》、杏影的《书与人》、林参天的《浓烟》、连士升的《名山胜水》、李星可的《快艇》等。青年书局在五十年代末至六十年代初，先后出版的大量当地作家文学作品，对当地文学的发展起到了功不可没的推动作用。

对于陈孟哲的热心出版,李汝琳曾在《关于"南方文丛"》中写道:"站在作者和读者的立场,我们不能不敬佩青年书局主人陈孟哲先生的决心和毅力,没有他这种巨大的魄力,这套丛书根本就无法出现。不要说整套的丛书,就是零零碎碎出版一两本,也不是容易的事,只要看看《火浪》和《热瘴》,都是冷藏了十年、二十年,还没有出版的机会,就可以明白。"

书是他一生至爱

尽管已是德高望重的老前辈,但陈孟哲仍勤于实事,无不事必躬亲。自书局创办以来,陈孟哲每天早上到书店巡视。虽然二〇〇〇年后,青年书局也和同行一样,面对本地华文阅读人口大量流失,营业不易的困境,但即便长期处于"惨淡经营"的局面,陈孟哲也从未想要结束营业,而是每月投入一大笔营运费用,维持书局的持续运作。

二〇〇四年,耄耋之年的陈孟哲为着对出版事业的情有独钟,重新启动了曾经风光一时的出版部门,在二〇〇四年到二〇一〇年这六年内,持续出版了超过两百本书。并在二〇一三年出资十三万元出版了《亚细安现代华文文学作品选》，这本书也是陈孟哲对其出版事业的理想与心愿。

早在二〇一〇年青年书局创业五十五周年之际，陈孟哲接受《联合早报》记者采访时说："我对出版是很有感情的，它使我建立了自己的事业，过去我因为青年书局和出版事业赚了钱，又用赚到的钱投资房地产，结果房地产投资又给我赚了不少钱，有一些投资的回报甚至高达好几倍，做人要饮水思源，现在我有能力，更应该对文化与出版事业做出回报。"陈孟哲也曾表示，虽然自己年事已高，但青年书局必须继续走下去，他因此准备了一笔资金，作为青年书局的长期营运与出版经费。

白驹过隙，转眼六十年。虽然陈孟哲妥善安排了青年书局日后的营运方向与出版计划，奈何因为年事已高，他坚持了一辈子的书局事务，终于难以为继，而家里的晚辈又各有事业，志不在此。在二〇一四年，青年书局贴出装修告示后就一直关门，不见任何动静。后又传来了青年书局改升"网店"的消息。实体店，则大门紧闭。陈孟哲种下的一颗种子，经过了发芽、开花、结果如今遗憾地枯萎，好可惜。

那个时代对很多人来说，是值得怀念的。那时的天空跟现在的天空不一样，透着纯净。陈孟哲的逝世，是一个时代的谢幕，这使得许多人，不仅是他生前的好友，也包括热爱出版的文化人倍觉感伤。

（原载《温州人》二〇一六年第十一期）

许涛：开一间小而美的慢书店

记者 吴佳颖

绕过苏州老城区最热闹的观前街，拐进一条胡同，四周静了下来，绿色藤蔓正茂盛生长，已经"漫"过了慢书房的窗户。

透过宽大、几净透明的落地窗，看得到面积不大的店里面，一排排书整齐地码在架子上，伸着鲜嫩叶子的绿植随意摆放着，整齐而清爽。沙发桌椅摆放有序，有趣可爱充满设计感的小工艺品摆在店内各个角落，年轻的店员穿着藏青色围裙正细心地在包装顾客选好的书本。时光在这里仿佛停下了匆忙的步履。

在这里，从店主到店员都自称"慢师傅"，他们一起带领读者放慢脚步、享受阅读。用书房创始人之一许涛的话说，就是"通过这个像家里书房那样温暖存在的空间，让时间、让人慢下来"，因为"慢下来，才能对生活有更深感悟，才能找到真实快乐的自己。"

做一个让人慢下来的空间

　　许涛，温州苍南人，苏州慢书房、耐思书店的创始人之一，小书盟的发起人。二〇〇四年在苏州读完大学后，去上海生活了五年的他，又重新回到了苏州，留在了这座文化被浸润得温情厚重、气质被滋养得气定神闲的城市。

　　没变的是，中文系毕业后，许涛一直从事广告创意工作，时常加班。"我跟爱人就抱着电脑，坐在别人的咖啡店、文化空间里工作。"许涛十分流连这样的空间，"当初我就跟爱人开玩笑地说，如果有一天我们能在自己开的一家书店里加班，做这些事情，该多好。"

　　那时候许涛就起了小小的动念，而他对书和书店的痴迷还要追溯到更久远。许涛的父亲是一个爱书之人，小时候就经常带着他到处逛书店，给他买很多书。深受其影响，在许涛的心里，从小就留下了"书店是一个很好的地方，书是非常美好"的印象。

　　在爱人和朋友的支持下，二〇一二年十一月十一日，许涛和爱人创办了"慢书房"。设计师老庄和店长雨花姐也一起加入。

慢，自此成了许涛的生活节奏。"创立慢书房五年，对世界的理解更深厚了，心态也更豁达了。我经常跟爱人讲，我们创造了慢书房，其实到最后是慢书房不断地涵养我们，在帮我们成为我们更想要的人。"

事实上，不仅是许涛自己，更多的人在"慢"中找到了自己，并因此爱上了这里。"有位常来读书的女孩子，后来成为书房的义工，偶然间在为书做书衣的时候，发现自己原来如此喜爱缝纫。从此，布艺书签、书衣……她承包了书房与缝纫有关的一切工作，并发自内心地感到快乐。"

慢是一种个性，一种精神。在高度紧张、忙碌的时代，人们被裹挟其中，脚步越来越快，内心越来越浮躁，甚至迷失了自己。在许涛看来，世事繁杂，人总需要一个地方来慰藉自己的内心，与自己对话谈心。能慢下来，慢慢地发呆，慢慢地阅读，慢慢地审视自己显得至关重要。

在《沉思录》里，奥勒留说，一个人退到任何一个地方都不如退入自己的心灵更为宁静和更少苦恼，特别是当他在心里有这种思想的时候。"书店是心灵的栖息地，我们想做一个让人慢下来的空间，供大家休憩。"许涛说，不管世界是什么样子，我们能做的，也就是退回书店里，力所能及地做着自己热爱的事。正如《海上钢琴师》里主人公为了寻找爱人，决定走下船，但面对城市的巨大,他最终选择留下。因为钢琴键可以掌控,但城市会让人迷失。

想做的是建立人与书之间的关系

与当下很多转向经营衍生品和餐饮的书店不同的是,许涛对慢书房经营的书看得非常重。每一本书都经由他的挑选进入慢书房。"书是书店的脊梁,书如果没有严选的话,就是一家卑躬屈膝的书店。"

慢书房的空间不大,一百一十三平方米,只能容纳一万本书,以人文、社科、艺术、哲学为主。"我们会选择自己喜欢的书,与读者分享。"许涛表示,一些畅销书固然好卖,但我们不曲意逢迎。"你去迎合这个世界,终究它会变,你跟不上。我们让这个城市里的读者,根据我们喜欢的品味,和我们形成共同的阅读口味,通过书把共同爱好的人连接在一起。这样的持续度和长久度特别的长情。"因为坚守自我本色,五年来慢书房吸引了三千多名忠实的会员,他们定期会来买书、分享读书感受、听讲座、喝茶。

书店不仅对书进行严格挑选,在他看来,建立人与书之间的亲密关系更为重要。"没有阅读,书就没有意义。"

在慢书房，读者可以拆塑封阅读，这正是他理念的渗透，"我希望人们能很好地了解这本书后再购买"。而他更坚信，书店的使命是让人发现这本书是好书，让人被书店的美好氛围所感动，去读书。至于说拆了买不买、在哪里买，在他看来这本身就是一种自由的选择。

为了让阅读更美好，慢书房还提供纸笔辅助阅读；推出手抄书活动，让读者与书的距离更近；发起"读者笔记"，倡导每一个人将喜欢的书推荐给他人；专设儿童区，让孩子在慢书房能够安静阅读；甚至精心打造能与读书相伴的意境植物。"现在外面都在做'最美书店'，但那仿佛就是一个空洞的秀场，很多人只是去玩，去跟手机、相机产生关系，忽略了书和人本身的关系。书店是书的空间，而不是美轮美奂、高大上的空间。如果人与书失去最质朴本真的联系，再美妙的空间只是视觉的刺激而不是心灵的触动。"许涛说。

除此之外，许涛致力于把书店打造为文化交流的平台。"书店本身作为城市的文化公共空间，应该有它自己的思想、温度、对外发声的状态。"在慢书房，会不间隔地开展两种文化活动：文化沙龙，邀请学者、作家到书店作分享；说书，让读过的人讲述自己读书的感受。

尤其是文化沙龙，它已然成为慢书房最大的特色之一。"一个月我们在慢书房要做十场沙龙，全国很多学者、作者都会来慢书房做公益讲座，像四月份止庵、朱赢椿、申赋渔、史航就会来。这五年来我们一共做了五百多场沙龙，慢书房已成为长三角甚至国内举办沙龙活动最多的一个书店。"

书店的文化活动涉及领域广泛，除了文学、历史、哲学，还有艺术、芭蕾舞、旗袍、布袋戏都曾进入他们的议程。许涛笑着说，慢书房被评为第一届江苏省最美书店，它空间最小、书最少、装修最不美，可以获得最美称号，就是因为对书的尊重，一切以书为核心，并在书的基础上，做好阅读引导、沙龙举办，还有自媒体的传播。他期待的慢书房就是一个城市里小小的公共空间，让读者、书、作者，与书店之间，温暖相拥。

要不留遗憾地把想做的事做完

在经营慢书房五年时间里，许涛经常遇到书店经营者和他探讨书店的发展路径。"许多小书店既没有签名书也没有作者沙龙，就那样硬生生地撑着。"慢书房虽能勉强糊口，但其他小书店运营的那种举步维艰，让许涛很难受，却也爱莫能助。因为他深信，书店没有一蹴而就的模式。城市不同、读者群不同，造就了每一家书店的生存模式也不同。

"有一天，一位远在乌鲁木齐的书店老板给我打电话，说要进一些慢书房的文创产品到他的书店去卖。我有点惊愕，好远呢。结果他买了一千多元文创笔记本。我忽然想，为什么书店与书店之间不能联系得更紧密？既然文创都可以互动，那理论上，所有的资源都可以互动。"这让许涛创办小书盟的想法越发坚定。

二〇一六年底，认同慢书房的经营理念、有着相近的价值观和目标的书店经营者们走到一起，组建了小书盟。小书盟的成立，不仅实现了爱书人、书店从业者情感的联结，还有各种实实在在的行动落地——共同推荐图书、作者签名书共享、分享沙龙资源、联合制作文创产品。"书店拥抱书店，不是为了取暖，是为了更明亮。"许涛说道。

但小书盟发展过程中也出现一些问题，经过一年多的摸索，许涛对小书盟有了更明确的定位。在今年，许涛准备做出新的改变，对六十家书店进行重新选择。许涛表示，目前已有五家小书盟已经结成了，之后陆陆续续会增加。

随着慢书房影响力的扩大，也会有很多人来找许涛，想加盟慢书房开分店，但许涛一一回绝了，"害怕稀释慢书房的'味道'——害怕书店大了，没有精力专注书的品质；害怕沙龙多了，没时间打理；害怕慢师傅只是图书的导购员而不是像朋友般存在。因为小，所以更容易美，也因为小，可以首尾相顾，从容一些，自得一点。"

不过这让许涛产生了新的想法。"竟然有人对慢书房有兴趣，我们就把它衍生出来一个新的空间，去输出模式，帮别人做书店管理，于是就有了耐思书店。耐思书店的核心就是在别人需要一个书店空间时，我们可以帮他把这个书店空间建出来。当他们需要一些书籍的选择和服务时，我们再提供给他们，它更像是一种模式，对接实体，嫁接到别人的空间里去。这样既不会让慢书房有分店的概念，又可以把我们先进的思想给输出去。"

小书盟和耐思书店成立后，许涛又开始了新的探索。"之前邀请外地学者、作家来办沙龙，得为他们订酒店；而且慢书房也无法满足书友们过夜的需求。"二〇一六年，许涛和他的爱人刘颖在平桥直街旁僻静的泗井巷里开了一家书店式民宿，名为"书舍"。民宿里有书店，有四个以书为主题的房间，还带一个小院子，旅馆大堂、房间都有提供书籍让大家阅读。

许涛和刘颖一致认为，没有比书更长的旅途，没有比家更远的彼岸。书舍，是想给书和人一个共同的归所。读万卷书，行万里路，在此停留，亦在此延续。"做不成24小时书店，'书舍'弥补了遗憾。常常在深夜，还有住客在看书，这样的场景很感人。"

说到下一步计划,许涛表示,此刻,就是未来,没有更多希冀。"书店现在的状态和我现在的状态就是自己最好的未来。我人生要做的事都已经把它做完了,如果明天我在这个世界上消失了,也没有遗憾了。"

(原载《温州人》二〇一八年第四期)

杨信良：结庐在『吾南』

记者 张潇

四月十三日，吾南书舍满一周岁了。一年多前，当杨信良打定主意，要开一家属于自己的书店时，他选择秘而不宣，直到开业那天才公之于众——他想让大家知道，他不仅仅是"想开一家书店"，而是已经"开了一家书店"。

而今，这方坐落在杭州东北一隅的小小书舍，在三百六十五个日夜的人潮起落中，渐次成为书缘流转的奇妙空间。在繁忙都市的这个角落，越来越多的人开始津津乐道地谈起那里温柔的"咖啡姐姐"，谈起那只成天慵懒地漫步于书城之中的加菲猫。谈得最多的，当然还是书。那些卷帙浩瀚的古典人文学术书籍，在巍巍邺架间默默注视着都市男女穿梭往来，如桃李不言，而下自成蹊。

"吾南"，这个初见时颇觉古怪的名字，出自古籍《龟山语录》。龟山是北宋大儒杨时的号。早年他拜在一代儒宗程颢门下学习,"程门立雪"说的就是他的故事。后来杨时学成南归,程颢感叹:"吾道南矣。"意思是,程颢的学术思想将通过杨时传去南方。"此外,我生于苍南。早在乾隆年间,那里就已经有一所吾南书院。以'吾南'入店名,'睹乔木而思故家',也算是存了一份私心吧。"杨信良如是说。

二〇一五年,杨信良辞去温州的媒体工作,来到杭州,成为一名编辑。闲暇时候,他经常到杭城各个书店"打卡"。逛得多了,想自己开一家书店的念头也越来越迫切。

"那就开吧。"

考虑到书店将来肯定需要经营咖啡饮品,杨信良说服了原本在杭州一家外贸公司上班的姐姐加入到他的书店事业中来。原本不会做咖啡的姐姐迅速报班学习,变身一名专职咖啡师。就这样,这对来自苍南的姐弟以合伙人的方式,共同朝他们梦想中的第一家书店进发。

中学时代的杨信良,因偶然间读到梁启超的名著《中国近三百年学术史》而与古典学术结下了深深的缘分。大学期间,他着重研习了古文献学。读书,爱书,因而买书、藏书,十多年下来,他的私人收藏达到了五千余册。在萌生开书店的想法之初,杨信良已暗自下定决心,将自己所有的藏书都贡献给这家书店。

这并非一个容易的决定。爱书人视藏书如珍宝，最怕被人随意取阅。而在书店这样的公共空间，虽然可以制定爱护书籍的规定和标语，但毕竟无法强行要求每个进店的顾客都跟自己一样爱护这些宝贝书籍。而售出一册书，即相当于当初搜罗、拂拭、珍藏的一份心血，又将再次流散于茫茫世间，如同将爱书人的生命记忆也割去了一截。但或许，也正因为每一册书上都留存着店主人的情感余温，才更值得与这个世界分享，让书成为纽带，让人与人在书的见证下结下缘分。在得与失之间，杨信良做出了自己的取舍。

　　吾南书舍并不采用通行的现代图书分类法分类上架图书。杨信良解释说："这也是借鉴历史上许多大藏书家的经验。他们往往不采用当时通行的图书分类法，而是径直根据自己的藏书品类，采取最适合自己的分类法予以著录摆放。"吾南书舍的第一批图书，大多来自杨信良的个人藏书，而杨信良的藏书，又以古典人文学术著作为主。于是乎，步入吾南书舍，首先映入读者眼帘的，是古典目录学四部分类法中隶属于"集部"的图书：历代诗词、名家文集、古今小说，诸如此类。而拾阶而上，愈探入吾南的深处，仿佛也是在沿着时光长廊，愈发走近中国古典文化的源头：诸子百家、二十四史……而当读者最终来到内场的雅间，在那里等待他们的，是包括"十三经"释读、注疏在内的一壁儒家经典,代表着古典儒学、同时也是中华"国学"的核心。

"吾道南矣。"程颢的这句话虽然简短,却蕴含着道统承续的深意。而在吾南书舍的布局中,则融入了店主人对这短短四字的现代诠释:在杨信良看来,无论是二程理学的南传,还是更加久远的"郑生今去,吾道东矣",只有在剥离教化、门户、道统这些解释体系之后,才能显现出其本来面目,即"文化的流播与交融"。"文化像长河,东南西北,只要有落差,或被外力作用,就会四处流淌播迁;遇到其他河流,就会交汇互融,产生出新的形态。我给书店取名吾南书舍,也是希望书店以守望文化的流播与交融为己任,借由书店这一空间,呈现古典与现代、东方与西方、学术与艺术、文学与科学、视觉与听觉、旧范式与新思维等不设畛域的种种文化的互动融合。"吾南书舍的旨趣所在,也映射出杨信良这位九〇后书人的品味与雄心。

根据这些构想,他将一百五十平方米的狭长形空间大致做了内场和外场的区隔。外场地面铺设地砖,两根栋梁柱子间用长木桌连接,供顾客阅读或办公。吧台也设置在外场,因此这块区域同时也是咖啡饮品区。收藏古典经籍的内场则采用中式古典设计:三块老石板垒成一方茶台,四周白石环绕,仿佛河中小洲;诸人散坐在蒲团之上,又好似魏晋雅集——沉浸于店主人精心营造出的场域之中，来客是否会感受到数千年历史所留下的悠邈余韵，依然在身边氤氲不散呢？

内场和外场的设计，一古典一现代，一简雅一明快，正契合了"守望文化流播与交融"的内在旨趣。这就是属于杨信良的、独一无二的吾南书舍。在他看来，"你可以去迎合市场的兴趣口味，卖大家喜欢看的书——这是书店一种开法。不过我想，或许也可以不去管那些。毕竟市场难以捉摸，倒不如都按照我个人的意见来，将所有的一切，都按照我的喜好、我的分类、我的选择组织起来，让这方小小的空间只展现我一个人的品味。这也是书店的一种开法。"杨信良深知，一家书店不可能同时满足所有人。光顾吾南的人，有一部分确实热爱古籍，另一部分，喜欢的或许是这里的静谧、这里的饮食、这里的猫，甚至于只是暗自认可店主人的某种态度、某份执着。杨信良深爱着他的书，但他也欢迎每一个并非为了书而来到吾南的客人："我希望吾南书舍是一个所有人都能各得其所的所在。"

经营一家书铺，并非仅凭情怀便能成事。结庐在人境，也意味着梦想要担负起现实的全部重量。对吾南书舍来说，因为图书的性质已定，很难在卖书上做文章。"书店并不一定要靠卖书维持，一家不着眼于卖书的书店也不意味着那里就没有书或没有好书。"某种程度上，杨信良是将吾南书舍作为半个图书馆来运营。而经营书舍的日常开支，则由承办小型会议、建立会员收费制度以及来客进店餐饮点单的收入支撑。在杭城的一角，吾南书舍顽强地生存下来了，事实上，还经营得有声有色。对杨信良来说，没有比这更让他欣慰的事了。

在杨信良回忆创办吾南书舍历程的散文《吾南一年》中，他这样描绘吾南书舍的目标客户："有这样一类人，他们对书本这种物体和堆满书本的空间天生有某种亲近感，不一定非要将书作为商品收入囊中，也不一定要将书本作为文化教本一览而尽，只要看到满架缥囊，就能油然而生一种自在惬意。当他们傍晚在小区散步，无意中发现家附近开了一家小书店，选书精当，环境雅致，可以想见此刻他们心中那种无法被其他物质满足所替代的愉悦快感。当他们到一个陌生城市出差旅游，在下榻处附近偶然踱进一家店面不大但别有韵致的书店，那种突觉满街脚步停止，只认他乡是故乡的心境，很可能让他们瞬间对这座城市产生别样好感。"

在某家点评网站上，一则顾客留言似乎也在默默印证着杨信良当初的设想："和先生来杭城，这座美丽的城市深深地吸引了我们。九点钟，惊讶于相遇了如此温暖的吾南，暖色的灯光，原木色的装修，店老板喵小姐的冰摩卡，让这一切配合得刚刚好。挑一本自己喜爱的书，置身其中，就这样静静地感受这夜的宁静。"

在网络书店大潮的冲击下,在电子商务氛围最为浓郁的杭州,吾南书舍恍如置身风暴眼之中,静静守护着属于自己的一方小小天地。因为小,所以易于控制成本。也因为小,所以更能坚守本色。无论时代如何狂飙突进,小型独立书店都不会消亡。被"快"所裹挟的人们会更加愈加珍视"慢"——这是心灵的辩证法,是千百家像吾南书舍那样的小小书铺在这个时代落地、萌发、成长的理由。"问君何能尔?心远地自偏。"人境之中,我们依然需要有人为我们守望那一份悠远的心绪。

(原载《温州人》二〇一八年第四期)

张怡帮：专心『啃』下一本本『硬书』

记者 陈薇拉

张怡帮，九〇后阅读爱好者，一位体制内的干部，工作之余喜爱买书、借书、读书，去年一年读书的"战绩"是四十九本。工作稍有空闲，便把精力集中到阅读上，对他来说，阅读已成为追求自我的一种生活方式。

谈起与读书结缘，张怡帮说，源起于大学时期的一个读书会。规模不大，就十几个人，两个星期举办一次活动，提前共读一本书。活动时，大家围在一起，分享自己的读书体会，气氛相当活跃。"读书会推荐的书籍名目繁杂，但大多是具有启发性的，每读一本都极大开阔了我的眼界。组织者凌硕老师正好是我的班主任，经他的引导，一场活动下来有种发现新大陆的感觉。"有了良师引导，张怡帮大学期间几乎全程参与了读书会活动，阅读兴趣也因此形成。

"除了读书会，凌老师还会单独

指导我如何读书。"张怡帮说,"他的要求很高,大一的时候,我说比较喜欢历史,他就推荐我看《资治通鉴》,中华书局胡三省的注本,繁体竖排,我当时几乎花了一整个学期,硬着头皮去'啃',可惜到最后还是没有看完。但之后,再看《唐才子传校笺》,也是繁体竖排,就明显轻松很多。可以说,我的古文功底大部分是在阅读这两本书的过程中打下的。"

在老师的培养下,张怡帮读的书也在不断"升级"。老师要求他背诵《文心雕龙》,整个暑假,他就端着《文心雕龙》度过,《原道》《征圣》《宗经》《正纬》《辨骚》等篇目至今还留在脑海里。之后,又开始接触文字、音韵、训诂、版本、校勘、目录等知识。"过程极为痛苦,这些书枯燥不说,最可恨的是看完一本后,竟是云里雾里,好像有一点懂,又好像什么都没学进去。"张怡帮说。但书籍就是有这样的魔力,潜移默化中,也让他找到了人生的乐趣。

工作后,张怡帮又遇上第二个阅读引路人——黄崇森。一次偶然的机会,当时在一所乡村中学任教的他,看到苍南有人组织有关中国思想史的知行读书会,想到自己在大学期间也看了很多有关思想史的书籍,便毫不犹豫地报名了。活动中,黄崇森给了张怡帮极大的肯定,之后他们经常联系,探讨有关问题。随后,张怡帮加入了知行读书会的地方文献小组,深度接触苍南的地方文献，在黄崇森的鼓励下，张怡帮不间断地阅读，更加深了与读书的缘分，读书已融入了他的生命里。

对于读书月活动，张怡帮认为，阅读是一个长期行动，读书月之外，也应多组织活动，并发动不同群体的人员参与，除了机关、企事业单位举办的活动外，还可积极引入民间的团体、组织，形成多元的参与机制。"精美的装修仅是书城的外表，书籍才是整个书城的灵魂所在。"张怡帮希望书城在采购图书时，能多关注不同群体的阅读需求，尽可能采购一些版本精良又符合大众阅读兴趣的书。

近年来，苍南大力推进"书香苍南"建设，全民阅读的氛围越来越浓厚。作为读书达人，张怡帮表示，"书城的建成使用使'书香苍南'建设有了实质性的提高，这对于苍南来说是一次提升文化品质的契机。建议县委县政府将'书香苍南'列入为民办实事的重要民生项目，推动'书香苍南'建设更加深入。"

采访中，张怡帮还为读者们推荐了几本社会学的书——费孝通的《乡土中国》和《江村经济》，以及林耀华的《金翼》和庄孔韶的《银翅》，希望读者通过阅读对现代社会有更深刻的思考。

(原载《今日苍南》二〇二〇年十一月二十六日)

编后记

《苍南文献汇编》一共计划出版五本书，第一本《苍南乡思》出版后，我们把原先第三本《苍南书话》提到第二本来，主要考虑到编一本跟"读书"有关的书，既符合当下倡导"全民阅读"之风，又能给读者在阅读方法上有一定的借鉴作用，何乐而不为？

有了第一本的成功经验，《苍南书话》编辑工作显得得心应手，去年十月就已完成目录，今年五月完成转录、校对工作。因受新冠疫情等影响，出版事项无奈延期了半年，如今总算拨云见日。

全书共五辑，计六十六篇，辑名取自古籍版式术语，书籍装帧设计上也吸取了古籍的元素。辑一"天头"为"人"，如藏书家、出版人、书商等，所写人物或作者须是苍南人；辑二"地脚"为"所",如苍南境内的藏书楼、图书馆、书店等读书场所,以及苍南人在外开的书店;辑三"版心"为"物",所写书籍均为苍南地方文献;辑四"书口"为"得",均为苍南人买书、藏书、读书之心得;辑五"鱼尾"即"附录"。除辑四选文按作者出生时间顺序排列外,其余四辑按所写内容时间顺序排列。

苍南地界旧属平阳,后苍南又分出龙港,但三者文脉不可分割,所以在编选时,辑一至辑四也选录了若干篇龙港书话,辑五中选录了《〈宋元学案〉与平阳学统》《平阳历代藏书家》等文,有助于读者从横向和纵向上加深对苍南文脉的了解。

关于书话的定义,本书采用的是广义的书话。其主体除了传统的读书随笔之外,还有某个藏书家,某座图书馆,某家旧书店等。笔触可以轻松地闲谈,也可以严谨地考证,但不妨碍这是一本"书之书"。据我们了解,以县域书话命名的书话集,国内还未曾见过,希望能以此抛砖引玉。

书前我们精心挑选了十张近年苍南较有代表性的公共阅读空间图片,以便读者身临其境感受当地读书风气之盛。书中数字用法除引文、书名及专业术语保留外,其余均改为中文格式。

在编选过程中,我们还遇到了一个小小的惊喜——书中年龄最小的〇〇后作者梁航,写作时他还是一名初三的学生,但学识和文风已十分成熟老辣,可谓后生可畏,未来可期。

最后，感谢藏书家徐雁先生在百忙之中为本书赐序。还有卢礼阳、方韶毅、陈盛奖、洪振允等书友长期以来的关心和指导，在此一并表示感谢。

书中不足之处，敬请各位同仁、读者批评指正。

编者
二〇二二年十二月十二日

图书在版编目（CIP）数据

苍南书话 / 中共苍南县委宣传部编 . -- 上海：文汇出版社, 2022.12
 ISBN 978-7-5496-3914-4

Ⅰ.①苍 Ⅱ.①中 Ⅲ.①散文集－中国－当代 Ⅳ.① I267

中国版本图书馆 CIP 数据核字 (2022) 第 216282 号

苍南书话

编　　者	中共苍南县委宣传部
责任编辑	苏　菲
装帧设计	何天健
出 版 人	周伯军

出版发行　文汇出版社
　　　　　上海市威海路 755 号（邮政编码 200041）
经　　销　全国新华书店
印刷装订　温州市北大方印务有限公司
版　　次　2022 年 12 月第 1 版
印　　次　2022 年 12 月第 1 次印刷
开　　本　787×1092　1/32
字　　数　270 千字
印　　张　16.5

ISBN 978-7-5496-3914-4
定　　价　88.00 元